Julian König · Johannes Thema (Hrsg.)

Nachhaltigkeit in der Entwicklungszusammenarbeit

Globale Gesellschaft und internationale Beziehungen

Herausgegeben von
Thomas Jäger

Julian König · Johannes Thema (Hrsg.)

Nachhaltigkeit in der Entwicklungs- zusammenarbeit

Theoretische Konzepte, strukturelle Herausforderungen und praktische Umsetzung

VS VERLAG

Bibliografische Information der Deutschen Nationalbibliothek
Die Deutsche Nationalbibliothek verzeichnet diese Publikation in der
Deutschen Nationalbibliografie; detaillierte bibliografische Daten sind im Internet über
<http://dnb.d-nb.de> abrufbar.

1. Auflage 2011

Alle Rechte vorbehalten
© VS Verlag für Sozialwissenschaften | Springer Fachmedien Wiesbaden GmbH 2011

Lektorat: Frank Schindler | Verena Metzger

VS Verlag für Sozialwissenschaften ist eine Marke von Springer Fachmedien.
Springer Fachmedien ist Teil der Fachverlagsgruppe Springer Science+Business Media.
www.vs-verlag.de

Umschlaggestaltung: KünkelLopka Medienentwicklung, Heidelberg
Gedruckt auf säurefreiem und chlorfrei gebleichtem Papier
Printed in Germany

ISBN 978-3-531-18087-8

Inhalt

Abkürzungsverzeichnis

AIDS	Acquired Immune Deficiency Syndrome (erworbenes Immundefektsyndrom)
AKP-Staaten	Gruppe der afrikanischen, karibischen und pazifischen Staaten
AMCEN	African Ministerial Conference on the Environment
AP 2015	Aktionsprogramm 2015
BIP	Bruttoinlandsprodukt
BMELV	Bundesministerium für Ernährung, Landwirtschaft und Verbraucherschutz
BMF	Bundesministerium der Finanzen
BMU	Bundesministerium für Umwelt, Naturschutz und Reaktorsicherheit
BMWi	Bundesministerium für Wirtschaft und Technologie.
BMZ	Bundesministerium für wirtschaftliche Zusammenarbeit und Entwicklung
BWI	Bretton Woods-Institutionen
CCS	Carbon Dioxide Capture and Storage (Kohlenstoffdioxid-Abscheidung und -Speicherung)
CDM	Clean Development Mechanism
CO2	Kohlenstoffdioxid
DAC	Development Assistance Directorate (Ausschuss für Entwicklungshilfe)
DED	Deutscher Entwicklungsdienst
DIE	Deutsches Institut für Entwicklungspolitik
DR Kongo	Demokratische Republik Kongo
ECDPM	European Centre for Development Policy Management
ECLA	Economic Commission of Latin America
EG	Europäische Gemeinschaft
EK	Entwicklungspolitische Kohärenz
EL	Entwicklungsländer
EPA	Economic Partnership Agreement
EU	Europäische Union
EZ	Entwicklungszusammenarbeit
FAO	Food and Agricultural Organization of the United Nations (Ernährungs- und Landwirtschaftsorganisation der Vereinten Nationen)

FCKW	Fluorchlorkohlenwasserstoffe
FZ	Finanzielle Zusammenarbeit
G20	Gruppe der zwanzig wichtigsten Industrie- und Schwellenländer
G8	Gruppe der acht wichtigsten Industrienationen
GATS	General Agreement on Trade in Services (Allgemeines Abkommen über den Handel mit Dienstleistungen)
GATT	General Agreement on Tariffs and Trade (Allgemeines Zoll- und Handelsabkommen)
GFG	Good Financial Governance
gha	Globaler Hektar
GTZ	Gesellschaft für Technische Zusammenarbeit
HDI	Human Development Index (Index der menschlichen Entwicklung)
HIV	Humanes Immundefizienz-Virus
HIPC	Heavily Indebted Poor Countries
HPI	Happy Planet Index
IBRD	International Bank for Reconstruction and Development („Weltbank")
ICPD	International Conference on Population and Development (Internationale Konferenz über Bevölkerung und Entwicklung)
IDA	International Development Association (Internationale Entwicklungsorganisation)
IEO	Independent Evaluation Office of the IMF
IF	Integrated Framework
IFI	Internationale Finanzinstitutionen
INTOSAI	International Organisation of Supreme Audit Institutions
InWent	Internationale Weiterbildung und Entwicklung gGmbH
IPCC	Intergovernmental Panel on Climate Change (Zwischenstaatlicher Ausschuss für Klimaänderungen)
IRC	International Rescue Committee
ISEW	Index of Sustainable Economic Welfare
ITO	International Trade Organization (Internationale Handelsorganisation)
IWF/IMF	Internationaler Währungsfonds/International Monetary Fund
KfW	Kreditanstalt für Wiederaufbau
LDC	Least Developed Countries (am wenigsten entwickelte Länder)
MDG	Millennium Development Goals (Millennium-Entwicklungsziele)

MONUC	Mission de l'Organisation des Nations Unies en République démocratique du Congo (Mission der Vereinten Nationen in der Demokratischen Republik Kongo)
NATO	North Atlantic Treaty Organization (Organisation des Nordatlantikvertrags)
NGO	Non-Governmental Organization (Nichtregierungsorganisation)
NWWO	Neue Weltwirtschaftsordnung
ODA	Official Development Assistance (Öffentliche Entwicklungszusammenarbeit)
OECD	Organisation for Economic Co-operation and Development (Organisation für wirtschaftliche Zusammenarbeit und Entwicklung)
OED	Operations Evaluation Department within the World Bank
OPEC	Organization of Petroleum Exporting Countries (Organisation erdölexportierender Länder)
PCD	Policy Coherence for Development
SAP	Strukturanpassungsprogramme
SDRM	Sovereign Debt Rescheduling Mechanism
TRA	Tanzanian Revenue Authority
TRIPS	Agreement on Trade-Related Aspects of Intellectual Property Rights (Übereinkommen über handelsbezogene Aspekte der Rechte am geistigen Eigentum)
TZ	Technische Zusammenarbeit
UN	United Nations (Vereinte Nationen)
UN DESA	United Nations Department of Economic and Social Affairs (Hauptabteilung Wirtschaftliche und Soziale Angelegenheiten)
UNCED	United Nations Conference on Environment and Development (Konferenz der Vereinten Nationen über Umwelt und Entwicklung)
UNCTAD	United Nations Conference on Trade and Development (Konferenz der Vereinten Nationen für Handel und Entwicklung)
UNDP	United Nations Development Program (Entwicklungsprogramm der Vereinten Nationen)
UNEP	United Nations Environment Programme (Umweltprogramm der Vereinten Nationen)
UNFCCC	United Nations Framework Convention on Climate Change (Rahmenübereinkommen der Vereinten Nationen über Klimaänderungen)
UNICEF	United Nations International Children's Emergency Fund (Kinderhilfswerk der Vereinten Nationen)
UV	Ultraviolettstrahlung

WBGU	Wissenschaftlicher Beirat der Bundesregierung Globale Um-weltveränderungen
WFP	United Nations World Food Programme (Welternährungspro-gramm der Vereinten Nationen)
WTO	World Trade Organization (Welthandelsorganisation)
WWF	World Wide Fund for Nature

Editorial

Auch wenn die „Entwicklungskrise" in den Ländern des globalen Südens von der Weltfinanz- und Weltwirtschaftskrise aus dem Fokus der Öffentlichkeit verdrängt wurde, so kommt dieser Thematik jedoch gerade jetzt höchste Relevanz zu. Die Wirtschaftskrise und die politischen Reaktionen in den Industrie- und Schwellenländern auf diese beeinflussen in einer von globalen Interdependenzen geprägten Welt selbst abgelegene Regionen. Die sozialen und ökonomischen Verhältnisse im Süden lassen sich deshalb nicht losgelöst von denen des Nordens betrachten. Die strukturellen Änderungen, die sich aus der Wirtschaftskrise ergeben, können dabei sowohl Chancen wie auch neue Risiken für die Bewohner der bisher unterprivilegierten Mitglieder der Staatengemeinschaft bergen.

Ein weiteres, nicht minder bedeutsames Thema ist die zunehmende Zerstörung der Ökosysteme, wodurch die Existenzgrundlage für die Menschheit und alle anderen Lebewesen gefährdet ist. Von diesen hauptsächlich durch die Industrieländer verursachten Risiken sind vor allem die armen Bevölkerungsteile in den Entwicklungsländern aufgrund von größerer Verwundbarkeit und geringeren Anpassungskapazitäten betroffen.

Vor dem Hintergrund dieser globalen Phänomene steht die internationale Zusammenarbeit vor enormen Herausforderungen: Es gilt, Strukturen zu formen, die eine nachhaltige Entwicklung in allen Teilen der Welt ermöglichen. Dieser Sammelband widmet sich daher der Analyse der Nachhaltigkeit in der Entwicklungszusammenarbeit. Dabei findet keineswegs eine Begrenzung auf die Entwicklungszusammenarbeit statt, sondern es sollen darüber hinaus die strukturellen Hindernisse für eine nachhaltige Entwicklung untersucht werden. Der Begriff Nachhaltigkeit wird inzwischen geradezu inflationär genutzt, aber leider entspricht die Verwendung oftmals nicht der holistischen Bedeutung, die diesem Konzept innewohnt. Daher ist es auch ein Anliegen dieses Bandes, *Nachhaltigkeit* nicht als leere Phrase zu verstehen, sondern als ein normatives, idealtypisches Ziel gesellschaftlicher Anstrengungen.

Die Autorinnen und Autoren dieses Buches, unter ihnen einige der namhaftesten Wissenschaftler in ihren Bereichen, nähern sich einer Auswahl der zahlreichen Aspekte des komplexen Themenfelds an. Im Sammelband werden drei Schwerpunkte betrachtet. Der erste Teil führt in die grundlegenden Begriffe und Konzepte ein: Was besagt Nachhaltigkeit in der Entwicklungszusammenarbeit? Verschiedene Ansätze sowie Sichtweisen auf die Begriffe und Definitionen werden erörtert. Im Anschluss wird die Entwicklung von Entwicklungsverständnissen und -theorien nachgezeichnet. Im zweiten Teil konzentrieren sich die Autoren auf zentrale strukturelle Hürden, die einer nachhaltigen Entwicklung in den Ländern des Südens im Wege stehen. Es werden das Wirtschafts- und das Finanzsystem beleuchtet, die Auswirkungen des Klimawandels auf die internationale Zusammenarbeit untersucht und die inneren Widersprüche der Entwicklungspolitik und damit verbundene Herausforderungen aufgezeigt. Der abschließende, dritte Teil widmet sich den praktischen Anwendungen des Nachhaltigkeitskonzeptes in der Entwicklungszusammenarbeit; anhand von drei Anwendungsfällen wird vorgestellt, vor welchen praktischen Problemen die Akteure stehen können. Auch wenn der Band sicherlich nicht alle Bereiche der Thematik abdecken kann, so hoffen wir doch, dass er in einigen wichtigen Fragen zu einem tieferen Verständnis beitragen wird.

Unser herzlicher Dank gilt allen, die dieses Werk ermöglicht haben: zuerst allen Autorinnen und Autoren, die mit ihrer Expertise und ihrem Engagement die Idee des Bandes Realität haben werden lassen. Den Mitgliedern von oikos Köln, namentlich Manuela Barisic, Nora Steurer, Marcus Tscherner und Jan Per Bethge, die die Ringvorlesung „Entwicklungszusammenarbeit – Nachhaltigkeit im Fokus" an der Universität zu Köln auf die Beine stellten, welche die Basis dieses Sammelbandes bildete. Selina Müller für ihre Sachkenntnis und Ausdauer bei der redaktionellen Überarbeitung einiger Beiträge. Schließlich danken wir Herrn Professor Thomas Jäger für seine große Unterstützung und seinen sachkundigen Rat.

Köln, im Oktober 2010
Johannes Thema und Julian König

Teil I
Einführung: Nachhaltigkeit, Entwicklung und Entwicklungszusammenarbeit

Jan Per Bethge / Nora Steurer / Marcus Tscherner

Nachhaltigkeit. Begriff und Bedeutung in der Entwicklungszusammenarbeit

1 Einleitung

Seit dem Beginn der Entwicklungszusammenarbeit (EZ) hat sich der Umgang mit ihr deutlich gewandelt. Ging es in ihren Anfängen in den 1960er Jahren hauptsächlich um „Hilfe" für eine nachholende Entwicklung so genannter „Entwicklungsländer" (EL) ökonomische Faktoren betreffend, so setzt sich seit den 1990er Jahren zusehends eine Herangehensweise durch, welche sich an dem holistischen Prinzip der Nachhaltigkeit orientiert. Dabei sollen in der Praxis der EZ neben ökonomischen auch soziale und ökologische Aspekte berücksichtigt werden.

Dieser Beitrag gibt eine Übersicht über die Anfänge des Nachhaltigkeitsgedankens bis zur versuchten Umsetzung des Prinzips der Nachhaltigkeit in der EZ heute. Dabei wird zunächst das Konzept der Nachhaltigkeit selbst erläutert. Hiernach folgt eine Darstellung der diskursiven Entwicklung und der zunehmenden internationalen Akzeptanz der Nachhaltigkeitsthematik in der EZ. Schließlich werden verschiedene Aspekte der Nachhaltigkeitsimplementierung in der EZ konkretisiert sowie ein Ausblick auf Chancen und neue Herausforderungen in diesem Bereich gegeben.

2 Das Konzept der Nachhaltigkeit

2.1 Entwicklungen seit der Industrialisierung

Der Anfang der Industrialisierung vor etwa 250 Jahren hat die Muster ökonomischer Aktivitäten auf der Erde fundamental gewandelt und in einigen Staaten ein exponentielles Wirtschaftswachstum nach sich gezogen. Dieses wiederum führte auch zu einem exponentiellen Bevölkerungswachstum.

Im Jahr 1650 betrug die Weltbevölkerung noch gut eine halbe Milliarde Menschen, zu Anfang des 20. Jahrhunderts verdreifachte sie sich auf 1,6 Milliarden und 1965 lebten bereits 3,3 Milliarden Menschen auf der Erde. Die Wachstumsrate nahm von 0,7-0,8 Prozent pro Jahr um 1900 auf 2 Prozent im Jahr 1965

zu, was einer Verdoppelung der Weltbevölkerung alle 36 Jahre oder einem absoluten Zuwachs von 68 Millionen Menschen in diesem Jahr entspricht. Vorder-
gründig geht dieses Bevölkerungswachstum auf eine im weltweiten Durchschnitt
rasant abnehmende Sterberate,[1] bei einer gleichzeitig geringeren Abnahme der
Geburtenrate zurück. Seit 1965 nahm die Geburtenrate zwar stärker ab als die
Sterberate und führte zu einer Minderung der Wachstumsrate von 2 auf 1,2 Prozent, dennoch wuchs die Weltbevölkerung bis zum Jahr 2000 auf über 6 Milliarden Menschen an, was einem absoluten Zuwachs von 75 Millionen Menschen in
diesem Jahr entsprach (Meadows et al. 2007: 27-29).

Heute wächst die Bevölkerung in den so genannten *Least Developed Countries* (LDCs) am stärksten,[2] während in einigen Industriestaaten die Bevölkerungszahl leicht rückläufig ist. Ausgehend von 6,8 Milliarden Menschen im Jahr
2009 wird die Weltbevölkerung nach Prognosen der Vereinten Nationen bis
2050 9 Milliarden Menschen überschreiten, wobei weiterhin das größte Wachstum in den sogenannten Entwicklungsländern stattfände. Demnach würde in
diesen Ländern die Bevölkerung von heute 5,6 Milliarden auf 7,9 Milliarden
anwachsen, während die Bevölkerung in den Industrieländern lediglich von
heute 1,23 Milliarden auf 1,28 Milliarden im gleichen Zeitraum zunähme
(UNDP & UN DESA 2009: 1).

In einigen Staaten der Erde haben die mit der Industrialisierung einherge-
henden Entwicklungen zu einem noch nie da gewesenen Wohlstand geführt. Der
Gesamtwert von bereitgestellten Produkten und Serviceleistungen, ausgedrückt
durch das weltweite Bruttoinlandsprodukt, hat sich um ein Vielfaches erhöht.
Diese Entwicklung ist Folge einer durch Innovationen hervorgebrachte Mechani-
sierung und Automatisierung der Produktion, die durch die Erschließung neuer
Energieträger, zunächst Kohle und später Öl und Gas, ermöglicht wurde. Das
Wachstum der Industrieproduktion fiel dabei relativ zum Bevölkerungswachstum stärker aus und ging deshalb mit einem Anstieg des weltweiten Wohlstands
einher.

Dieser Prozess der Wohlstandsmehrung war aber zugleich durch ein hohes
Maß an Ungleichheit geprägt. So konnten vornehmlich die Menschen in den
Industriestaaten von den Entwicklungen profitieren, während sich für den größeren Teil der Menschheit die Lebensbedingungen gar nicht oder lediglich in geringem Maße verbesserten. Heute lebt ein Viertel der Weltbevölkerung von weniger als 1,25 US-Dollar pro Tag. Eine Milliarden Menschen müssen ohne Zugang zu sauberem Trinkwasser auskommen, 1,6 Milliarden Menschen haben

---

[1]   Der Begriff *Sterberate* bezeichnet die Anzahl der Todesfälle bezogen auf die Gesamtzahl der
      Individuen in einem bestimmten Zeitraum.
[2]   In 31 von 49 von den Vereinten Nationen als LDCs eingestuften Ländern gebiert eine Frau
      durchschnittlich über fünf Kinder (UNDP 2009).

keinen Zugang zu Elektrizität, gut drei Milliarden Menschen haben keinen Zugang zu angemessenen sanitären Einrichtungen und jedes vierte Kind in den Entwicklungsländern bleibt unterernährt (Weltbank 2009: viii). Dabei gibt es sehr wohl positive Entwicklungen bezüglich dieser Indikatoren zu verzeichnen. So nahm die Kindersterblichkeit in allen Gebieten außer Subsahara-Afrika seit den 1960er Jahren von über 250 Toten pro 1000 Lebendgeburten auf deutlich unter 100 ab (UNICEF 2007).

2.2 Menschliche Entwicklung

Als Indikator für die soziale und ökonomische Entwicklung ist neben einer Vielzahl von anderen Ansätzen der *Human Development Index (HDI)* weit verbreitet und viel genutzt.[3] Der HDI soll aufgrund seines Bekanntheitsgrads und seiner vielfachen Anwendung im Bereich der Entwicklungszusammenarbeit im Folgenden zur Abbildung der menschlichen Entwicklung verwendet werden.[4] Für die ökonomische Dimension wird die durchschnittliche reale Kaufkraft der Einwohner eines Landes verwendet. Zur Beurteilung der sozialen Dimension wird zum einen die Lebenserwartung bei Geburt als Indikator für die Gesundheitsversorgung herangezogen. Zum anderen dienen die Alphabetisierungsrate von Erwachsenen und die Einschulungsrate als Maßstab für die Bildung in einem Land.

Insgesamt fließen diese Indikatoren aus Wirtschaft, Bildung und Gesundheit gleich gewichtet in einen HDI-Durchschnittswert ein, der theoretisch zwischen 1 und 0 liegen kann. Ein Land mit einem Durchschnittswert von mindestens 0,9 gilt als eines mit sehr hoher, eines mit einem HDI-Wert von unter 0,5 als mit geringer menschlicher Entwicklung (UNDP 2007: 222). 2007 haben laut den Vereinten Nationen etwa zwei Milliarden Menschen in Ländern mit sehr hoher (HDI-Wert größer 0,9) oder hoher (0,8 bis 0,9) menschlicher Entwicklung gelebt. Der weitaus größere Teil der gut 6,6 Milliarden Menschen hat hingegen in solchen Ländern gelebt, die gemäß der HDI-Indikatoren als Länder mit mittlerer (HDI-Wert 0,5 bis 0,8; etwa 4,3 Milliarden) oder geringer (HDI-Wert kleiner 0,5; etwa 363 Millionen) menschlicher Entwicklung eingestuft werden (UNDP 2009). Auch wenn der HDI mit seinem Ansatz menschliche Entwicklung besser darstellen kann als beispielsweise das Bruttoinlandsprodukt, so handelt es sich

---

[3]   Für eine weiterführende Diskussion hinsichtlich der Bedeutung des Begriffs *Entwicklung* siehe Abschnitt 2 im Beitrag von Julian König in diesem Band.

[4]   Es gibt natürlich neben diesem Indikator eine Vielzahl anderer Indikatoren und eine Breite Diskussion, ob und wie Entwicklung überhaupt empirisch messbar ist, bzw. ob es überhaupt sinnvoll ist, nach Entwicklung zu streben. So kommt beispielsweise im Happy Planet Index (HPI) neben der subjektiven Lebenszufriedenheit der Menschen auch der ökologischen Komponente große Bedeutung zu.

auch hier lediglich um einen Index, der als solcher einer ganzheitlichen Darstellung nachhaltiger Entwicklung nicht gerecht wird. So betrachtet z.b. auch dieser Indikator die Entwicklung losgelöst von den Ökosystemen, in sie stattfindet.

2.3 Ökologische Entwicklung

Die rasante Entwicklung seit der Industrialisierung geht mit weitreichenden Folgen für die natürliche Umwelt der Menschen einher. Ausdruck davon sind beispielsweise der steigende Energie- und Materialverbrauch, veränderte Siedlungsstrukturen wie zunehmende Verstädterung sowie erhöhte Umweltbelastungen durch die Zunahme von Schadstoffausstößen und Abfällen (Meadows et al. 2007: 51-53).

Die Auswirkungen der menschlichen Aktivitäten auf die natürlichen Systeme der Erde, also die ökologische Dimension der globalen Entwicklung, können beispielsweise durch das Konzept des *Ökologischen Fußabdrucks* dargestellt werden. Der Ökologische Fußabdruck misst die Menge an produktivem Land, die benötigt wird, um einerseits die Ressourcen (z.b. Getreide, Holz, Fisch oder Siedlungsraum) für die menschlichen Aktivitäten bereitzustellen und andererseits Schadstoffe und Abfälle (z.b. CO_2-Emissionen oder Nuklearabfälle) dieser Aktivitäten aufzunehmen. Diese Fläche kann für die Aktivitäten eines einzelnen Individuums, für Aktivitäten einzelner Länder oder der weltweiten Bevölkerung berechnet werden und ist abhängig von den verfügbaren Techniken für die Produktion von Gütern und Dienstleistungen. Sie variiert stark nach den Produktions- und Konsummustern, die in dem betrachteten Land vorzufinden sind.

Im Zeitraum von 1961 bis 2005 hat sich der Ökologische Fußabdruck der gesamten Menschheit mehr als verdoppelt, was zum einen auf die Zunahme individuellen Konsums und zum anderen auf das weltweite Bevölkerungswachstum zurückzuführen ist. Ein Produkt wird dabei dem konsumierenden und nicht dem produzierenden Land zugerechnet. So werden Bananenplantagen nicht dem Ökologischen Fußabdruck des Landes zugerechnet, welches Bananen produziert, sondern demjenigen, welches diese importiert. In den Ländern mit hohen Einkommen war in den Jahren von 1961 bis 2005 die Steigerung im individuellen Konsum die ausschlaggebendere Variable (im Durchschnitt kam es zu einem Anstieg von 3,6 auf 6,4 gha/Person[5]), während in den Ländern mit mittleren (durchschnittliche Steigerung von 1,8 auf 2,2 gha/Person) und niedrigen Ein-

---

5   *Gha* steht für „globaler Hektar" und bezeichnet einen Hektar Land mit (im weltweiten Vergleich) durchschnittlichen Fähigkeiten natürliche Ressourcen bereit zu stellen und Abfälle zu absorbieren.

kommen[6] (durchschnittliche Senkung von 1,3 auf 1,0 gha/Person) vor allem das Bevölkerungswachstum ausschlaggebend für den Beitrag zur Steigerung des weltweiten Ökologischen Fußabdrucks war (WWF 2008: 26-27).

2.4 Grenzen wirtschaftlicher Entwicklung

Um diesen Anstieg des Ökologischen Fußabdrucks hinsichtlich der Konsequenzen für unseren Planeten bewerten zu können, muss ihm die Biokapazität der Erde gegenübergestellt werden. Das Konzept der Biokapazität veranschaulicht die Grenzen des natürlichen Systems Erde. Es stellt die Potenziale der Natur dar, die von der Menschheit genutzten Ressourcen zu liefern und die abgegebenen Umweltbelastungen aufnehmen zu können. In der Logik des Ökologischen Fußabdrucks beschreibt es also die gesamte Fläche, die den Menschen für die Befriedigung ihrer Bedürfnisse theoretisch zur Verfügung steht. Die Biokapazität variiert stark von Land zu Land. So verfügen Länder mit großen Waldbeständen wie Brasilien oder Kanada über hohe, während waldarme Länder wie Algerien über relativ geringe Biokapazitäten verfügen. Zu beachten ist jedoch, dass die Biokapazität bei dem Ranking des Ökologischen Fußabdruckes „gepoolt" wird: Jedem Menschen und jedem Land steht gleichviel Fläche zur Verfügung, unabhängig davon, wie viel das jeweilige Land besitzt. Es geht also um weltweite Durchschnittswerte.

Stellt man dem Ökologischen Fußabdruck die Biokapazität der Erde gegenüber (Abb. 1), so kann festgestellt werden, dass etwa seit den 1980er Jahren der menschliche Konsum über die Tragfähigkeit des Planeten hinausgeht, die bei 1,8 gha pro Person erreicht ist. Im Jahr 2005 war der Ökologische Fußabdruck gut 30 Prozent größer als die Fläche, die das Ökosystem der Erde, gemessen an der Bereitstellung von Ressourcen und Aufnahmemöglichkeiten von Schadstoffen, bereitzustellen im Stande war (WWF 2008: 2).

Ein Anzeichen für diese Überschreitung ist der globale Klimawandel. Die durch den eingeschlagenen Entwicklungspfad der Menschen zusätzlich verursachten Treibhausgase werden nicht ausreichend von der Natur absorbiert und verursachen somit den verstärkten Treibhauseffekt, der zur Erwärmung der Atmosphäre führt. Aber auch immer knapper werdende fossile Ressourcen oder Waldsterben sind Belege dafür, dass die wirtschaftlichen und sozialen Aktivitäten der Menschheit von heute die Regenerationsfähigkeit der natürlichen Umwelt überstiegen haben.

---

[6] Die Weltbank kategorisiert Staaten nach ihrem erwirtschafteten Bruttoinlandsprodukt wie folgt: (a) mit niedrigen Einkommen (BIP bis 975 US$), (b) mit mittleren Einkommen (BIP zwischen 976 und 11.905 US$) und (c) mit hohen Einkommen (BIP ab 11.906 US$) (Weltbank 2010).

Der traditionelle Entwicklungspfad der von den heutigen Industrieländern beschritten wurde und wird, hat also zu einer Überschreitung der natürlichen Grenzen des Planeten Erde geführt und ist damit zu einer konkreten Bedrohung unserer natürlichen Lebensgrundlage und damit unserer Existenz geworden.

Abb. 1: Zusammenführung des weltweiten Ökologischen Fußabdrucks und der Biokapazität in der Vergangenheit und Zukunft

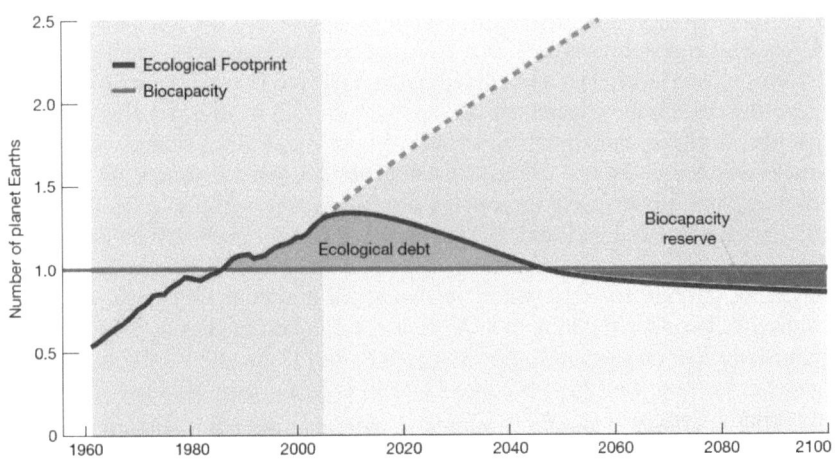

Quelle: WWF (2008: 22).

2.5 Ein Konzept der nachhaltigen Entwicklung

Seit dem Brundtland-Report gilt das Konzept der nachhaltigen Entwicklung als ein theoretischer Entwicklungspfad, der langfristig menschliche Grundbedürfnisse befriedigen kann und gleichzeitig mit den natürlichen Grenzen unseres Planeten zu vereinbaren ist:

Sustainable development is development that meets the needs of the present without compromising the ability of future generations to meet their own needs. *It contains within it two* key concepts: (1) the concept of needs, in particular the essential needs of the world's poor, to which overriding priority should be given; and (2) the idea of limitations imposed by the state of technology and social organization on the environment's ability to meet present and future needs (UN 1987: Chapter 2, IV).

Demnach muss eine solche Entwicklung angestrebt werden, die nachfolgenden Generationen die gleichen Möglichkeiten einräumt, wie sie die derzeitige Generation genießt. Damit handelt es sich beim Konzept der nachhaltigen Entwicklung um ein normatives Konzept, da es nicht lediglich bisherige Entwicklung nachzeichnet, sondern einen strategischen Entwicklungspfad vorgibt (Thiele 2001: 17).

Der Begriff der Nachhaltigkeit stammt aus der Forstwirtschaft des 19. Jahrhunderts und beschrieb bestimmte Arten der Waldnutzung, die dazu geeignet waren, den Wald langfristig, also nachhaltig zu nutzen (Goetze 2002: 169). In den letzten zwei Jahrzehnten haben sich unterschiedliche Sichtweisen auf Nachhaltigkeit entwickelt. Der dabei in Deutschland am häufigsten verwendete Ansatz geht auf die 1994 eingesetzte Enquete-Kommision des Deutschen Bundestages „Schutz des Menschen und der Umwelt" zurück, die sich auf die drei Dimensionen Ökologie, Soziales und Ökonomie bezieht. „Nachhaltigkeit ist die Konzeption einer dauerhaft zukunftsfähigen Entwicklung der ökonomischen, ökologischen und sozialen Dimension menschlicher Existenz" (Enquete Kommission 1998).[7]

Der übergeordnete Rahmen ist durch die ökologische Dimension gegeben, denn alle sozialen Systeme (also auch das ökonomische) sind integrativer Bestandteil dieser Dimension (Daly 2007: 12). Die ökonomische Dimension ist demnach Bestandteil sowohl der ökologischen als auch der sozialen Dimension (Abb. 2). Alle Dimensionen stehen in einem interdependenten Verhältnis zueinander, das durch den Austausch von energetischen und materiellen Strömen charakterisiert ist. So werden beispielsweise in jeder „Lebensphase" entlang eines Lebenszyklus eines Produktes unterschiedliche Mengen an Energie und Material verwendet bzw. ausgestoßen. Die Nutzung eines Autos während der Gebrauchsphase ist so beispielsweise mit Material- und Energieentwertung (Abnutzung des Materials, Verbrennung von Treibstoff) verbunden sowie mit dem Anfallen von Abfallprodukten (CO_2, Lärm), die einen Effekt auf alle drei Dimensionen der Nachhaltigkeit mit sich bringen. Nachhaltiges Handeln ist somit immer mit der Berücksichtigung aller (drei) Dimensionen verbunden.

Auch wenn der Begriff *Nachhaltigkeit* heute allgegenwärtig zu sein scheint, so wird bei genauerer Betrachtung der Grundsatz der Nachhaltigkeit selten befolgt. So sind „nachhaltige" Aktivitäten von Unternehmen, Politik und anderen Akteuren häufig etwa nur auf die ökologische Dimension beschränkt und lassen die Berücksichtigung von sozialen und ökonomischen Folgen ihres Handelns außer Acht. Um die Zielsetzung einer nachhaltigen Entwicklung zu erreichen,

---

[7] Häufig werden diese Dimensionen noch durch weitere ergänzt, wie die kulturelle und politische Dimension. Vgl. dazu die Beiträge von John E. Akude und Julian König in diesem Band.

müssen gegenwärtige Wirtschaftsaktivitäten fundamental geändert werden, damit diese langfristig mit den Kapazitätsgrenzen des Planeten zu vereinbaren sind. Der Realisierungsgrad von Nachhaltigkeit kann sich dabei auf verschiedene Art und Weise messen lassen: Vertreter der „schwachen" Nachhaltigkeit gehen davon aus, dass es sich dabei um eine aggregierte Wertgröße aus vom Menschen gemachtem Kapital und Naturkapital handelt, so dass eine Substitution von Naturkapital (wie beispielsweise Mineralien und Pflanzen) durch vom Menschen kreiertes Kapital (wie beispielsweise Produktionsanlagen und Geldvermögen) durchaus möglich ist (Endres 2007: 318). Vertreter der „strikten" Nachhaltigkeit hingegen lehnen die Aggregation von anthropogenem Kapital und Naturkapital ab, so dass die Kompensation des Verlustes des einen Kapitalbestands durch den anderen ausgeschlossen ist. Nach diesem Verständnis können Naturkapital und vom Menschen kreiertes Kapital also keine Substitute sein (Daly 2007: 13). Ein Kompromiss zwischen den beiden gegensätzlichen Konzepten wurde mit der „kritischen" Nachhaltigkeit gefunden, die lediglich das für das Überleben notwendige Naturkapital, im Sinne der „strikten" Nachhaltigkeit, als nicht substituierbar „sichert" (Endres 2007: 319).

Abb. 2: Die drei Dimensionen der Nachhaltigkeit

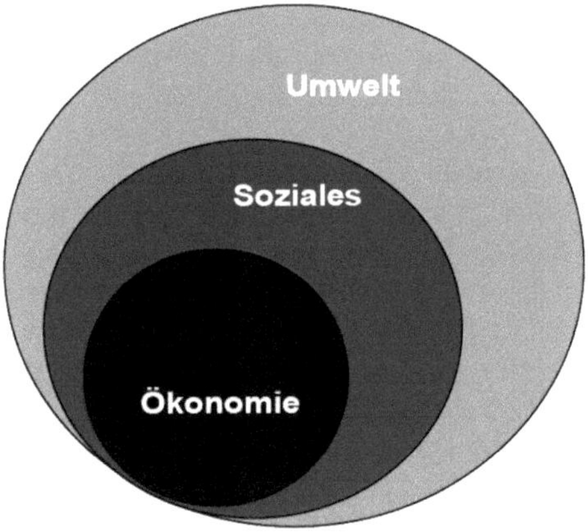

Quelle: Eigene Darstellung

2.6 Eine grobe Zielvorgabe für nachhaltige Entwicklung

Um das Konzept der Nachhaltigkeit für Entwicklungsprozesse in der Praxis nutzbar zu machen, kann für die ökonomische und soziale Dimension der zuvor beschriebene HDI herangezogen werden. Wird dieser Indikator durch die oben dargelegten Konzepte des Ökologischen Fußabdrucks und der Biokapazität ergänzt, so lässt sich zusätzlich die ökologische Dimension sinnvoll einbinden.

Nutzt man den HDI als Maßstab, so gilt laut dem Entwicklungsprogramm der Vereinten Nationen ein Wert von 0,8 als Indikator für einen hohen Entwicklungsstand eines Landes und kann somit als ein anzustrebender Minimalwert für eine angemessene soziale und ökonomische Entwicklung, die den grundlegenden menschlichen Bedürfnissen gerecht wird, herangezogen werden. Bezüglich der ökologischen Dimension gilt, wie oben dargestellt, ein Wert des Ökologischen Fußabdrucks von 1,8 als ökologisch vertretbar,[8] um eine Entwicklung innerhalb der Grenzen der natürlichen Biokapazität der Erde zu gewährleisten. Akzeptiert man diese Indikatoren für eine nachhaltige Entwicklung, so kann dann von nachhaltiger Entwicklung gesprochen werden, wenn ein HDI von 0,8 bei gleichzeitiger Nicht-Überschreitung eines Ökologischen Fußabdrucks von 1,8 erreicht wird (Abb. 3).

Mit dieser Zieldefinition nachhaltiger Entwicklung wird bei der Prüfung mit empirischen Daten deutlich, dass nur acht der 200 Staaten (für welche die benötigten Daten verfügbar sind) gemäß der hier zugrunde gelegten Nachhaltigkeits-

Abb. 3: HDI und ökologischer Fußabdruck weltweit

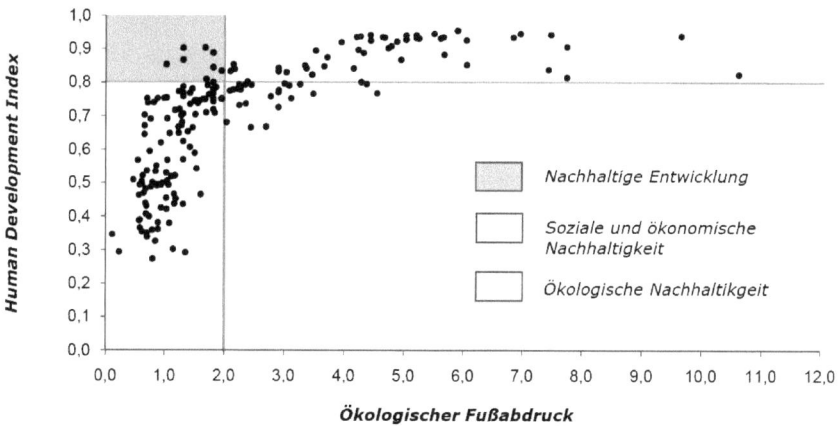

Quelle: Eigene Darstellung basierend auf Daten des UNDP und WWF von 2002 (bezogen über Worldmappers.org).

---

[8]   Dieser Wert bezieht sich auf die durchschnittlich pro Person zur Verfügung stehende Biokapazität.

kriterien als „entwickelt" bezeichnet werden können.[9] Sowohl die Industrienationen als auch die „Entwicklungsländer" können zum Großteil dem Anspruch einer nachhaltigen Entwicklung nicht gerecht werden. Während bei wenigen „Entwicklungsländern" befriedigende Ergebnisse auf sozialer und ökonomischer Ebene erzielt werden (HDI < 0,8), so müssen die Industrienationen auf ökologischer Ebene als „unterentwickelt" bezeichnet werden (Ökologischer Fußabdruck > 1,8).

3   Der Nachhaltigkeitsdiskurs in der Entwicklungszusammenarbeit

Der Nachhaltigkeitsdiskurs in der EZ ist aus einer Debatte um Ressourcenknappheit heraus entstanden. „Entwicklungshilfe", heute meist als EZ bezeichnet, kam lange Zeit ohne den Begriff der *Nachhaltigkeit* aus. Auch in der Charta der Vereinten Nationen von 1945 war lediglich von Friedenserhaltung, Förderung der internationalen Zusammenarbeit und der Wahrung der Menschenrechte die Rede (Rechkemmer 2003: 46).

Eine Debatte um Nachhaltigkeit hatte jedoch bereits begonnen, bevor der Begriff selber verwendet wurde, allerdings stand am Anfang der Diskussion nicht ein ökologischer, sozialer oder ökonomischer, sondern ein bevölkerungspolitischer Bezugsrahmen. Dabei ging es um die Frage, ob sich demografisches Wachstum in Entwicklungsländern positiv oder negativ auf deren ökonomische Entwicklungspotenziale auswirkt. Diese Frage entsprach der Malthusianischen Bevölkerungshypothese, welche Bevölkerungswachstum und Ressourcen- bzw. Nahrungsmittelverbrauch einander gegenüberstellt (Goetze 2002: 167). Es ging bei dieser Diskussion nicht explizit um Umweltschutz, sondern eher um Versorgungsprobleme der Bevölkerung. Dennoch kann sie als eine Vorstufe zur heutigen ökologischen Nachhaltigkeitsdiskussion in der EZ verstanden werden. Es wurde dabei eine Verknüpfung geschaffen zwischen der Bevölkerungszahl in einem Land und den dort vorhandenen Ressourcen. Diese Relation zwischen Bevölkerungswachstum und Ressourcenvorrat wurde als ein Entwicklungsproblem angesehen.

Grundsätzlich wurde in der Subsistenzsicherungsstrategie der ärmeren Haushalte ein wichtiger Grund für den intensiven bzw. falschen Ressourcenverbrauch gesehen. Hohe Kinderzahlen (und ein damit einhergehender hoher Res-

---

[9]   Auffällig ist die große Anzahl von Insel- und Stadtstaaten. Die acht Staaten sind namentlich: Antigua & Barbuda, Barbados, Brunei, Hong Kong, Kuba, Saint Kitts & Nevis, Singapur und die Seychellen. Die Erklärung, warum gerade Stadtstaaten hier auftauchen, findet sich indirekt in Abschnitt 2.4: Biokapazität ist „gepoolt", es geht also um Durchschnittswerte: Jedem Bürger, unabhängig von der Geographie seines Heimatlandes, erhält imaginär die gleiche Biokapazitätsausstattung.

sourcenverbrauch) galten als strategische Sicherheitshandlung vor allem von armen Frauen und als Folge der Machtverhältnisse innerhalb armer Haushalte. Eine Verbesserung der Handlungsfähigkeit dieser Frauen wurde als Voraussetzung für die Verringerung der ökologischen Belastung gesehen (Goetze 2002: 168-169). Das Nahrungsmittelproblem wurde darüber hinaus in der Grundbedürfnisstrategie der Weltbank Anfang der 1970er Jahre benannt (Nuscheler 2007a).

In den 1960er Jahren kam das Thema Ökologie durch erste Studien auf die öffentliche Agenda. Dennoch, und trotz der oben genannten Diskussion um Ressourcenverbrauch, spielte Umweltschutz und auch der Begriff Nachhaltigkeit selbst bis zu Beginn der 1970er Jahre in der praktischen EZ keine explizite Rolle.

3.1 Nachhaltigkeit wird zu einem globalen Begriff

Eingang in die öffentliche und wissenschaftliche Diskussion auch von Entwicklungspolitik fand der Begriff *Nachhaltigkeit* erstmals 1972 durch eine Debatte über Ressourcenbegrenzung, ausgelöst durch das von Dennis Meadows und dem Club of Rome veröffentlichte Buch *Die Grenzen des Wachstums* (Dietrich 2004: 167).

Erstmals erfolgte ebenfalls 1972 in Stockholm eine große Konferenz zum Thema Umweltschutz, die United Nations Conference on the Human Environment. Ihr Beginn, der 5. Juni, wird bis heute als „Tag der Umwelt" begangen. An der Konferenz nahmen mehr als 1.200 VertreterInnen aus über 112 Ländern teil (Lexikon der Nachhaltigkeit 2005). Die Konferenz stellte den Beginn globaler Umweltpolitik dar: Sie war das erste globale Forum, welches die verschiedenen Aspekte von Umwelt und Entwicklung im klassischen Sinne zusammenbrachte: So wurden hier die Nutzung lokaler Ressourcen für die Befriedigung der Grundbedürfnisse, aber auch Bereiche, die die soziale Sicherheit betrafen sowie die Frage nach ökologisch und sozial angepassten Techniken diskutiert. Auch wurde ein neuer Kriterienkatalog für die Beurteilung von Projekten aufgesetzt. Dabei sollte die Partizipation der Bevölkerung bei gleichzeitig sparsamer Verwendung von Ressourcen eine wichtige Rolle spielen. Auf dieser Konferenz beschlossene Kriterien wurden auch von großen Organisationen wie der Weltbank übernommen (Goetze 2002: 170).

Ein weiteres wichtiges Ergebnis war die Gründung einer UN-Umweltorganisation, des United Nations Environmental Programme (UNEP). Zu ihren Aufgaben gehört es, ein Bewusstsein für ökologische Fragen auf allen Ebenen zu schaffen und diese auf die Tagesordnung von anderen internationalen Organisationen und Staaten zu bringen. 1974 mündete ein gemeinsames Seminar von

UNEP und der United Nations Commission on Trade and Development (UNCTAD) in Cocoyoc, Mexiko, in der Erklärung von Cocoyoc, einer Deklaration in welcher der Zusammenhang zwischen sozialen Ungleichgewichten und ökologischen Problemen benannt wurde. Grundbedürfnisorientierte Überlegungen und die Forderung nach schonendem Umgang mit natürlichen Ressourcen, also Fragen der Entwicklung und des Umweltschutzes wurden hier diskutiert (Goetze 2002: 171).

1983 kam es schließlich zur Einrichtung der so genannten UN-Kommission für Umwelt und Entwicklung. Sie sollte langfristige Wege für den Umgang mit der Verflechtung dieser verschiedenen Interessenstränge (ökologische und Entwicklungsfragen) aufzeigen. 1987 gab sie den, bereits oben zitierten, nach ihrer Vorsitzenden benannten „Brundtland-Report" mit dem Titel *Our Common Future* heraus (UN 1987; Lexikon der Nachhaltigkeit 2009). Dieser beeinflusste die internationale Nachhaltigkeitsdebatte maßgeblich und wurde auf zwei internationalen Konferenzen ausführlich diskutiert, 1987 in London sowie 1988 in Mailand. Der Brundtland-Report etablierte erstmals den Begriff *sustainable development* und führte die beiden Begriffe *sustainable* und *development* damit offiziell zusammen. Der Brundtland-Report zeigte somit, dass Armut, Unterentwicklung und Naturzerstörung wechselseitig miteinander verknüpft sind und Umwelt- und Entwicklungspolitik vereint werden sollten (UN 1987: I; Rechkemmer 2004: 47).

Diese im Report angesprochenen Problembereiche umfassten zum Beispiel Umweltverschmutzung in Industrieländern, globale Hochrüstung, die Verschuldungskrise (die in den 1980er Jahren besonders die Entwicklungsländer hart traf), Bevölkerungsentwicklung sowie Wüstenausbreitung in der so genannten „Dritten Welt". Zu beachten sei hier allerdings, dass der Brundtland-Report zwar aus der Umwelt- und Entwicklungsdebatte hervorging und damit Nachhaltigkeit zunächst der Gefahr der Einseitigkeit ausgesetzt war, jedoch durchaus auch andere Aspekte der Nachhaltigkeit einschloss: z.B. das Recht eines jeden Menschen auf ausreichend Nahrung und die Bedeutung von wirtschaftlicher Eigenständigkeit durch ausreichende Arbeitsplätze (UN 1987: III.3).

Der Bericht forderte dabei unterschiedliche Herangehensweisen je nach Situation, in der sich die jeweiligen Länder befanden: Reiche Länder sollten ihren materiellen Wohlstand mit einer nachhaltigen Nutzung der Ressourcen in Einklang bringen. Arme Länder sollten ihre Armut überwinden, allerdings ohne dabei die westlichen Konsummuster zu kopieren. Es wurde die Forderung nach „nachhaltigem Wirtschaftswachstum" gestellt, also einem Wachstum, das einerseits die Grundbedürfnisse der Menschen befriedigt, zum anderen aber nicht die ökologischen Grenzen des Planeten sprengt (UN 1987: I, II). Dem Bericht wurde allerdings auch vorgeworfen, dass viele seiner Empfehlungen auf einer allgemeinen, moralischen Ebene blieben und keine präzisen Handlungsanweisungen gegeben oder Sanktionen beschlossen wurden.

Dennoch erfüllte der Brundtland-Report wichtige Funktionen, da Themen angesprochen und zusammengeführt wurden, welche zuvor kaum Beachtung gefunden hatten oder getrennt behandelt worden waren. Da er diese Interdependenzen erstmals offen ansprach, stellte er eine wichtige Voraussetzung für die globale Debatte in dieser Hinsicht und für eine neue Politikausrichtung dar. Gleichzeitig fand im Zuge der dem Brundtland-Bericht nachfolgenden Diskussion eine zunehmende Ökologisierung des Begriffs *nachhaltige Entwicklung* statt (Goetze 2002: 171-172).

3.2 Die Umwelt- und Nachhaltigkeitskonferenz von Rio de Janeiro

In Folge des Brundtland-Reports wurden zahlreiche Konferenzen organisiert, welche die Verknüpfung von Ökologie und Entwicklung thematisierten. Die wohl bedeutendste war die United Nations Conference on Environment and Development (UNCED) in Rio de Janeiro 1992 (Goetze 2002: 172). Das übergeordnete Ziel dieser Konferenz war es, eine globale Partnerschaft für nachhaltige Entwicklung zu initiieren (Anderson 2005: 46). Das wichtigste Ergebnis dieser ersten Nachhaltigkeits-Konferenz war die so genannte „Agenda 21". Als solche wurde ein umfangreiches Dokument bezeichnet, in dem über 120 Initiativen angeführt wurden, welche bis zum Jahre 2000 eingeleitet werden sollten. Es handelte sich dabei um eine nahezu vollständige Auflistung aller Weltprobleme, die sich in Bezug auf Nachhaltigkeit und Entwicklung ergaben.

Bezüglich ökologischer Herausforderungen ging es sowohl um regionale wie auch globale Umweltprobleme. Die angesprochenen Bereiche reichten von der Verringerung des Energieverbrauchs bis zur Förderung nachhaltiger Landwirtschaft, von Klimawandel und Biodiversität bis hin zu Desertifikationsbekämpfung und Prinzipien nachhaltiger Forstwirtschaft. (UN DESA o.J: II). Weiterhin setzte sich die Agenda 21 mit der Endlichkeit vieler natürlicher Ressourcen und der damit einhergehenden Notwendigkeit der Veränderung der Konsummuster auseinander (Goetze 2002: 172-173). Neben diesen Bereichen, welche dem Schutz der Umwelt zugeordnet werden können, wurde ebenfalls die wirtschaftliche Entwicklung sowie die soziale Sicherung in armen Ländern angesprochen (UN DESA o.J: I). Lösungen der Herausforderungen in diesen Bereichen wurden sowohl auf lokaler, als auch auf internationaler Ebene gesucht. So konnten und sollten innerhalb der Agenda 21 sogar Kommunen ihre eigenen Nachhaltigkeitsstrategien entwickeln. Während somit Nachhaltigkeit in ihrer Gesamtheit erfasst wurde, waren die genannten Ziele jedoch keinesfalls konfliktfrei, sondern standen teilweise im Widerspruch zueinander (Andersen 2005: 50).

Ähnlich wie die Kritik am Brundtland-Report lautete auch eine Kritik an den Ergebnissen der Konferenz von Rio, dass diese zu nicht ausreichend bindenden Vereinbarungen geführt habe. Außerdem wurde kritisiert, dass Dimensionen wie Verteilungsgerechtigkeit sowie die Frage nach einer neuen politischen und ökonomischen Ordnung nur unzureichend berücksichtigt worden seien. Kritische Stimmen merkten weiterhin an, dass es im Zuge der Agenda 21 zu einer Ökonomisierung der natürlichen Umwelt komme und Menschen lediglich als Nutzer bzw. Gefährder dieser gesehen würden (Goetze 2002: 172-173).

Nichts desto trotz gilt es zu beachten, dass es sehr wohl messbare Ergebnisse gab: Auch aufgrund der UNCED-Konferenz haben Geberländer bis heute Gelder der EZ, welche in Sektoren flossen, die die Umwelt belasten, zurückgefahren und Gelder, die in Umweltschutzmaßnahmen fließen, erhöht (Hicks et al. 2008: 14).

3.3 Nach der UNCED – Die Entwicklung von Nachhaltigkeit in der Entwicklungszusammenarbeit in Theorie und Praxis

Während bei der Konferenz in Rio de Janeiro der Schwerpunkt eher auf die ökologische Nachhaltigkeit gelegt wurde und damit auch eine starke Assoziation von Nachhaltigkeit mit Ökologie erfolgte, kam es in den 1990er Jahren zu mehreren Konferenzen, die, wenn auch nicht explizit, unter dem Fokus Nachhaltigkeit und Entwicklung stehend, eher die sozialen Aspekte von Nachhaltigkeit betonten. Zu diesen gehörte neben der Weltkonferenz über Menschenrechte 1993 in Wien und der Internationalen Konferenz über Bevölkerung und Entwicklung (ICPD) 1994 in Kairo auch der Weltgipfel über soziale Entwicklung 1995 in Kopenhagen.

Von großer Bedeutung für die Evaluierung von Nachhaltigkeit in der Praxis war die zehn Jahre nach der UNCED in Johannesburg stattfindende Nachfolge-Konferenz, der so genannte Welt-Gipfel für nachhaltige Entwicklung. Nicht nur Regierungen, sondern auch NGOs und transnationale Konzerne nahmen an dieser Konferenz teil. Ihr erklärtes Ziel war die Bestandsaufnahme des seit der Konferenz von Rio Erreichten (Rechkemmer 2004: 47; Andersen 2005: 50). Die Analyse war ernüchternd: Noch immer bestand ein großer Unterschied zwischen armen und reichen Ländern was den Entwicklungsstand betraf, noch immer nahmen Schäden an der Umwelt weltweit zu. Durch Verschmutzung, Zunahme von Naturkatastrophen und Erschöpfung von natürlichen Ressourcen wurden die Entwicklungschancen der ärmsten Länder gehemmt.

Mit der so genannten Erklärung von Johannesburg über nachhaltige Entwicklung wurden die Ziele der Agenda 21 und damit das Streben nach Lösungen für die genannten Herausforderungen bekräftigt (UN 2002: 3-4). Dabei wurde die Bekämpfung von Bedingungen, welche nachhaltige Entwicklung behinderten, hervorgehoben. Explizit wurde dabei auch die soziale Dimension von Nachhaltigkeit genannt: Bedrohungen wie Hunger, bewaffnete Konflikte, Drogenhandel, Korruption, Menschenrechtsverletzungen und chronische Krankheiten. Dabei mangelte es jedoch in vielen Fällen an konkreten Zeitangaben (UN 2002: 3-4; Andersen 2005: 51).

Während ein Großteil der Regierungen die Ergebnisse der Konferenz positiv bewerteten, bemängelten besonders NGOs wie bereits bei den vorangegangenen Konferenzen die unzureichende Konkretisierung sowie die offen gebliebene Frage nach der Finanzierung der Maßnahmen und die mangelnde Möglichkeit von Sanktionen bei Zuwiderhandlungen. Außerdem wurden keine klaren zeitlichen Vorgaben für die Umsetzung der Maßnahmen beschlossen. Dennoch bewirkte die Konferenz in Johannesburg, dass globale Umweltpolitik und nachhaltige Entwicklung nun wieder auf der Tagesordnung standen. Ein internationaler und aktualisierter Bezugsrahmen wurde geschaffen, auch da sich 190 Staaten auf eine detaillierte Aktionsliste einigen konnten und somit eine gemeinsame Vision vorhanden war (Rechkemmer 2004: 48; Andersen 2005: 51).

3.4 Kritik am Konzept der nachhaltigen Entwicklung innerhalb des Entwicklungsdiskurses

Auch grundlegende Kritik an dem Konzept der nachhaltigen Entwicklung, die über die Kritik an einzelnen Konferenzen hinausgeht, ist vorhanden. Dazu gehören beispielsweise der Vorwurf der Ökonomisierung ökologischer Probleme und die fehlende Perzeption des Menschen als lebendigen Teil des ökologischen Systems. Weiterhin sei es zu einer Art Sicherheitsanalogie gekommen: Umweltbelastung und mangelnde Entwicklung in einigen Teilen der Welt werde als Sicherheitskrise verstanden, deren Bewältigung nur durch Hochtechnik-Lösungen zu schaffen sei (Goetze 2002: 173).

Ein weiterer Kritikpunkt ist die Orientierung des Diskurses um nachhaltige Entwicklung an den Kriterien der westlichen Welt – das heißt derjenigen Bevölkerungsgruppen, welche die Macht in den Händen halten – und nicht entsprechend lokaler Kriterien und Realitäten. Escobar (1995) geht dabei davon aus, dass durch die versuchte Aussöhnung von Wachstum und Umwelt ein wachstumsorientiertes Entwicklungsdenken noch weiter gefördert werde. Die Natur werde entsprechend instrumentalisiert und die weiteren Phasen der globalen Kapitalakkumulation integriert. An dem Mythos der Entwicklung gemäß westlichem Modell werde grundsätzlich nicht gerüttelt. So gerieten Entwicklungsprojekte unter wachstumsorientierten Druck, sobald staatliche oder marktorientierte Autoritäten in den Ablauf involviert würden (Escobar 1995: 195-196).[10]

Während aber der Einzug der Nachhaltigkeit in die EZ die Möglichkeit eines holistischen Ansatzes in dieser eröffnet, besteht genau hierin auch die Herausforderung dieses Konzepts: Nuscheler geht davon aus, dass, indem es allumfassend sei, dieses Konzept die EZ vor die Herausforderung eines ständig erweiterten Aufgabenkatalogs stelle. Die Gefahr hierbei sei, dass in der EZ die Wahrscheinlichkeit, selbst gesteckte Ziele zu erreichen, zusehends abnehme (Nuscheler 2007b: 5).

4   Entwicklungszusammenarbeit im 21. Jahrhundert

Anfang des 21. Jahrhunderts kann von einer Kehrtwende im Entwicklungsdiskurs gesprochen werden hin zu einem holistischen Verständnis des Nachhaltigkeitsbegriffs und dem Versuch der Bildung einer Partnerschaft mit den Entwicklungsländern in der internationalen EZ. Diese Entwicklung nimmt dabei ihren Ausgangspunkt in den oben genannten Weltkonferenzen der 1990er Jahre, die auch als „Baustelle der Global Governance"[11] (Fues & Hamm 2001) bezeichnet werden kann. In diesen Konferenzen kristallisierte sich das Konzept der nachhaltigen Entwicklung als oberstes Leitbild der Global Governance heraus (Ashoff 2005: 44).

Zu Beginn des 21. Jahrhunderts markierten der „Monterrey-Konsensus", der Millenniums-Gipfel sowie der Johannesburger Weltgipfel für Nachhaltige Entwicklung („Rio+10") einen viel versprechenden Aufbruch. Dieses Leitbild erfuhr mit der Millenniumserklärung, den Millenniumsentwicklungszielen und der Pariser Erklärung eine besonders prägnante Ausformulierung (Nuscheler 2005: 85-92). Zu dieser Entwicklung hat auch ein Paradigmenwechsel in der Weltbank beigetragen, der maßgeblich von Joseph Stiglitz, von 1997 bis 1999 Chefökonom der Institution, ausformuliert wurde und seine praktische Umsetzung im *comprehensive development framework* unter der Regie von Weltbankchef Wolfensohn (1995 bis 2005) fand. Dabei wird betont, dass verschiedene Strategiefelder in der EZ gleichzeitig nebeneinander bearbeitet werden müssen; jenes folgt dem von Stiglitz formulierten Paradigma, dass zu einer erfolgreichen Entwicklung nicht nur wirtschaftliches Wachstums benötigt werde, sondern sich in der Modernisierung einer Gesellschaft und eines Staates verschiedene Felder gegen-

---

[10] Für eine kritische Analyse des Begriffs „Entwicklung" nach ggf. westlichem Modell siehe den Beitrag von Julian König (insb. Abschnitt 2) in diesem Band.

[11] Global Governance: Bei diesem Konzept geht es um „politische Gestaltung der eigendynamischen Globalisierung durch verbindliche Regelwerke und eine institutionelle Verdichtung der internationalen Kooperation" (Nuscheler 2008: 34).

seitig bedingen. Es müssen daher, nach Stiglitz, Themenfelder wie eine fähige Bürokratie, Rechtssicherheit, Finanzsystem, Gesundheit, Bildung, Geschlechtergerechtigkeit und Ausbau der Infrastruktur, um nur einige zu nennen, gleichzeitig bearbeitet werden. Dabei ist aber weiter zu bedenken, dass Blaupausen für Entwicklungskonzepte nur sehr eingeschränkt anwendbar sind, vielmehr müssen die Konzepte den länderspezifischen Begebenheiten Rechnung tragen (Stiglitz 1998). Gleichzeitig nimmt das dargstellte, in der Weltbank formulierte Konzept das so genannte *ownership*-Prinzip und die Harmonisierung der Geberaktivitäten, wie sie in der Pariser Erklärung formuliert wurden, voraus (siehe unten).

Zu den ökonomischen und politischen Motiven zur Legitimierung der EZ in den Entwicklungsdekaden des vergangen Jahrhunderts haben sich gemäß dieses Trends ethische und ökologische Axiome hinzugesellt. Dabei ist jedoch zu beobachten, dass das Nebeneinander von Eigeninteresse und ethischer oder ökologischer Verantwortung als Handlungsgrund durchaus noch akzeptiert ist (Sangmeister 2009: 155).

4.1 Die Millennium Development Goals

Besondere Beachtung erhielt im Rahmen der Neuorientierung in der EZ die gemeinsame Bekämpfung der wichtigsten globalen Herausforderungen. Diese werden benannt in der *Millenniumserklärung der Vereinten Nationen*, die im September 2000 verabschiedet wurde. Sie stellt einen Normenkatalog für eine positive Gestaltung der Globalisierung dar, indem sich die Vereinten Nationen zur Sicherstellung der folgenden vier Handlungsfelder bekennen: (1) Frieden, Sicherheit, Abrüstung; (2) Entwicklung und Armutsbekämpfung; (3) nachhaltiger Umgang mit der Natur; (4) Demokratie, Rechtsstaatlichkeit, Menschenrechte (BMZ 2006: 172). Ein weiterer Bestandteil der Millenniumserklärung und der folgenden Konkretisierung der Millennium Development Goals (MDGs) ist der Ansatz, die Beziehungen zwischen Industrieländern und Entwicklungsländern auf eine neue Basis zu stellen und zwar auf die der wechselseitigen Verantwortung und Rechenschaftspflicht gleichermaßen von Industrieländern und Entwicklungsländern. Erweitert wurde diese Beziehungsdimension noch um die Einbeziehung nicht-staatlicher Akteure, deren Beiträge anerkannt und eingefordert werden sollen (Fues 2006: 165).

Konkretisiert wurde die Erklärung 2001 in dem Bereich Entwicklung und Armutsbekämpfung (Teil 2 der Erklärung) durch die Formulierung einer *roadmap*, den so genannten MDGs in Form von acht Zielen, 18 Zielvorgaben und 48 Indikatoren. Maßgeblich können in den MDGs, im Vergleich zu den diversen UN-Dokumenten und Absichtserklärungen der Weltkonferenzen, zwei wesentliche Neuerungen gesehen werden: Erstens gelten sie gleichermaßen für

Industrieländer und Entwicklungsländer und zweitens legen sie einen Schwerpunkt auf konkrete Wirkung und deren Messung, d.h. auf den qualitativen Einsatz der Input-Größen und die sich entfaltende entwicklungspolitische Auswirkung (Nuscheler & Roth 2006: 21).

Tab. 1:Die Millennium Development Goals (MDGs)

MDG 1:	Beseitigung der extremen Armut und des Hungers
MDG 2:	Verwirklichung der allgemeinen Grundschulausbildung
MDG 3:	Förderung der Gleichstellung der Geschlechter und Stärkung der Rolle der Frauen
MDG 4:	Senkung der Kindersterblichkeit
MDG 5:	Verbesserung der Gesundheit von Müttern
MDG 6:	Bekämpfung von HIV/AIDS, Malaria und anderen Krankheiten
MDG 7:	Sicherung der ökologischen Nachhaltigkeit
MDG 8:	Aufbau einer weltweiten Entwicklungspartnerschaft

Die MDGs bilden einen übergreifenden Referenzrahmen für die globale Armutsbekämpfung: Sie schaffen institutionalisierte Ziele, Umsetzungs- und Evaluationsmechanismen. Die Formulierung des gesamten Konzeptdesigns, der Strategie, die Umsetzungsprogramme und Evaluation muss allerdings als durchaus entwicklungsfähig angesehen werden, wenn dieser Rahmen sein volles Potenzial entfalten möchte und nicht als „starres Korsett" begriffen werden will (Fues 2006: 153-169). Erstens decken die MDGs nur eines der vier in der Millenniumserklärung benannten, interdependenten Handlungsfelder der globalen Herausforderungen ab. Zweitens könnte man annehmen, dass selbst diese vier Handlungsfelder der Komplexität einer erfolgreichen Armutsbekämpfung nicht gerecht werden. Und drittens sagen die MDGs, trotz der weitestgehenden Einigkeit über den entwicklungspolitischen Zielkatalog der Millenniums-Erklärung und trotz der eingeführten Umsetzungsmechanismen, nur wenig über eine konkrete, einheitliche Umsetzung der Mittel aus (Nuscheler & Roth 2006: 17).

4.2 Paris Declaration on Aid Effectiveness

Auf Grundsätze für eine wirkungsorientierte und harmonisierte EZ haben sich die Geberländer (d.h. die OECD-Länder[12]) und Empfängerländer sowie 27 internationale Organisationen (z.B. IWF und Weltbank) und die Europäische Kommission schließlich 2005 mit der *Paris Declaration on Aid Effectiveness* verpflichtet. Dabei einigte man sich auf fünf Kernprinzipien: (1) Eigenverantwortung *(ownership)* der Empfängerländer, die eigene nationale Entwicklungsstrate-

---

[12]   OECD: Organisation for Economic Co-operation and Development. Es handelt sich dabei um einen Zusammenschluss der 30 wichtigsten Industrieländer.

gien entwickeln sollen, bei welchen (2) die Geber dazu angehalten werden, ihre EZ-Vorhaben daran auszurichten (Partnerausrichtung); (3) die Harmonisierung der Geberaktivitäten soll vorangetrieben werden, dazu zählt vor allem auch, dass Antrags- und Durchführungsprozeduren vereinfacht und vereinheitlicht werden; (4) durch verbesserte *monitoring-* und *controlling*-Maßnahmen der EZ-Vorhaben soll ein ergebnisorientiertes Management verwirklicht werden; (5) die Verwirklichung gegenseitiger Rechenschaftspflichten sicherstellen, in Form einer stärkeren gegenseitigen Kontrolle von Gebern und Empfängern bezüglich der Verwendung öffentlicher EZ-Mittel und deren erzielter Wirkung (Sangmeister 2009: 159). Dieser durch die *Paris Declaration* angestoßene Prozess zur Steigerung der Wirksamkeit von Entwicklungsprogrammen wäre kaum ohne die Vorleistung des Harmonisierungsschubs der MDGs denkbar gewesen (Fues 2006: 165).

Die *Paris Declaration on Aid Effectiveness* ist ein durchaus viel versprechender Versuch, das alte EZ-System zu reformieren, wobei nach Nuscheler die Gefahr besteht, bei der erheblich ausdifferenzierten Geberstruktur in ein unüberschaubares Dauerverhandlungssystem einzutreten, welches eine effektive Umsetzung im starken Maße behindern könnte (Nuscheler 2008: 18).

4.3 Die Bedeutung von Kohärenz in der Entwicklungszusammenarbeit

Diese bisher genannten Meilensteine zielen auf eine insgesamt verbesserte Systemwirkung der EZ ab. Dabei ist die kohärente Ausrichtung der unterschiedlichen Politikfelder in ihrer Beziehung zur EZ als einem weiteren Politikfeld sowohl in Geber- als auch Partnerländern zu beachten. In der Millenniumserklärung ist das Oberziel der nachhaltigen Entwicklung in Form der vier Handlungsfelder mehrdimensional ausformuliert. Damit tangiert dieses Oberziel nicht nur die Entwicklungspolitik, sondern erwartet von allen an dieses Oberziel angrenzenden Politikfeldern, dass diese das Leitbild der nachhaltigen Entwicklung ebenfalls berücksichtigen. Hieraus ergeben sich wechselseitige Kohärenzansprüche. Dabei sollte der Entwicklungspolitik eine programmatische Stellung als Mittler zwischen den einzelnen Politiken in Hinsicht auf einen umfassenden Kohärenzanspruch zukommen, die sie auf Grund ihres Auftrages und ihrer Erfahrung ableiten kann (Ashoff 2005: 41-58).

Einerseits hat sich die deutsche Bundesregierung bereits im Frühjahr 2001 einer Umsetzungsstrategie der Millenniumserklärung gewidmet, indem sie sich auf das Aktionsprogramm 2015 (AP 2015) geeinigt hat. Dieses bildet durch einen Kabinettsbeschluss einen ressortübergreifenden strategischen Rahmen. Auch in den nachfolgenden Koalitionsverhandlungen war dabei das AP 2015 stilprägend. Betrachtet man jedoch andererseits die Politikumsetzung, so muss festgestellt werden, dass die konkrete Ausrichtung und Koordinierung unter den Politikfeldern weit hinter den gesetzten Leitbildern zurückfällt.[13]

4.4 Wirkungsanalyse und Evaluation in der EZ

Eine Konsequenz der *Paris Declaration* war ein von der Bundesregierung formulierter Operationsplan, der Aspekte der Millenniumserklärung, wie das Partnerschaftsprinzip, wieder aufnahm und diese um eine Strategie zur Umsetzung der *Paris Declaration* ergänzte.

Eines der wichtigsten Ergebnisse dabei war die Ausgestaltung von geeigneten Instrumenten einer effektiven Wirkungsanalyse, die auch den Millenniums-Entwicklungszielen gerecht wird und über die bisher vorrangige Ausrichtung auf die Projektebene hinausgeht (BMZ 2006: 179-180). Insbesondere bei den Durchführungsorganisationen ist zu beobachten, dass sich ein holistisches Verständnis von Nachhaltigkeit sowie eine konsequente Orientierung an übergeordneten Entwicklungszielen in den Wirkungsmodellen durchsetzt.

Auf der Nachfolgekonferenz des *High Level Forum on Aid Effectiveness* in Paris, die 2008 in Accra, Ghana, stattfand, wurde die Agenda der *Paris Declaration* bekräftigt: Neben der Forderung nach einer stärkeren Einbeziehung

Abb. 4: Elemente der Wirkungskette

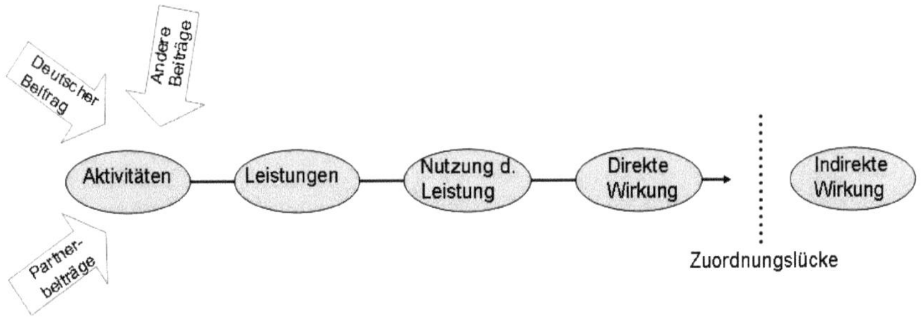

Deutscher Beitrag   Andere Beiträge

Aktivitäten → Leistungen → Nutzung d. Leistung → Direkte Wirkung → Indirekte Wirkung

Partner-beiträge

Zuordnungslücke

Quelle: GTZ (2008: 7).

zivilgesellschaftlicher Akteure und der wechselseitigen Rechenschaftspflicht, wurde auch die stärkere Ausrichtung an Resultaten und Wirkungen betont. Die Accra Agenda trägt damit unter anderem der in den letzten Jahren zunehmend wichtiger werdenden Evaluierung der Entwicklungszusammenarbeit Rechnung. Die zunehmenden Evaluierungstendenzen sind eine Folge der Kritik an den nur

---

[13]   Für eine weiterführende Debatte zur Kohärenz siehe den Beitrag von Johannes Thema in diesem Band.

mäßigen Erfolgen der Entwicklungspolitik der vergangen Jahrzehnte. Die Kritik bezieht sich hierbei vor allem auf die Tatsache, dass sich die durchaus eingestellten Erfolge auf der Projektebene (Mirkoebene) nicht in einer höheren Entwicklungstendenz (Makroebene) niederschlagen.

In der Regel werden zur Evaluierung der Wirkungen einzelner Projekte zunehmend rigorose Verfahren angewandt, die mit statistischen und kontrafaktischen Vorher-Nachhervergleichen versuchen, Kausalzusammenhänge zwischen der Intervention und den potenziellen Wirkungen festzustellen (Faust 2009: 14-17). Ohne eine gleichzeitige Anwendung von qualitativen Methoden können zwar Kausalzusammenhänge hergestellt, jedoch nicht erklärt werden, woraus sich dann wiederum auch keine Handlungsempfehlung ableiten lässt. Oft fehlt der letztendlichen Wirkungsmessung die Orientierung am Leitbild der nachhaltigen Entwicklung, da sie sich auf quantifizierbare Größen beschränkt und damit nur unzureichend in der Lage ist, Transformationsprozesse in einem politischen und gesellschaftlichen System zu erfassen (Dembélé 2009: 12). Aber vor allem ist es, wie Nuscheler schreibt, die Vieldimensionalität des Zielsystems, wie sie dem Leitbild der nachhaltigen Entwicklung zugrunde liegt, die eine Wirkungsmessung der EZ verkompliziert sowie mangelnde Transparenz der Ergebnisse und mangelnder politischer Wille, Konsequenzen aus den Ergebnissen zu ziehen, insbesondere bei Entwicklungsorganisationen und ihren Auftragnehmern (Nuscheler 2008: 11).[14]

4.5 Die Geberseite: Old and Emerging Donors

Neben der oben beschriebenen Entwicklung hat auch eine Ausdifferenzierung auf Seiten der Geberstruktur stattgefunden. Zu den traditionellen Akteuren – dem DAC[15] zugehörige Länder und multilaterale EZ-Institutionen – haben sich neue Geber hinzugesellt. Diese *emerging donors* sind vor allem die BRIC[16]-Staaten, die als Ankerländer noch Empfänger sind und gleichzeitig zu Geberländern avancieren. Ihr Verständnis der bilateralen Zusammenarbeit orientiert sich nicht an den DAC-Leitlinien[17] und ist in der Regel seltener mit Reformforderungen an die Entwicklungsländer geknüpft. Vielmehr stehen im Vordergrund des Enga-

---

[14] Zur Evaluierung in der EZ siehe auch den Beitrag von Eva Terberger in diesem Band.

[15] DAC: Development Assistance Committee, der Entwicklungshilfe-Ausschuss der OECD.

[16] BRIC: Brasilien, Russland, Indien und China.

[17] DAC-Leitlinien: Leitlinien des Development Assistance Committees gibt es zu bedeutenden entwicklungspolitischen Themen wie der Erhöhung der Hilfewirksamkeit, Armutsreduzierung, Sicherheit und Entwicklung sowie Kapazitätsaufbau. Circa alle vier Jahre erfolgt eine gegenseitige Überprüfung des entwicklungspolitischen Engagements (nach Umsetzung eben dieser der DAC-Leitlinien) der DAC-Mitglieder nach einheitlichen Verfahren (BMZ 2006: 414).

gements dieser Geber außen- und wirtschaftspolitische Interessen. Dies übersteigt inzwischen oftmals das Ausmaß an Eigeninteressen der *old donors* (Roth 2010: 163).

In der jüngeren Vergangenheit wurde insbesondere, bezogen auf das Engagements Chinas, die Kritik geäußert, dass die Investitionen an erhebliche Lieferbindungen geknüpft sind und Infrastrukturprojekte vollständig von chinesischen Arbeitskräften umgesetzt werden (Sangmeister 2009: 162).[18] Eine Orientierung am Leitbild der nachhaltigen Entwicklung kann hier als fraglich angesehen werden. Zu beachten ist jedoch, dass auch die EZ der *old donors* oftmals nicht frei von Eigeninteressen war oder ist. Dazu gehören beispielsweise die Unterstützung von Diktaturen und das Knüpfen von Geldern an die Abnahme von Produkten aus Geberländern.

Problematisch ist weiterhin, dass zwischen den Gebern der OECD-Staaten und den neuen Gebern nur ein geringer bis gar kein Austausch und ein noch geringerer Grad an Koordination der Leistungen stattfindet. Die steigende Zahl der Geber erschwert erstens eine effektive Koordination der Leistungen und zweitens besteht die Vermutung, dass auch die Wirkung der beginnenden Koordination der sich an der Pariser Erklärung orientierenden Geber geschwächt wird. Weiter besteht die Gefahr, dass die neuen Geber die alten Fehler in der Ausgestaltung der Leistungserbringung wiederholen (z.B. ungenügende Berücksichtigung der Systemwirkung von EZ, *over aiding* etc.).

Aber auch Empfängerländer können Fehler, wie unzureichende Koordination und ungenügende Einbindung der Geber-Projekte in nationale Entwicklungspläne, wiederholen. In der Konsequenz führt das dazu, dass die Zielerreichung der MDGs durch ein EZ-Engagement der *emerging donors*, das sich nicht an den MDGs ausrichtet, unterlaufen werden kann. Um dieser gegebenenfalls gegenläufigen Entwicklung entgegenzuwirken, ist aus Sicht Sangmeisters eine engere Kooperation und Abstimmung zwischen den Gebern der OECD-Staaten und den *emerging donors* nötig; selbst der dortige Aufbau von funktionierenden EZ-Institutionen mit Unterstützung des DAC wäre denkbar (Sangmeister 2009: 161-163).

Aus diesen Entwicklungen kann aber auch abgeleitet werden, wie es Faust und Messner (2008) fordern, dass über die *Paris Declaration on Aid Effectiveness* hinausgegangen werden muss und neue Antworten auf „die ordnungspolitischen Herausforderungen für eine wirksame EZ" gefunden werden sollten. Die von der OECD dominierte EZ sollte in ihrer jetzigen Form überwunden und die Machtverschiebungen in der Weltpolitik und Weltwirtschaft zum

---

[18]   Friedel Hütz-Adams diskutiert die Rolle Chinas als entwicklungspolitischer Akteur ausführlich in diesem Band.

Anlass genommen werden, von einer bilateralen EZ zu einer „Globalen Zusammenarbeit" überzugehen, die den Herausforderungen der Globalisierung gerecht wird. Eine sich an Nachhaltigkeit orientierende Entwicklungspolitik kann dabei als ein programmatisches Leitbild für eine globale Strukturpolitik stehen, um einen globalen, Handlungsfelder übergreifenden Kohärenzanspruch zu verwirklichen.

5 Schlussbemerkung

Der bisherige Wachstumspfad menschlicher Gesellschaften hat Probleme aufgeworfen, die eine fundamentale Bedrohung für die zukünftige Entwicklung der Menschheit geworden sind. Das Konzept der Nachhaltigkeit und seine Anwendung auf Entwicklungsprozesse von menschlichen Gesellschaften sind aus der Einsicht geboren, dass sozio-ökonomisches Wachstum die natürlichen Grenzen unseres Planeten berücksichtigen muss, um allen jetzigen und zukünftigen Generationen die Möglichkeit zur Befriedigung ihrer Bedürfnisse zu geben. Vor dem Hintergrund des Konzepts der Nachhaltigkeit verschwimmen die Grenzen zwischen Industrieländern und Entwicklungsländern, indem es Entwicklungsdefizite in beiden Ländergruppen verdeutlicht. Während diese Defizite bei den Entwicklungsländern vornehmlich im sozio-ökonomischen Bereich liegen, weisen Industriestaaten schwerwiegende Defizite im Bereich ihrer ökologischen Entwicklung auf.

Der Begriff „Nachhaltigkeit" in der EZ trägt eine immer noch stark ökologische Färbung, was auch darauf zurückzuführen ist, dass die Nachhaltigkeitsdebatte in ihren Anfängen eine Debatte um Ressourcenknappheit war, wobei eine zunehmende Ausdifferenzierung der Debatte um die soziale Dimension der Nachhaltigkeit beobachtet werden kann. Während der Begriff der Nachhaltigkeit in den 1970er Jahren erstmals öffentlich diskutiert wurde und mit dem Brundtland-Report schließlich auf die internationale Agenda kam, wurde er spätestens in den 1990er Jahren mit der UNCED zu einem globalen Thema. Der Begriff wurde dabei zunehmend auch auf soziale Fragen und globale ökologische Probleme ausgeweitet.

Das Konzept der Nachhaltigkeit ist somit auf der Tagesordnung der EZ angekommen wie die zahlreichen internationalen Konferenzen, Deklarationen und Publikationen verdeutlichen. Dabei ist jedoch zum einen zu beachten, dass kritische Stimmen anmerken, Forderungen und Vorschläge zum Thema blieben unkonkret und Verstöße gegen Nachhaltigkeit sanktionslos. Zum anderen stellt sich auch immer wieder die Frage nach der Berechtigung der Forderung einer nachhaltigen EZ von Ländergruppen, welche diesem Begriff in mancher Hinsicht selbst nicht genügen, indem sie beispielsweise gerade in jenem Bereich Defizite aufweisen, mit welchem Nachhaltigkeit besonders assoziiert wird. Fragen nach der Dauerhaftigkeit unseres Wachstumsparadigmas stellen sich dabei ebenso wie Fragen nach der Instrumentalisierung der Natur.

Nichtsdestotrotz: Der holistische Ansatz der Nachhaltigkeit hat den entwicklungspolitischen Diskurs der letzten Jahrzehnte geprägt und ist heute Leitbild der Evaluation von Aktivitäten staatlicher und nichtstaatlicher Entwicklungsorganisationen. Während gerade bei den MDGs eine verstärkte Konkretisierung von EZ Zielen zu beobachten ist und dies durchaus begrüßenswert erscheint, bleiben sie hinter den in der Millenniumserklärung genannten vier Handlungsfeldern zurück. Aber selbst bei Betrachtung aller vier von der Millenniumserklärung benannten Handlungsfelder kann davon ausgegangen werden, dass diese der Komplexität einer erfolgreichen Armutsbekämpfung nicht gerecht werden. Der zweifelhafte bzw. mäßige Erfolg der EZ in vielen Teilen der Welt verdeutlicht, dass die Praxis der EZ oftmals hinter den von der Nachhaltigkeitsdebatte geweckten Erwartungen zurück bleibt.

Um den globalen Herausforderungen effektiv zu begegnen, bedarf es einer langfristigen globalen Kooperation verschiedenster Akteure, um das Lösungspotenzial der EZ hinsichtlich dieser Herausforderungen auszuschöpfen: Alte und neue Geber- wie auch Empfängerländer sollten Entwicklungsstrategien so abgleichen, dass ein Maximum an Kohärenz und damit Effektivität erreicht wird. Dabei kommt der EZ als globaler Strukturpolitik eine integrative Rolle in der Umsetzung des Leitbildes der *Global Governance* zu. Stets muss jedoch über die Begriffe„Entwicklung" und „Nachhaltigkeit" neu nachgedacht und kritisch diskutiert werden.

Dennoch hat Nachhaltigkeit inzwischen einen festen Platz im theoretischen Diskurs der EZ und findet zunehmend auch Einzug in die Praxis. Somit ist eine Basis für die effektive Umsetzung und vor allen Dingen Weiterentwicklung der nachhaltigen Entwicklung – trotz aller Herausforderungen – gegeben.

Literatur

Andersen, U. (2005). Entwicklungspolitik seit den neunziger Jahren. In: Bundeszentrale für politische Bildung (Hrsg.), *Informationen zur politischen Bildung 286 – Entwicklung und Entwicklungspolitik.* Bonn: Bundeszentrale für politische Bildung.

Ashoff, G. (2005). Der entwicklungspolitische Kohärenzanspruch Begründung, Anerkennung und Wege zu seiner Umsetzung. In: Messner, D. & Scholz, I. (Hrsg.), *Zukunftsfragen der Entwicklungspolitik.* Baden-Baden: Nomos.

BMZ. (2006). Medienhandbuch Entwicklungspolitik 2006/2007.

Daly, H. (2007). *Ecological Economics and Sustainable Development, Selected Essays of Herman Daly.* Cheltenham: Edward Elgar.

Dembélém, D. (2009). Geberkriterien sind einseitig. *E+Z 2009/01*, 12-13.

Dietrich, W. (2004). Zivilgesellschaft und Menschenwürde als Schlüsselbegriff der Entwicklungspolitik. In: K. Fischer, I. Maral-Hanak, G. Hödl, Ch. Parnreiter (Hrsg.), *Entwicklung und Unterentwicklung – Eine Einführung in Probleme, Theorien und Strategien*. Wien: Mandelbaum.

Endres, A. (2007). *Umweltökonomie*. Stuttgart: Kohlhammer.

Enquete-Kommission. (1998). Abschlußbericht der Enquete-Kommission des 13. Deutschen Bundestages, Drucksache 13/11200. Berlin.

Escobar, A. (1995). *Encountering Development. The Making and Unmaking of the Third World*. Princeton: Princeton University Press.

Faust, J. & Messner, D. (2008). Ordnungspolitische Herausforderungen für eine wirksame EZ. In F. Ashoff (Hrsg.), *Wirksamkeit der Entwicklungspolitik. Eine deutsche Perspektive*. Baden-Baden: Nomos.

Faust, J. (2009). Zuverlässige Wirkungsbelege. *E+Z, 2009(1)*, 14-17.

Fues, T. & Hamm, B. (Hrsg.). *Die Weltkonferenzen der 90er Jahre: Baustellen für Global Governance*. Bonn.

Fues, T. (2006). Weltsozialpolitik und Entwicklung. In: T. Debiel, D. Messner & F. Nuscheler (Hrsg.), *Globale Trends 2007, Frieden Entwicklung Umwelt*. Bonn: Bundeszentrale für politische Bildung.

GTZ. (2008). Wirkungsorientiertes Monitoring. Leitfaden für Technische Zusammenarbeit. http://www.hedon.info/docs/wirkungsorientiertes-monitoring-leitfaden-de%5B1%5D.pdf (10.5.2010).

Global Environmental Facility. (2009). Investing in our Planet: What is the GEF? http://www.gefweb.org/interior_right.aspx?id=50 (30.08.2009).

Goetze, D. (2002). *Entwicklungssoziologie – Eine Einführung*. Weinheim und München: Juventa.

Hicks, R., Parks, B., Roberts, T. & Tierney, M. (2008). *Greening Aid? Understanding the Environmental Impact of Development Assistance*. New York: Oxford University Press.

Lexikon der Nachhaltigkeit (2005). UNO Konferenz, Stockholm, 1972. http://www.nachhaltigkeit.info/artikel/uno_konferenz_stockholm_1972_688.htm. (29.08.2009).

Lexikon der Nachhaltigkeit (2009). Brundtland-Report 1987 – Unsere gemeinsame Zukunft. http://www.nachhaltigkeit.info/artikel/brundtland _report_1987_728.htm (29.8.2009).

Meadows, D., Randers, J. & Meadows, D. (2007). *Grenzen des Wachstums. Das 30-Jahre-Update*. Stuttgart: Hirzel.

Nuscheler, F. (2005). *Entwicklungspolitik*. Bonn: Bundeszentrale für politische Bildung.

Nuscheler, F. & Roth, M. (2006). Die Millenniums-Entwicklungsziele. Ihr Potenzial und ihre Schwachstellen. In: F. Nuscheler & M. Roth (Hrsg.), *Die Millenniums-Entwicklungsziele. Entwicklungspolitischer Königsweg oder ein Irrweg?* Bonn: Dietz.

Nuscheler, F. (2007a). Wie geht es weiter mit der Entwicklungspolitik? *Aus Politik und Zeitgeschichte, 48/2007*, 3-10.

Nuscheler, F. (2007b). Rückblick auf ein halbes Jahrhundert Entwicklungspolitik. *Welt-Sichten, 2007(21-22)*, 14-19.

Nuscheler, F. (2008). Die umstrittene Wirksamkeit der EZ. www.inef.uni-due.de/page/documents/Report93.pdf (19.2.2010).

Rechkemmer, A. (2003). Lösungsansätze für globale Umweltprobleme. In Bundeszentrale für politische Bildung (Hrsg.), *Informationen zur politischen Bildung 280 – Globalisierung*. Bonn: Bundeszentrale für politische Bildung.

Sangmeister, H. (2009). *Entwicklung und internationale Zusammenarbeit*. Baden-Baden: Nomos Verlagsgesellschaft.

Stiglitz, J. (1998). Towards a New Paradigm for Development: Strategies, Policies and Processes. 9th Raul Prebisch Lecture, Genf 19.10.1998. UNC-TAD. http://siteresources.worldbank.org/NEWS/Resources/prebisch98.pdf (4.5.2010).

Weltbank (2009). World Development Report 2010. Development and Climate Change. http://siteresources.worldbank.org/INTWDR2010/Resources/5287 678-1226014527 953/WDR10-Full-Text.pdf (1.2.2010).

Weltbank (2010). Country classification. http://go.worldbank.org/ K2CKM78CC0 (10.2.2010).

Thiel, R. (2001). Zur Neubewertung der Entwicklungstheorie. In: R. Thiel, (Hrsg.), *Neue Ansätze zur Entwicklungstheorie*. Bonn: Deutsche Stiftung für internationale Entwicklung.

UN. (1987). Our Common Future. Report of the World Commission on Environment and Development. United Nations. http://www.un-documents.net/ocf-02.htm (10.2.2010).

UN. (2002). Erklärung von Johannisburg über Nachhaltige Entwicklung. http://www.un.org/Depts/german/conf/jhnnsbrg/decl_jo.pdf (4.3.2010).

UNDP. (2007). Human Development Report 2007/2008: Fighting climate change: Human solidarity in a divided world. http://hdr.undp.org /en/media/HDR_20072008 _EN_Complete.pdf. (10.2.2010).

UNDP. (2009). Human Development Report 2009. Statistical table. http://hdr.undp.org/en/media/HDR_2009_Tables_rev.xls. (10.2.2010).

UNDP & UN DESA. (2009). World Population to Exceed 9 Billion by 2050. Press Release, 11 March 2009. http://www.un.org/esa/population/publications/wpp2008/ pressrelease.pdf (10.2.2010).

UN DESA. (o.J.). Agenda 21. http://www.un.org/esa/dsd/agenda21/res_ agenda21_00.shtml. (4.3.2010).

UNICEF. (2007). Kindersterblichkeit – Globaler Trend 1960-2005. http://www. unicef.de/fileadmin/content_media/presse/fotomaterial/kindersterblichkeit/Kinderste rblichkeit-Globaler-Trend-1960-2005.pdf (10.2.2010).

WWF. (2008). Living planet report 2008. http://assets.panda.org/ downloads/ living_planet_report_2008.pdf (10.2.2010).

Julian König

Entwicklung und Nachhaltigkeit. Kritische Betrachtung von zwei dehnbaren Konzepten

1 Einleitung

Die vielleicht drängendsten Probleme unserer Zeit sind die aus der Balance driftenden globalen, regionalen und lokalen Ökosysteme und die „Entwicklungskrise" sowohl in den Industriestaaten als auch in den Ländern des Südens. Die Länder des Südens sind wirtschaftlich unterentwickelt, sodass Armut und Angst herrschen; die Industrieländer sind insbesondere ökologisch und sozial unterentwickelt, was an der Zerstörung der Ökosysteme und der Störung des sozialen und wirtschaftlichen Gleichgewichts abzulesen ist. Die Herausforderung liegt demnach in der Förderung positiver Entwicklungsimpulse in den südlichen Regionen des Globus bei gleichzeitiger Neujustierung des Entwicklungsverständnisses im Norden. Das Konzept der *nachhaltigen Entwicklung* hat den – vielleicht illusorischen – Anspruch, all dies zu vereinen.

In diesem Beitrag wird versucht, sich den zentralen Begriffen, die in diesem Sammelband thematisiert werden, kritisch zu nähern. Es soll auf die Vielschichtigkeit aufmerksam gemacht werden, die sich hinter den Konzepten *Entwicklung, Nachhaltigkeit* und auch *Entwicklungszusammenarbeit* verbirgt, ohne dabei den Anspruch zu erheben, die interpretative Bandbreite abzudecken. Zunächst wird der Frage nachgegangen, was unter *Entwicklung* zu verstehen ist. Dafür werden drei verschiedene Sichtweisen vorgestellt. Anschließend wird das Themengebiet der *Nachhaltigkeit* ausführlich in den Dimensionen Ökologie, Soziales, Ökonomie, Kultur sowie Politik und Institutionen diskutiert, wobei das Wagnis eingegangen wird, eine sowohl tiefgehende als auch breite Nachhaltigkeitsperspektive darzustellen. Vor dem Hintergrund dieses Konzepts der Nachhaltigkeit folgen Einschätzungen zum Verhältnis von Technik und nachhaltiger Entwicklung sowie zur Entwicklungszusammenarbeit. Den Schluss bildet ein kritischer Ausblick.

2 Entwicklung

Was ist *Entwicklung*? In der Diskussion um Entwicklung wird häufig versucht, diese zu messen, zu vergleichen und Förderstrategien zu identifizieren. Hier soll die Diskussion um Entwicklung jedoch einen Schritt früher ansetzen, um unterschiedlichen Vorstellungen von Entwicklung Raum zu geben, die prinzipiell auf verschiedene historische Erfahrungen und sozio-kulturelle Wertesysteme zurückzuführen sind.

2.1 Materielle Entwicklung

Im westlichen Verständnis wird Wirtschaftswachstum gemeinhin mit Entwicklung oder Wohlstandsmehrung gleichgesetzt. Auch wenn diese vermeintliche Identität nicht stets in dieser Klarheit formuliert wird, so gilt das Wachstum des Bruttoinlandsprodukts (BIP) als weithin akzeptierte Approximation für die Entwicklung und das durchschnittliche Pro-Kopf-BIP für den Wohlstand eines Landes. Die Logik hinter dieser Entwicklungsidee ist folgende: Wirtschaftswachstum bedeutet die Steigerung der Produktion von Gütern und Dienstleistungen, was wiederum zu einem erhöhten Wohlstand führt. Diese Betrachtungsweise entspringt der utilitaristischen Grundannahme eines zwar fallenden, aber positiven Grenznutzens von Gütern (Stockhammer & Fellner 2009: 33). Unter dieser Annahme trägt also materielles Wachstum zur steigenden Befriedigung der menschlichen Bedürfnisse bei – es hat einen Nutzen. Ein weiteres Argument, welches die zentrale Bedeutung des Wirtschaftswachstums hervorhebt, ist seine Beschäftigungswirkung: Wachstum reduziert demnach die Arbeitslosigkeit, wodurch sich der Wohlstand mehrt. Sowohl dem Nutzen- als auch dem Beschäftigungsargument liegt die (unausgesprochene) Annahme zugrunde, dass Konsum bzw. monetäres Einkommen *per se* zu höherem Wohlstand führe (Stockhammer & Fellner 2009: 33-34).[1] Zudem wird implizit angenommen, dass unendliches Wachstum auf der endlichen Erde möglich sei.

Vor diesem Hintergrund ist die Projektion einer derartigen Entwicklungsvorstellung auf die gesamte Menschheit interessant: Würde allen Einwohnern der Entwicklungsländer mittels Wachstum zu einem westlichen Lebensstandard verholfen, so stiege der *impact* auf die Natur, also die Belastung der Ökosysteme, um den Faktor 12 (Diamond 2006: 495). Doch schon 2006 übertraf der ökologische Fußabdruck der Menschheit die Tragfähigkeit der Erde um 40 Prozent.[2]

---

[1] Vgl. hierzu insb. den Abschnitt *Ökonomische Nachhaltigkeit*.

[2] Das Konzept des ökologischen Fußabdrucks versucht, den *impact* des Menschen auf die Ökosysteme der Erde zu messen und damit greifbarer zu machen. Siehe hierzu den Beitrag von Jan Per Bethge, Nora Steurer & Marcus Tscherner in diesem Band.

Dies meint, die Menschheit „used the equivalent of 1.4 Earths to support its consumption" (Ewing et al. 2009: 16). Heute werden die Ökosysteme „nur" übernutzt, daraus folgt jedoch langfristig ihr Kollaps. Wachstum stößt also an natürliche Grenzen.

Nicht nur deshalb erscheint es sinnvoll, Wachstum nicht als universelles Ziel zu betrachten, sondern (auch) andere Entwicklungskonzepte in Erwägung zu ziehen. Zwar gerät das BIP als Wohlstandsindikator im Zuge der Debatten um Klimawandel und Weltfinanz- und Weltwirtschaftskrise zunehmend unter Druck. Dennoch gilt Wachstum weiterhin als „Heilsbringer". Eindrucksvoll zeigt dies das deutsche „Wachstumsbeschleunigungsgesetz" vom Dezember 2009 (Bundesgesetzblatt 2009).

2.2 Persönliche und gemeinschaftliche Entwicklung

Aufgrund der negativen Auswirkungen des in den „westlichen"[3] und „verwest-lichten" Gesellschaften bzw. Gesellschaftsschichten herrschenden materiellen Wachstums, plädiert Ervin Laszlo (2008: 47-50) dafür, das „Ziel" des extensiven Wachstums (also Wirtschaftswachstum insbesondere durch vermehrten Ressour-cenverbrauch) durch intensives Wachstum zu ersetzen. Das Konzept des intensi-ven Wachstums meint eine Entwicklung ohne die Ausweitung der materiellen Basis. Also die Verfolgung immaterieller Ziele wie persönliche Freiheiten, die Überwindung von Ängsten oder die Partizipation in der Zivilgesellschaft.[4]

Diese Fokussierung auf die persönliche und gemeinschaftliche Entwicklung ist auch die eingeschlagene Richtung der Glücksforschung: Hier werden Fakto-ren untersucht, die zu einem glücklichen Leben beitragen. Ganz allgemein sind mit Glück die Zufriedenheit mit dem Leben und den Lebensbereichen sowie angenehme Gemütszustände (Emotionen, Stimmungen) gemeint (vgl. Institut für Glücksforschung 2010). Aus dieser Perspektive sollte also eine Entwicklung angestrebt werden, die ein glückliches und erfüllendes Leben ermöglicht. Bezo-

---

[3] Der Gebrauch des Begriffs „Westen" (bzw. „westlich") bedarf einer kurzen Erläuterung: Der Ursprung des Begriffs geht auf die Bezeichnung einer Region der Erde zurück, in der die Sonne untergeht (Abendland). Im Mittelalter wurden dann Abendland und Christentum gleichgesetzt. Im Zeitalter der europäischen Kolonialeroberung wurden die Begriffe „weiß" und „westlich" synonym verwandt. Doch all diese Synonyme greifen heute nicht mehr. Nach Fernand Braudel definiert sich der Westen heute im Wesentlichen über seine kapitalistische Produktions- und Organisationsweise (Braudel 1991). Dieses Modell strebt nach globaler Expansion und ist ver-knüpft mit einem universalistischen kulturellen Anspruch. Andere Formen des Wirtschaftens werden nicht akzeptiert, andere Lebensstile und Perspektiven werden abgelehnt und negiert. In diesem Sinne ist „Entwicklung" auch als eine Entwicklung nach westlichem Vorbild zu verste-hen (Ziegler 2010: 40-41). Siehe auch den Beitrag von John E. Akude in diesem Band.

[4] Vgl. hierzu auch den Abschnitt *Soziale Nachhaltigkeit*.

gen auf die Nationen der Welt gilt der Himalajastaat Bhutan hier als Vorreiter: Dort wird seit 2008 das sogenannte „Gross National Happiness" als Leitkonzept für Entwicklung angewandt. Dieser Glücksindikator wurde in Bhutan entwickelt und soll eine Abkehr von der Fokussierung auf Wirtschaftswachstum initiieren (vgl. Centre for Bhutan Studies 2008). Da eine Grundvoraussetzung eines glücklichen Lebens eine gesunde, natürliche Umwelt darstellt, gehen die Autoren des Happy Planet Index noch einen Schritt weiter und charakterisieren eine erfolgreiche (also „entwickelte") Gesellschaft als eine, die einerseits ein glückliches Leben unterstützt, die aber andererseits nicht zu Lasten der Ökosysteme geht (Abdallah et al. 2009: 3).

2.3 Autonomie als Entwicklung

In Regionen, in denen einheimische Kulturen die Eroberung, Kolonisierung und die noch heute anhaltende Dominanz der westlichen Kultur überlebt haben, formiert sich zunehmend Widerstand gegen die westlichen Vorstellungen von Entwicklung. Insbesondere in Lateinamerika sind in der ersten Dekade des 21. Jahrhunderts etliche indigene Bewegungen erstarkt, die den offiziellen, westlich geprägten Entwicklungsdiskurs der dominierenden Bevölkerungsschichten herausgefordert haben. Während in Chile zwischen den Mapuche und staatlichen Institutionen sowie der nationalen Elite ein inzwischen blutiger Konflikt herrscht, hat Bolivien mit Evo Morales seit 2006 einen Präsidenten, der den indigenen Entwicklungsvorstellungen auch auf internationaler Ebene Gehör verschafft. In Mexiko (die Zapatistas in Chiapas), Kolumbien, Ecuador, Peru oder Paraguay gibt es ähnliche Bewegungen, die alternative Entwicklungsideen haben und die bis dato vorherrschende Denkweise und Praxis von Entwicklung in Frage stellen. Auch wenn die indigenen Bewegungen vielleicht die erfolgreichsten und sichtbarsten sind, so beschränkt sich der Widerstand gegen die Oktroyierung der westlichen Entwicklung nicht allein auf diese. Vermutlich überall in der Welt (wie in Brasilien das *Movimiento sem Terra,* MST, in Australien das *permaculture movement* oder in Großbritannien und den USA die *transition towns*) entstehen Bewegungen, die für eine andere Entwicklungsidee eintreten oder alternative Lebensstile praktizieren. Auch wenn diese Bewegungen sehr heterogen sind, so spielt doch in vielen Territorium bzw. Land eine Schlüsselfunktion. Beispielhaft soll hier, aufgrund seiner Stärke und öffentlichen Wahrnehmung, nur auf den Entwicklungsdiskurs indigener Bewegungen Lateinamerikas eingegangen werden.

Die gröbste Verwechslung, die man als in einer westlichen Kultur sozialisierte Person vermeiden sollte, ist *Territorium* mit *Privateigentum* gleichzusetzen: Erstens, weil in der Weltsicht vieler Indigener die Erde oder die Natur nicht von ihrer dynamischen, integralen Symbolik abgekoppelt werden kann; die Natur wird also nicht lediglich als produktive Ressource betrachtet. Zweitens, weil in ihrer Tradition Territorium als eine Art kollektiver „Besitz" gilt, der weder *verkauft* noch *enteignet* werden kann – zwei Formen der Inbesitznahme, durch die indigene Gruppen ihre größten Territoriumsverluste erlitten. Und drittens, da die „Verletzung privaten Eigentums" ein juristisches Argument der Konzerne und Politik ist, um Besetzungen und Proteste indigener Gruppen, die sich für die Rückgewinnung ihrer vormaligen Territorien einsetzen, zu unterdrücken (Villalobos-Ruminott 2007: 133).

Gegenüber dieser Darstellung, was unter Territorium *nicht* verstanden werden sollte, ist die positive Eingrenzung des Begriffes komplexer: Nach Zúñiga Navarro (1998) beinhaltet die *reivindicación territorial* (Gebietsforderung) der Indigenen-Bewegungen im Grundsatz zwei Dimensionen: den Raum und die Prozesse. Die räumliche Dimension bezieht sich auf den materiellen Charakter des Territoriums: Die Nutzung des Bodens und der natürlichen Ressourcen ist eine Bedingung für die Befriedigung der materiellen Grundbedürfnisse und damit für Entwicklung. Unter der prozessualen Dimension kann grundsätzlich Autonomie verstanden werden. Autonomie meint die Souveränität oder Selbstbestimmung über die politischen, ökonomischen, sozialen und kulturellen Prozesse im beanspruchten Territorium, da nur diese das kulturelle und materielle Überleben der Indigenen gewährleisten (Zúñiga Navarro 1998: 143). Entwicklung ist also für viele indigene Kulturen eng verknüpft mit Autonomie über ihr angestammtes Territorium bzw. über ein Territorium, welches die materiellen und kulturellen Bedürfnisse sichert (Aylwin 2002: 15).

Die Realisierung dieser Entwicklungsidee ist im heutigen Nationalstaatssystem natürlich problematisch, was auch von den Bewegungen erkannt wird. Ein Zwischenziel ist daher eine größere direkte Partizipation an den genannten Prozessen. In Bolivien wurde im Laufe der nun gut fünfjährigen Amtszeit Evo Morales' auf viele der zentralen Forderungen eingegangen, was aus der neuen Verfassung eindrucksvoll hervorgeht (vgl. Asamblea Constituyente de Bolivia 2008).

Eine vierte Vorstellung von Entwicklung ist die der *nachhaltigen Entwicklung*. Der folgende Abschnitt behandelt explizit die einzelnen Dimensionen, die eine solche ausmachen.

3 Dimensionen der Nachhaltigkeit

Der Nachhaltigkeitsdiskurs ist das Ergebnis einer gesteigerten Aufmerksamkeit sowohl für die zunehmenden Zerstörungen der Ökosysteme wie auch für die

Endlichkeit fossiler Ressourcen.[5] Nachhaltigkeitstheorien versuchen, normative Lösungskonzepte für verschiedene Problemlagen der Menschheit zu formulieren. Die drei zentralen Herausforderungen sind die Mensch-Natur-Beziehungen, die inter- und die intragenerative Gerechtigkeit (Massarrat 2006: 136-138). In der am häufigsten zitierten Definition nachhaltiger Entwicklung sind diese drei Aspekte indirekt enthalten: „Sustainable development is development that meets the needs of the present without compromising the ability of future generations to meet their own needs" (World Commission on Environment and Development 1987). Es wird hier eine Entwicklung proklamiert, die gegenwärtige soziale Gerechtigkeit achtet (die Bedürfnisse der heutigen Generationen sollen befriedigt werden) und gegenüber zukünftigen Generationen gerecht ist (keine Einschränkung der Fähigkeit zukünftiger Generationen, ihre eigenen Bedürfnisse zu befriedigen). Der nachhaltige Umgang des Menschen mit der Natur ist die notwendige (nicht hinreichende) Bedingung, um diese beiden Gerechtigkeitsdimensionen zu gewährleisten.

Ursprünglich stammt der Nachhaltigkeitsgedanke aus der Forstwirtschaft, wird heute jedoch nicht nur auf die Gesamtheit der natürlichen Ressourcen angewandt (ökologische Dimension), sondern auch auf viele weitere Bereiche, die letztlich alle inner- und zwischengesellschaftlichen Beziehungen betreffen: die ökonomische, politische, soziale und kulturelle Sphäre. Diese Dimensionen der Nachhaltigkeit sind alle eng miteinander verknüpft, sodass aus einer holistischen Perspektive nur ihre Schnittmenge nachhaltig sein kann. Aus diesem Blickwinkel befinden sich alle Sphären auf einer Ebene und haben die gleiche Wertigkeit.

Es kann jedoch auch die Sichtweise eingenommen werden, dass eine Rangordnung zwischen den einzelnen Dimensionen besteht. Demnach ist die ökologische Sphäre die weiteste und gleichzeitig wichtigste. In ihr finden alle anderen Platz. Ohne funktionierende ökologische Systeme gäbe es kein menschliches Leben und somit wären die übrigen Dimensionen nicht existent. Die menschliche Gesellschaft ist ein Subsystem der Biosphäre und beinhaltet ihrerseits wiederum die Wirtschaft.

In der Literatur finden sich neben den gängigen Nachhaltigkeitsbereichen noch Ausführungen u.a. über die individuelle (Kuckartz 2006) die finanzielle , die politische und die kulturelle Nachhaltigkeit (Massarrat 2006). Des Weiteren wären Forschungsanstrengungen zur wissenschaftlichen Nachhaltigkeit wünschenswert. Je nach Fokussierung wird daher von drei, vier, fünf oder auch mehr Dimensionen der Nachhaltigkeit gesprochen. Unabhängig davon, wie viele Be-

---

[5]   Zur Entwicklung des Nachhaltigkeitsdiskurses siehe den Beitrag von Jan Per Bethge, Nora Steurer & Marcus Tscherner in diesem Band.

reiche untersucht werden, besteht stets die Notwendigkeit, Nachhaltigkeit holis-
tisch zu betrachten und anzuwenden.

In der nachfolgenden Darstellung von fünf Nachhaltigkeitsdimensionen
werden zum einen die heutigen unnachhaltigen Verhältnisse analysiert und zum
anderen wird versucht, ideale nachhaltige Prozesse und Strukturen anzudeuten,
auch wenn deren Umsetzung uns aus heutiger Sicht utopisch erscheinen mag.
Diese idealtypische Skizze soll dem Leser eine Orientierungshilfe an die Hand
geben, mit der das in der Öffentlichkeit und Wissenschaft inflationär gebrauchte
Wort *Nachhaltigkeit* auf dessen ideale Bedeutung hin überprüft werden kann.

3.1 Ökologische Nachhaltigkeit

Die ökologische Dimension der Nachhaltigkeit ist die am häufigsten diskutierte,
wobei die ökologische Degeneration oft auf den Klimawandel oder sogar nur auf
CO_2-Emissionen reduziert wird. Um Fehlentwicklungen beheben zu können, ist
es jedoch elementar, die ganze Breite der ökologischen Problematik und deren
tiefliegende Ursachen zu diskutieren.

Grundsätzlich muss zwischen den *Quellen* und *Senken* unterschieden werden. Zu den Quellen zählen alle sogenannten „erneuerbaren" wie „nicht-
erneuerbaren" Ressourcen, die vom Menschen genutzt werden können.[6] Eine
Klasse von „erneuerbaren" Ressourcen regeneriert sich nicht *per se*, sondern nur
bei nachhaltiger Bewirtschaftung (z.B. Fischvorkommen, Wälder, Mutterboden,
Süßwasser). Nachhaltig ist deren Nutzung, wenn sich ihr Bestand nicht verringert; wenn also die Nutzungsrate der Quelle kleiner ist als deren Regenerations-
rate (Meadows et al. 2007: 54). Andere erneuerbare Ressourcen hingegen sind
aus menschlichem Ermessen unerschöpflich, wie die Sonnen- oder Gezeiten-
energie. Nicht-erneuerbare Rohstoffe können prinzipiell nicht nachhaltig genutzt
werden, da sie sich – wiederum vom menschlichen Zeithorizont betrachtet –
nicht erneuern (z.B. Erdöl, Kohle, Metalle). Aufgrund ihrer Zusammensetzung
spielen sie für die Aufrechterhaltung der (biologischen) Ökosysteme jedoch
keine primäre Rolle. Betrachtete man also ausschließlich die Quelle und abstra-
hierte vom technischen Akt der Förderung, so wäre aus ökologischen Gesichtspunkten nichts gegen die Nutzung von beispielsweise Erdöl einzuwenden. Jedoch müssen stets Quellen *und* Senken betrachtet werden.

---

[6] „Erneuerbar" werden Ressourcen genannt, wenn sie gemessen am menschlichen Zeithorizont
regenerationsfähig sind. Bäume werden beispielsweise normalerweise als „erneuerbar" angesehen. Aber auch hier müssen die einzelnen Arten und deren Biotope genauer betrachtet werden.
So sind etwa die 3.000 Jahre alt werdenden und extrem langsam wachsenden Sequoias in Kali-
fornien oder Alerces in Patagonien aus menschlicher Perspektive keine erneuerbaren Ressourcen.

Senken sind Systeme unserer Erde, die Abfälle und Schadstoffe aufnehmen. Schon während der industriellen Förderung von Rohstoffen dient die Umwelt als Senke: Bei der Metallgewinnung gelangen hochgiftige chemische Schadstoffe in die Umwelt; die Erdölexploitation verseucht durch regelmäßige Unfälle die Ökosysteme. Am Ende der wirtschaftlichen Nutzung der geförderten Rohstoffe werden deren Reststoffe entweder recycelt oder in Form von Abfällen der Umwelt überlassen. Die Schadstoffe und Abfälle können von den Ökosystemen nicht oder nur in sehr geringer Dosierung abgebaut werden. Daraus resultiert deren akkumulierende Ablagerung, was die Ökosysteme zunächst in ihrer Funktionsweise beeinträchtigt und später zum Kollabieren bringt. Äußerst problematische Schadstoffe sind etwa nukleare Abfälle und solche, die eine Veränderung der biogeochemischen Kreisläufe bewirken, wie Treibhausgase (insbesondere CO_2, Methan und Lachgas) (Meadows et al. 2007: 52-53). Die Auswirkung der Nutzung nicht-erneuerbarer Rohstoffe auf die Senken – vor allem bei den Energieressourcen Erdöl, Erdgas, Kohle und Uran – verunmöglicht deren nachhaltige Nutzung.

Derzeit tragen in weiten Teilen des Planeten sowohl die nicht-nachhaltige Nutzung von erneuerbaren Ressourcen als auch die extrem schnelle Ausbeutung der physischen Ressourcen und die Ablagerung ihrer Überreste zu einer enormen Degeneration der Ökosysteme bei. Die folgende Auflistung gibt einen kleinen Überblick über einige der gegenwärtigen nicht-nachhaltigen Eingriffe des Menschen in die Natur:

- Überfischung und Überjagung von Wildtieren, sodass sich deren Bestände nicht erholen. Viele Arten sind bereits ausgestorben.
- Extensive Rodung von (Ur-)Wäldern zur Ressourcennutzung und zur Umwandlung des natürlichen Systems in menschlichen Lebensraum. Dies führt zu Mutterbodenerosion, da die Wurzeln der Bäume den nährstoffreichen Boden nicht länger vor Wind und Wasser schützen.
- Bodenerosion ist nicht nur in tropischen Breiten ein häufiges Phänomen, sondern weltweit. In Deutschland gehen in der Landwirtschaft durch Erosion jedes Jahr im Schnitt zehn Tonnen Boden pro Hektar verloren. Die natürliche Fruchtbarkeit der landwirtschaftlich intensiv genutzten Böden nimmt ab und jeden Tag werden mehr als 100 Hektar landwirtschaftlichen Bodens für die Umwandlung in Siedlungs- und Verkehrsflächen unwiederbringlich versiegelt (AgrarBündnis 2010).
- Zerstörung von Korallen (die „tropischen Regenwälder der Ozeane") und anderen Salzwasser-Ökosystemen durch Vergiftung (Gase und chemische Abfälle) und Erwärmung der Ozeane. Ohne diese Ökosysteme wird das Meer unfruchtbar, wodurch deren Bewohner ihren Lebensraum verlieren.

- Süßwasser wird in einem Maß genutzt, dass es sich schon jetzt in vielen Gegenden nicht ausreichend schnell regeneriert. Zudem führt die zu starke Bewässerung im Agrarbereich zur Versalzung des Bodens, was diesen unfruchtbar macht. Folge von Wasser-Management-Problemen sind Migrationsströme aus den betroffenen Gegenden. Entsalzungsanlagen sind extrem teuer und daher nicht flächendeckend anwendbar.

- Die Atmosphäre ist die Senke nahezu sämtlicher Gase die im industriellen Produktions- und Konsumprozess entstehen. Die Fluorchlorkohlenwasserstoffe (FCKW-Gase) führten bereits zur Zerstörung der Ozonschicht, sodass auf der südlichen Halbkugel die gefährliche UV-Einstrahlung merklich erhöht ist. Die Emission der sogenannten Treibhausgase[7] führt zu einer gesteigerten Treibhausgaskonzentration, die für den Klimawandel und den damit einhergehenden Veränderungen verantwortlich gemacht wird.[8]

- Die Nutzung der Erde als Senke für chemische (Pestizide, Kunstdünger uvm.), nukleare oder andere physische Stoffe (z.B. Quecksilber) führt zur Degeneration lokaler Ökosysteme. Über die Nahrung, die Luft und das Wasser nehmen wir viele dieser Gifte in unseren Körper auf. Diese oft nur kleinen Konzentrationen verursachen u.a. Missbildung bei Neugeborenen, geistige Entwicklungsverzögerung und temporäre oder anhaltende Beeinträchtigung des Immunsystems (Diamond 2006: 491-492).

Viele der oben genannten Eingriffe des Menschen in die Natur führen zu einem erheblichen Biodiversitätsverlust. Der „natürliche Kapitalstock" wird reduziert, ohne dass wir den Wert dieses Verlustes verstehen. Der Rückgang der biologischen Vielfalt bewirkt eine zunehmende Funktionsunfähigkeit der Ökosysteme, was (wirtschaftlich) nicht durch künstliche Substitute ersetzt werden kann (Sukhdev 2008). Als Beispiel wird oft die „Bestäubungsdienstleistung" der Bienen genannt, deren Beeinträchtigung verheerende wirtschaftliche, soziale und ökologische Folgen haben könnte.

Vermutlich ließe sich die Liste der diversen Formen der anthropogen verursachten Degeneration der Natur noch seitenlang fortführen. Wichtiger als eine vollständige Auflistung ist jedoch deren holistisches Verständnis. Es geht nicht nur um den Klimawandel, es geht um die Zerstörung der Grundlage des Lebens insgesamt.

---

[7] Die sechs wirkungsvollsten Treibhausgase sind Kohlenstoffdioxid (CO_2), Methan (CH_4), Distickstoffmonoxid (Lachgas, N_2O), Fluorkohlenwasserstoffe und Schwefelhexafluorid (SF_6).

[8] Für die vielschichtigen Wirkungen des Klimawandels, insb. auf die Länder des Südens, siehe den Beitrag von Steffen Bauer in diesem Band.

3.2 Soziale Nachhaltigkeit

Die Formulierung allgemeingültiger Konzeptionen, wie sozial nachhaltige Prozesse oder Strukturen auszusehen haben, erscheint fast unmöglich. Dies liegt insbesondere am Charakter der Sozial- und Gesellschaftswissenschaften, in denen Begriffe und Sachverhalte nicht objektiv definiert werden können. Wissenschaftlichen Konzepten liegen stets umstrittene und sich wandelnde Normen und Interpretationen zugrunde. Die Akzeptanz von Konzepten und Kausalkonstruktionen ist daher oftmals abhängig vom vorherrschenden Diskurs. Die im Folgenden angesprochenen Aspekte der sozialen Dimension sind daher recht abstrakt.

Den Kern der sozialen Nachhaltigkeit bilden normative Gerechtigkeitsprinzipien sowie die aus diesen abgeleitete Forderung nach der Befriedigung der Grundbedürfnisse aller Menschen. Essentiell ist hierbei sowohl die inter- als auch die intragenerative Gerechtigkeit. Was genau aber unter „Gerechtigkeit" zu verstehen ist, hängt wiederum nahezu vollständig vom sozio-ökonomischen, kulturellen und historischen Kontext ab.

Die tendenziell „sozialistischen" Theoretiker folgten in den letzten 200 Jahren überwiegend der egalitären Gerechtigkeitsidee, wobei diese – extrem verkürzt dargestellt – die Vielfalt menschlicher Bedürfnisse, Interessen und Fähigkeiten ignoriert. In Konkurrenz zu dieser stehen die liberalen Konzepte, in denen Ungleichheit mit individuell unterschiedlichen Leistungen legitimiert wird. Hier werden jedoch u.a. Machtungleichheiten (wie historisch bedingte Ressourcenverteilung) nicht berücksichtigt.[9] Hinsichtlich der sozialen Nachhaltigkeit werden Gerechtigkeitskonzepte diskutiert, die den Anspruch haben, die Widersprüche traditioneller Konzepte zu überwinden, die Probleme internationaler Gerechtigkeit zu berücksichtigen und der Gerechtigkeit zwischen den Generationen Rechnung zu tragen. Vor dem Hintergrund dieser Anforderungen plädiert Mohssen Massarrat für das Gerechtigkeitskonzept der *Chancengleichheit* als Ethik der (sozialen) Nachhaltigkeit (vgl. Massarrat 2006: 163-179). Er definiert Chancengleichheit als

> gleiche Startbedingung für Individuen, soziale Gruppen, Völker unterschiedlicher Hautfarbe, Religionszugehörigkeit, Kultur, Sprache, für Menschen unterschiedlichen Geschlechts und für verschiedene Generationen, die ihre Bedürfnisse, Lebensstile und Optionen selbst bestimmen und zu natürlichen Ressourcen, Gütern und Positionen den gleichen Zugang haben. Chancengleichheit ist ein Zustand, der gegen so-

---

[9] Eine dritte Richtung ist die konservative Gerechtigkeitsauffassung. Hiernach wird Ungleichheit mit unterschiedlichem berufsständischen Status gerechtfertigt (vgl. zu den drei Gerechtigkeitsverständnissen Esping-Andersen 1990).

wohl historisch gewachsene wie sich neu herausbildende Ungleichheitstendenzen stets aufs Neue hergestellt werden muss (Massarrat 2000: 6).

Dieses Verständnis der Chancengleichheit ermöglicht laut Massarat die Aufhebung des Widerspruchs zwischen menschlicher Vielfalt einerseits und dem Ruf nach Gleichheit und Gerechtigkeit andererseits. Als Universalethik der Nachhaltigkeit (insbesondere vor dem Hintergrund der ökologischen Krisen) müsste sie im Prinzip auch die Absicherung der Rechte der natürlichen Mitwelt (sämtlicher lebender Organismen) implizieren (Massarat 2006: 170).[10] Die Chancengleichheit überschneidet sich mit dem Gerechtigkeitskonzept von Amartya Sen, nach dem die Befriedigung individueller Bedürfnisse höchste Priorität genießt (Sen 2007: 71-138). Hinweise, welcher Art diese Bedürfnisse sein könnten, liefert der chilenische Ökonom Manfred Max-Neef. Er hat neun sogenannte *fundamental needs* (Grundbedürfnisse) identifiziert, die unabhängig von Kultur, Ethnie und sozialer Schicht existieren und auch über lange Zeit größtenteils gleich bleiben. Diese sind Subsistenz, Schutz/Sicherheit, Liebe/Zuneigung/Anerkennung, Verstehen/Lernen, Partizipation, Muße/Freizeit, kreatives Schaffen, Identität und Freiheit. Was variiert, sind die sogenannten *satisfiers,* die Art und Weise wie versucht wird, diese Bedürfnisse zu befriedigen. Die Konzepte der *Chancengleichheit* und *Grundbedürfnisse* haben m.E. das Potenzial, die zentralen Elemente der sozialen Nachhaltigkeit zu bilden. Beide sind stark miteinander verflochten und wechselseitig voneinander abhängig.[11] In die Diskussion um soziale Nachhaltigkeit werden ferner auch weniger abstrakte Aspekte eingebracht, wie Gesundheit, Arbeit, sozialer Ausgleich oder Bildung.[12] Demnach sei soziale Nachhaltigkeit u.a. vom (freien) Zugang der Bevölkerung zu Sozialleistungen, Transferzahlungen und Beschäftigung abhängig. Diese eher praktischen und leichter zu operationalisierenden Ansätze sind jedoch in den obigen Konzepten der Grundbedürfnisse (u.a. Bedürfnis der Subsistenz und des kreativen Schaffens) und Chancengleichheit (u.a. Vorgehen gegen Ungleichheitstendenzen) enthalten.

---

[10] Diese Forderung ist in der Nachhaltigkeitsliteratur nur selten anzutreffen, was darauf schließen lässt, dass auch in diesem Wissenschaftszweig eine anthropozentrische Weltsicht vorherrscht.

[11] Die Diskussion über das *bedingungslose Grundeinkommen* kann als Anregung verstanden, wie diese theoretischen Konzepte praktisch umgesetzt werden könnten (vgl. Franzmann 2010).

[12] Für einen Überblick über die sehr divergierenden Herangehensweisen an das Konzept der sozialen Nachhaltigkeit siehe Mutlak & Schwarze (2007).

3.3 Ökonomische Nachhaltigkeit

Die Funktion der Wirtschaft ist die Produktion und der Austausch von Gütern und Dienstleistungen, die dazu dienen sollen, die Bedürfnisse der Gesellschaftsmitglieder zu befriedigen. In der heute praktizierten Wirtschaftsweise verursacht oftmals die „Bedürfnisbefriedigung"[13] eines Akteurs aufgrund von Machtungleichheiten Leid anderer Individuen und Gruppen sowie die Degeneration der Natur.[14] Es werden also Kosten externalisiert, die bei der Güterproduktion anfallen. Phänomene wie der Klimawandel oder die Weltwirtschaftskrise – die sich zu einer Staatsverschuldungskrise weiterentwickelt (Marshall 2010) – gehen auf eine solche Externalisierung zurück.

Die primäre Nachhaltigkeitsherausforderung der Ökonomie sind die ökologischen Grenzen. Nach Daly (2008), der als Gründervater der _ecological economy_ gilt, muss die Ökonomie drei Prinzipien folgen, damit sie ihr ökologisches Fundament nicht zerstört und somit ermöglicht, über einen langen Zeithorizont stabil zu bleiben: (1) Ein aus der Ressourcennutzung resultierendes Abfallniveau, das von den Ökosystemen absorbiert werden kann; (2) eine Ausbeutungsrate erneuerbarer Ressourcen, die nicht die Regenerationsfähigkeit dieser Ressourcen und deren Ökosysteme überschreitet und (3) eine Abbaurate nichterneuerbarer Ressourcen, die nicht die Entwicklungszeit von erneuerbaren Substituten überschreitet (Daly 2008: 14). Diese Prinzipien bedürfen hier keiner konkreteren Analyse, da sie bereits oben – zwar aus einer anderen Perspektive, aber dennoch hinreichend – erläutert worden sind.[15]

Als zweite zentrale Nachhaltigkeitsproblematik des Wirtschaftssystems gilt die zunehmend größer werdende Schere zwischen arm und reich, angeheizt durch die häufigen Wirtschaftskrisen. Gemäß Laszlo (2008) sind Gesellschaftssysteme ökonomisch nachhaltiger, wenn die Verteilung von Ressourcen, die die menschlichen Bedürfnisse decken, ausgewogener ist. Je größer die Kluft zwischen den ärmeren und reicheren Schichten einer Gesellschaft sowie zwischen den Gesellschaften, desto leichter gerät das soziale Gleichgewicht aus der Balance. Während in vielen Entwicklungsländern ein solches Ungleichgewicht allgegenwärtig ist, verstärkt es sich auch in den Industriestaaten seit den 1970er Jah-

---

[13] In der westlichen Welt dient der Konsum ökonomischer Güter als primäres Mittel zur Befriedigung _(satisfier)_ der Grundbedürfnisse. Problematisch daran ist, dass die Produktion ökonomischer Güter zum Selbstzweck mutiert ist und als solche die Fähigkeit verloren hat, menschliche Bedürfnisse zu befriedigen (Max-Neef 1992: 204).

[14] Letztendlich führt auch die Degeneration der Natur zum Leid der heutigen und insbesondere der zukünftigen Generationen.

[15] Hier wird die Perspektive einer „gesunden" Ökonomie eingenommen. Die Prinzipien sind also als Voraussetzung für ein langfristiges Wirtschaften zu verstehen. Der Fokus des Teils _Ökologische Nachhaltigkeit_ liegt hingegen auf „gesunden" Ökosystemen.

ren kontinuierlich:[16] Fortschreitender Vermögenstransfer von den Armen zu den Reichen und der gleichzeitige Abbau (würdevoller) Sozialleistungen bewirken verbreitete Angst vor ökonomischer Unsicherheit und sozialer Exklusion. Wenn diese Angst eine Rückkehr extremistischer Politikströmungen – Politik der Verzweiflung, Neidpolitik oder Politik der Sicherheit bzw. Unsicherheit – zur Folge hat, ist der soziale Friede gebrochen und die Gefahr eines gesellschaftlichen und damit ökonomischen Kollapses greifbar (vgl. Judt 2010: 42-47).

Als bestimmender Faktor sowohl hinter der wachsenden sozialen Kluft wie auch der Degeneration der Ökosysteme wird immer häufiger das Wirtschaftswachstum und dessen Implikationen ausgemacht (vgl. Forum Wissenschaft & Umwelt 2009). Bevor Alternativen zum Wachstum diskutiert werden, erscheint es sinnvoll, sich mit der Frage zu befassen, weshalb Wachstum oder vielmehr das Appellieren an Wachstum ein so ständiger und zwanghafter Begleiter unserer Zeit ist. Woher rührt dieser Wachstumzwang in unseren Gesellschaften? Um die ökonomische (Un-)Nachhaltigkeit zu verstehen, sind Antworten auf diese Frage unausweichlich.

Das Geldsystem

Hans Christoph Binswanger sieht die Ursache des Wachstumzwangs im Geldsystem der modernen Marktwirtschaft. Die Marktwirtschaft sei eine Geldwirtschaft (keine Tauschwirtschaft), in welcher Unternehmen Kredite aufnehmen, um Güter zu produzieren. Diese Kredite sind mit einem Zins versehen, sodass das Unternehmen einen Gewinn erwirtschaften muss (es muss wachsen), um den Kredit samt Zinszahlungen zu begleichen. Die moderne Wirtschaft ist also nicht bloß durch Arbeitsteilung und anschließenden Tausch gekennzeichnet, sondern durch einen Wachstumzwang, der durch die zinsbedingte Geldschöpfung erzeugt wird (Binswanger 2006). Dieser Wachstum*zwang* entspricht theoretisch der Zinsrate.

---

[16]   Gut illustriert wird diese Schere anhand des Gini-Koeffizienten. Dabei ist besonders die historische Entwicklung der Werte Großbritanniens und der USA interessant, wo durch die Reformen der Steuer- und Beschäftigungspolitik in den Reagan-Thatcher-Jahren und der anschließenden Deregulierung der Finanzmärkte die Ungleichheit fast stetig zugenommen hat (vgl. Judt 2010: 46).

Abb. 1: Abweichung der Höhe des Wirtschaftswachstums im Vergleich zur Höhe der Umlaufrendite 1955-2007

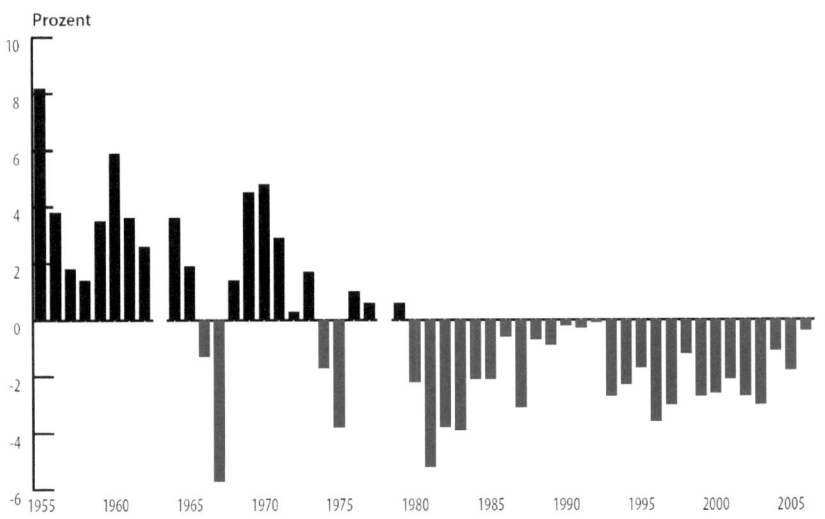

Quelle: Bourcarde & Anschau (2009: 13).

Ein empirischer Vergleich der Wachstumsraten und des Zinsniveaus (Umlauf-rendite gemäß der Deutschen Bundesbank) für Deutschland ergibt jedoch, dass seit Mitte der 1970er Jahren der Zins regelmäßig über dem Wirtschaftswachstum lag (Abb. 1).[17] Diese Schwelle wird als „Zins-Wachstums-Wende" (Bourcarde & Anschau 2009: 12) bezeichnet. Wenn die Zinssätze den realen Wachstumsraten enteilen (negative Werte in Abb. 1), können die aufgenommenen Kredite durch die Realwirtschaft im Mittel nicht zurückgezahlt werden. Dies hat zum einen eine höhere Insolvenzanzahl zur Folge (sie ist seit Mitte der 70er Jahre sprung-haft angestiegen) und zum anderen ein verändertes Investitionsverhalten der Geldhalter. Sie leiten ihr Vermögen in die Finanzwirtschaft, da diese höhere Renditen als die Realwirtschaft *verspricht* (Bourcarde & Anschau 2009: 14). In der Finanzwelt spielen jedoch reale Entwicklungen gegenüber Entwicklungs*er-wartungen* eine untergeordnete Rolle. Trotz der seit Jahrzehnten zurückgehenden Wachstumsraten in den Industrieländern[18] wird weiterhin exponentielles Wachs-

---

17   Dies trifft tendenziell auch für andere Industrieländer zu (vgl. Schulmeister 1997).

18   Lag das BIP-Wachstum in Deutschland zwischen 1951 und '73 noch bei durchschnittlich 6%, so verlangsamte es sich zwischen 1974 und '99 auf 2,2% und lag in den letzten 10 Jahren (2000-2009) im Mittel nur noch bei 0,8% (Statistisches Bundesamt Deutschland 2010). Diese Tendenz lässt sich auch bei anderen Industrienationen beobachten.

tum *angenommen*: Gleichbleibende prozentuale Zuwächse des BIP gelten als Normalfall (Bourcarde & Anschau 2009: 14). Das Ergebnis dieser realitätsfernen Erwartungen sind Blasen, die regelmäßig platzen. Die aktuelle Finanzkrise ließe sich auch auf diese Weise deuten.

Dass das reale Wachstum mit dem Wachstumszwang nicht (mehr) mithalten kann – oder besser umgekehrt: die Zinssätze deutlich oberhalb der Wachstumsraten verharren – führt nicht nur zu vermehrten Insolvenzen sondern auch zu erheblichen Verteilungseffekten: Die Geldvermögen wachsen zunehmend schneller als die Wirtschaftsleistung und im Gleichschritt mit den Geldvermögen wachsen die Schulden und damit auch die Zinsströme. Diese Zinsströme gehen nicht nur zu Lasten der Schuldner, sondern auch zu denen der Konsumenten. Denn in den Preisen der Konsumgüter sind die Zinslasten enthalten, die die Unternehmer für ihre Kredite zahlen müssen. Ebenso zahlt die Allgemeinheit indirekt über Steuern, mit denen der Staat den Schuldendienst tätigt. Die Stärke dieses Verteilungseffekts hängt mit der Schulden-/Guthabenhöhe und dem Zinssatz zusammen: Je größer die Schulden/Guthaben und je höher der Zinssatz, desto größer der Anteil, der vom *Arbeits*einkommen der Arbeitnehmer und Selbständigen zu den *Kapital*einkommen transferiert wird (vgl. Bourcarde & Anschau 2009: 10). Aus diesem ständigen Transfer resultiert eine zunehmende Geldvermögenskonzentration, die das Potenzial hat, den sozialen Frieden zu zerstören.

Konventionell gilt Wachstumsförderung als Mittel, der ökonomischen Ungleichheit zu begegnen. Denn Wachstum schaffe Beschäftigung und somit „Wohlstand" der auf Arbeit angewiesenen Bevölkerung. Ferner ermögliche es mittels steigender Staatseinnahmen zusätzlichen Spielraum in der Bereitstellung öffentlicher Güter (wie freie Bildung) (vgl. Stockhammer & Fellner 2009: 33-34). Wachstum habe somit das Potenzial, dass die negative Umverteilungswirkung der Zinsströme weniger fühlbar wird. Diese Argumentation bildet die diskursive Grundlage für Maßnahmen mit dem Etikett der Wachstumsförderung. Zumindest drei Aspekte sollten diesbezüglich jedoch berücksichtigt werden:

(1) Wirtschaftswachstum gilt als maßgeblicher Treiber der ökologischen Degeneration.

(2) Wachstum geht nicht notwendigerweise mit erhöhter Beschäftigung einher. Die mittels technischem Fortschritt erzielte Produktivitätssteigerung (insbesondere der Automatisierung der Produktion) kann zu einem „Aufschwung" ohne „Job-Boom" beitragen.

(3) Wohlstand korreliert nicht unbedingt mit Einkommen. Das Wohl des Individuums hängt von Grundbedürfnissen ab (s.o.), deren Befriedigung teilweise vom Wirtschaftswachstum konterkariert wird (z.B. Krankheiten aufgrund von Umweltverschmutzung).

Wirtschaftswachstum bringt also nicht nur Wohlstand mit sich, sondern fordert auch Tribut. Aus diesen Gründen kann Wachstum aus normativer Sicht nicht länger als Schlüsselmaßnahme zum Ausgleich der (zinsbedingten) Ungleichheit herhalten. Darüber hinaus weißt Punkt 3 darauf hin, dass Wachstum nicht (immer) positiv mit Lebensqualität korreliert, was auch in der *„threshold-*Hypothese" zur Geltung kommt:

> For every society there seems to be a period in which economic growth (as conventionally measured) brings about an improvement in the quality of life, but only up to a point – the threshold – beyond which, if there is more economic growth, quality of life may begin to deteriorate" (Max-Neef 1995: 117).

Empirisch gestützt wird diese Hypothese von einem Zeitreihen-Vergleich des Pro-Kopf-Einkommens (BIP/Kopf) mit den Werten des Index of Sustainable Economic Welfare (ISEW)[19]. Während das BIP/Kopf der USA, Großbritanniens und Deutschlands im gesamten Beobachtungszeitraum (1950-95) steigt (jedoch mit abnehmenden Raten), verlaufen die Werte des ISEW nur bis etwa 1970 (USA und GB) bzw. 1980 (Deutschland) parallel zum BIP/Kopf und fallen danach stark ab (Max-Neef 1995: 116).

Diese Entkopplung von Lebensqualität und Wirtschaftswachstum in den Industrieländern fällt zeitlich mit der (oben erklärten) „Zins-Wachstums-Wende" zusammen. Die Vermutung liegt nahe, dass in diesem Zeitraum in vielen industriellen Volkswirtschaften Sättigungstendenzen eingetreten sind. Läge eine gesamtwirtschaftliche Sättigung vor, wäre stetiges Wachstum nicht länger notwendig. Doch wie oben geschildert, erzeugen die weiterhin hohen Zinsen einen strukturellen Wachstumszwang und politische Anschauungen und kulturelle Werte einen Wachstumsdrang (Paech 2011). Im gegenwärtigen Geldsystem bestehe daher nur die Wahl zwischen ökologischem und sozialem Kollaps (Creutz o. J.).

Als ein möglicher Schlüssel zu einer krisenfesten Wirtschaftsweise wird daher von Geldtheoretikern fernab des Mainstream eine grundlegende Reform des Geldwesens vorgeschlagen:[20] Als Kern einer solchen Reform wird die Einführung einer Umlaufsicherung des Geldes angesehen. Creutz kann sich darunter eine Geldhaltegebühr (Creutz 2001: 540-541) vorstellen, Gesell sprach von einer

---

[19]   Dieser Nachhaltigkeitsindex kombiniert soziale Faktoren, Einkommensungleichheit und Umweltdegeneration, alles Elemente, die einen offensichtlichen Einfluss auf die Lebensqualität der Menschen haben. Die Werte von Indices sollten nie als genau angenommen werden, aber die Tendenz ist dennoch aussagekräftig.

[20]   In der konventionellen Ökonomik werden diese radikalen Reformkonzepte nicht bzw. äußerst selten behandelt. Aufgrund der positiven Wirkungen regionaler Reformexperimente erachte ich eine kurze Betrachtung aber als wertvoll.

Art Schwund (Gesell 1916: 183-184). Eine Umlaufsicherung – also Kosten auf Liquidität – könne das Privileg des Geldes gegenüber Waren (Waren verkommen und haben Lagerhaltungskosten) abbauen und bewirke, dass die Zinssätze im Einklang mit den Sättigungstendenzen schrumpfen würden (Creutz 2001: 543). Damit entfiele der Wachstums*zwang* – nicht das Bedarfswachstum – und damit *ein* zentraler Treiber einer unnachhaltigen und unnatürlichen Wirtschaftsweise. Der Wachstums*drang* bliebe hingegen unangetastet. Dieser könnte nur mittels eines kulturellen Wertewandels überwunden werden (Peach 2011).

Es gibt zahlreiche Beispiele, in denen Geld mit Umlaufsicherung eingeführt worden ist, stets jedoch nur regional begrenzt (Regionalgeld) und/oder komplementär zur nationalen Währung (Komplementärwährung). Ein erfolgreiches Beispiel ist das sogenannte „Wunder von Wörgl" nach der Weltwirtschaftskrise von 1929. Die massive Geldzurückhaltung nach dem Börsencrash legte das Wirtschaften lahm, da Geld weniger in seiner (primären) Funktion als Tauschmittel, sondern hauptsächlich als Wertaufbewahrung eingesetzt wurde. Während allerorts die Arbeitslosenzahlen in die Höhe schnellten, führte der Bürgermeister der 4000-Einwohner-Gemeinde Wörgl in Österreich Arbeitswertscheine ein. Dem Schwundgeldgedanken von Silvio Gesell folgend, diente eine monatliche Abwertung um ein Prozent als Umlaufsicherung. Da jeder vermied, die Abwertung zu zahlen, gab man die Scheine schnell weiter, wodurch die Liquiditätslücke überwunden wurde. Während der knapp 14 Monate des Währungsexperimentes sank die Zahl der Arbeitslosen in Wörgl um 16 Prozent, während sie im übrigen Österreich um 19 Prozent stieg. Das regionale Freigeld erregte viel Aufmerksamkeit und fand in Österreich viele Nachahmer. 1933 erwirkte die österreichische Nationalbank ein Verbot regionalen Geldes, da sie ihr Geldausgabemonopol gefährdet sah (Unterguggenberger Institut o. J.).

Ein anderes, aktuelles Projekt ist das regionale Komplementärgeld „Palmas" im Armenviertel Palmeiras vor den Toren Fortalezas (Brasilien).[21] Generell werden Regionalgeldprojekte dort initiiert, wo das herkömmliche Geld knapp ist, also seine Funktion als Tauschmittel nicht erfüllt. Unklar bleibt, ob derartige Initiativen auch langfristig Erfolg haben können.

Die Bodenordnung

Die den sozialen Frieden bedrohende Ungleichverteilung der Vermögen bezieht sich neben dem Geldvermögen auch auf den Grundbesitz. Boden ist eine Gabe

---

[21] Zu diesem Projekt siehe u.a. den Dokumentarfilm „Der Schein trügt" von Claus Strigel.

der Natur.[22] Creutz und Gesell vertreten den Standpunkt, dass mit diesen natürlichen Gütern – im Gegensatz zu von Menschen geschaffenen – keine privaten Eigentums- oder Vorrechte verbunden sein dürften; mit der Begründung, dass hierdurch ungerechte, da nicht von der persönlichen Leistung abhängige Verteilungsungleichheiten entstünden, die den sozialen Frieden bedrohten (Creutz o. J.: 20). Gesell war ein ausgesprochener Verfechter der Wettbewerbsordnung und Leistungsgesellschaft. Jemand der mehr leiste oder ein größeres Talent habe, habe auch das Recht auf seinen vollen Arbeitsertrag, auch wenn damit Ungleichheit einhergehe. Die Bodenrente (Pachtzins), das Erbe und das Einkommen aus Zinszahlungen sind hingegen *arbeitslose* Einkommen (Kapitaleinkommen), die nach der Idee der Leistungsgerechtigkeit nicht zu rechtfertigen sind, da sie nicht der persönlichen Leistung entspringen (Gesell 1916: 14-16). Diese Gerechtigkeitsauffassung muss natürlich nicht geteilt werden.

In der Analyse der ökonomischen Nachhaltigkeit ließen sich auch viele, weniger abstrakte Wirtschaftsstrukturen und -praktiken überprüfen, beispielsweise die der industriellen Landwirtschaft oder des Verkehrssektors. Letztlich führt jedoch kein Weg an den grundsätzlichen Fragen vorbei: Neben den ökologischen Nachhaltigkeitsprinzipien sind dies die Boden- und Geldordnung: „Solange wir mit unseren Neuerungsbestrebungen und Umwälzungen vor den genannten beiden wirtschaftlichen Einrichtungen [dem Bodenrecht und dem Geldwesen] Halt machen, ist kein Friede möglich, weder nach innen noch nach außen" (Gesell 1916: 48).

3.4 Kulturelle Nachhaltigkeit

Zu einem holistischen Nachhaltigkeitsmodell gehört auch die kulturelle Nachhaltigkeit. In diesem Zusammenhang ist ein weiter Kulturbegriff sinnvoll. Auf der Weltkonferenz über Kulturpolitik „Mondiacult" in Mexiko City 1982 wurde die weithin akzeptierte Definition entwickelt, nach der Kultur

als die Gesamtheit der einzigartigen geistigen, materiellen, intellektuellen und emotionalen Aspekte angesehen werden kann, die eine Gesellschaft oder eine soziale Gruppe kennzeichnen. Dies schließt nicht nur Kunst und Literatur ein, sondern auch Lebensformen, die Grundrechte des Menschen, Wertesysteme, Traditionen und Glaubensrichtungen (zit. n. Schönhuth o.J.).

---

[22] Dass Luft und Sonnenlicht als freie Güter angesehen werden, gilt als selbstverständlich. Hinsichtlich des Wassers vollzieht sich derzeit eine Wandlung zu einem privaten Gut. Das private Eigentum an Boden wird heutzutage kaum noch hinterfragt, obwohl dieser genauso zu unseren Daseinsvoraussetzungen gehört wie Luft, Sonnenschein und Wasser.

In Verbindung mit dem normativen Nachhaltigkeitsziel der intragenerativen Gerechtigkeit erfordert die kulturelle Nachhaltigkeit, dass sich Kulturen gegenseitig respektieren und Kulturwertigkeiten abgebaut werden. Statt der Assimilation nicht-kapitalistischer Kulturen sollte die kulturelle Vielfalt bewahrt und als Quelle der gegenseitigen Belehrung und Belebung begriffen werden (Massarrat 2006: 149). Es muss ein Übergang eingeleitet werden von der Konstruktion kultureller Feindbilder hin zu einem Dialog zwischen ebenbürtigen Kulturen.

Die zentrale Entwicklung, die der kulturellen Vielfalt und damit der kulturellen Nachhaltigkeit entgegenwirkt, ist die Expansion der kapitalistischen Wirtschaftsweise bis in die „letzten Ecken" des Planeten. Lebensstile, Konsummuster und Arbeitsweisen werden subtil anderen Kulturen aufoktroyiert – Konsequenz ist die kulturelle Degeneration. Vielfalt ist aber sowohl in der Natur (Biodiversität) wie auch innerhalb der Gesellschaften und zwischen den Kulturen die Basis der Überlebensfähigkeit. Pluralistische, spontane Systeme können auf (externe) Schocks wesentlich akkurater reagieren als einheitliche, gleichgeschaltete Ordnungen. Bekannt ist dies aus der Wirtschaft: Ein Land, das sich auf ein Exportgut spezialisiert hat, ist höchst anfällig, falls in diesem Segment unerwartete Änderungen auftreten. Die Vielfalt ist systemtheoretisch gesehen Grundvoraussetzung allen evolutionären Fortschritts. Kultureller Fortschritt „geschieht vor allem durch die Wechselwirkung mit anderen [Kulturen] entlang den Grenzen und in gewissen regionalen Zentren, in denen sich Kulturen begegnen und auch ein wenig mischen" (Kafka 1997: 17). Aber diese Vermischung darf nicht mit Vereinheitlichung oder Assimilation missverstanden werden und muss in Relation zum Menschenleben langsam geschehen.

3.5 Politisch-institutionelle Nachhaltigkeit

Der politisch-institutionelle Bereich der Nachhaltigkeit befasst sich mit der Frage, *wie* eine zukunftsfähige Entwicklung realisiert werden kann. Welche institutionellen Arrangements, welche Art des Regierens oder welche Steuerungsformen bewirken eine Politik, die an den langfristigen Gemeinwohlerfordernissen orientiert ist? Nachhaltige Politik und Institutionen haben zwei zentrale Funktionen: Sie müssen zum einen Nachhaltigkeit in den anderen (oben besprochenen) Dimensionen induzieren und zum anderen müssen die Verfahrensprozesse selbst ebenfalls nachhaltig ausgestaltet sein.

Wie müssen formale und informelle Institutionen beschaffen sein, damit eine nachhaltige Entwicklung möglich wird? Kopfmüller et al. (1999) – einer der wenigen Ansätze, in dem auf die institutionell-politische Dimension eingegangen wird – schlagen Regeln für Institutionen vor, die einen elementaren Beitrag zur zukunftsfähigen Entwicklung leisten sollen, ohne dabei das Gleichgewicht zwi-

schen Individuum und Gesellschaft (s. Abschnitt 3.2) zu stören. Folgende Charakteristika einer Gesellschaft sollten Institutionen stärken (angelehnt an Kopfmüller et al. 1999: 159-173):

(1) Resonanzfähigkeit: Resonanzfähigkeit im Rahmen einer nachhaltigen Ent-
    wicklung beschreibt die Eigenschaft sozialer Systeme, ökologische, ökono-
    mische und soziale Problemlagen wahrzunehmen und auf sie zu reagieren.
(2) Reflexivität: Die Gesellschaft sollte die Folgen der Handlungen und Struktu-
    ren der gesellschaftlichen Teilsysteme (etwa dem Geldsystem) beobachten
    und sogar antizipieren, um Problemlagen frühzeitig zu erkennen.
(3) Selbstorganisation: Eine Gesellschaft kann nicht dauerhaft von zentralen
    Institutionen gelenkt werden, da diese nicht das Wissen über die vielschich-
    tigen lokalen und regionalen Prozesse haben können. Strukturen, die Nach-
    haltigkeit fördern, müssen daher auf den Prinzipien Dezentralität und Subsi-
    diarität beruhen.
(4) Steuerungsfähigkeit: Institutionen müssen die Steuerungsfähigkeit der Ge-
    sellschaft in Richtung Nachhaltigkeit erhöhen. Allerdings ist kein steuerndes
    System in der Lage, eine solche Eigenkomplexität aufzuweisen, dass es der
    Komplexität der zu steuernden Gesellschaft gerecht werden könnte. Den-
    noch bleibt Steuerung unabdingbar.
(5) Machtausgleich: Die unterschiedlichen Artikulations- und Einflussmöglich-
    keiten verschiedener Akteure bzw. Akteursgruppen müssen durch entspre-
    chende Institutionen ausgeglichen werden. Dies kann Nachhaltigkeitsimpul-
    sen Gehör verschaffen und deren Durchsetzung ermöglichen, auch wenn sie
    etablierten Interessen zuwider laufen.

Einen konkreten Aspekt der politisch-institutionellen Nachhaltigkeit stellt die
Ausgestaltung der Steuerungsfähigkeit (Punkt 4) dar, also Politiken, die kleine
oder auch größere Schritte in Richtung Nachhaltigkeit anstoßen. Ein elementares
Steuerungsinstrument der Politik ist die Steuer. Mittels Steuern und Subventionen (negative Steuer) werden gesellschaftliche Anreize gesetzt. Derzeit sind die
wenigsten Steuern an Nachhaltigkeitskriterien orientiert. Oftmals werden sie auf
sinnvolle und erwünschte Tätigkeiten (wie Arbeit) erhoben oder setzen negative
ökologische Anreize. Eine an Kriterien der Nachhaltigkeit ausgerichtete Steuerreform wäre ein Baustein, der zu einer nachhaltigeren Gesellschaft führen könnte.
    Einer solchen Stoßrichtung liegen beispielsweise Forderungen nach einem
ökologischen Steuersystem oder der Entropiesteuer[23] zugrunde. Letztere fiele auf

---

[23]   Entropie (als Größe für Unordnung) „entsteht" bei der Umwandlung von Energie. Bei dieser
       Umwandlung bleibt die Energiemenge konstant (Energieerhaltungssatz) aber qualitativ hoch-
       wertige Energie (Exergie, für den Menschen nutzbare Energie) wird in niederwertige Energie

alle nicht erneuerbaren Energieformen und Rohstoffe bei der Förderung oder beim Import an. Ebenso betroffen wären Verarbeitungsprozesse, bei denen Schadstoffe freigesetzt werden. Ihre sukzessive Einführung drängte allmählich die Verbrennung von Kohle, Öl und Gas zurück und begünstige die Nutzung von erneuerbaren Rohstoffen. In einem weiteren Schritt würden auch erneuerbare Ressourcen der Besteuerung unterliegen. Die Höhe der Steuer könnte an Kriterien der nachhaltigen Nutzung gekoppelt sein. Gleichzeitig müssten die Steuern auf nützliche Tätigkeiten abgebaut werden, wodurch für diese netto positive Anreize gesetzt würden – das Ergebnis ist eine sogenannte doppelte Dividende (positive Effekte für die Öko- und Sozialsysteme). Eine konsequente Steuerreform, die Sozialabgaben senkt und Naturabgaben erhöht, würde zur sozialen und ökologischen Nachhaltigkeit beitragen (vgl. Görres et al. 1994; Scheer 1996: 243-253).

Auf dem Weg zur sozio-kulturellen Nachhaltigkeit könnte ebenfalls eine Steuer hilfreich sein, die an der Größe von Unternehmen orientiert ist – eine Art Vielfaltssteuer.[24] Denn umso größer die Marktmacht und die daraus resultierende Expansion eines Unternehmens, desto mehr kleine, unabhängige Unternehmen werden verdrängt. Der daraus resultierende Verlust an Vielfalt mindert jedoch, wie oben gezeigt, die Anpassungsfähigkeit des gesellschaftlichen Systems. Große Unternehmen dürften zwar weiterhin existieren – positive Skaleneffekte haben schließlich Effizienzvorteile – aber ihre Möglichkeit der Dominanz wäre beschränkt (Kafka 1997: 20-21). Eine solche Steuer - die angesichts der Verflechtung von Konzernen und Politik natürlich utopisch ist - trüge zur Minderung der ökonomischen Macht großer Konzerne bei, die heutzutage sogar schon gegenüber Staaten über Erpressungsmacht verfügen und den Wettbewerb auf Unternehmensebene verzerren. An diesem Beispiel wird allerdings auch deutlich, dass Nachhaltigkeit und (betriebswirtschaftliche) Effizienz nicht stets vereinbar sind. In unserer Zeit des „Ökonomismus" (Judt 2010: 42) hat das Argument der ökonomischen Effizienz meist Vorrang vor anderen Erwägungen. Politische Nachhaltigkeit wäre in diesem Sinne die Ausarbeitung von Politiken, die sich zwar am (energetischen) Effizienzstreben orientieren, dieses jedoch nicht grundsätzlich gegenüber anderen Kriterien der Nachhaltigkeit priorisieren.

(Anergie, nicht nutzbar) transformiert: „All kinds of energy are gradually transformed into heat and heat becomes so dissipated in the end that man can no longer use it" (Georgescu-Roegen 1975: 352). Diese Energietransformation ist innerhalb eines Systems (Erde) irreversibel. Nur Energie von außerhalb des Systems (in unserem Fall die Sonne) kann diesen Prozess umkehren.

24   Der Steuersatz könnte bspw. mit dem Quadrat der Anzahl der Läden einer „Ladenkette" wachsen oder sich generell an der Marktmacht von Unternehmen orientieren.

4   Nachhaltige Entwicklung und der Faktor Technik

Neben dem Vertrauen auf Wachstum herrscht in der westlichen Kultur eine überaus positive Grundeinstellung hinsichtlich technischer Lösungen vor. Der Technikglaube zur Minderung unserer Probleme beruht auf der Annahme, dass Techniken Probleme lösen, ohne größere Nebeneffekte zu bewirken. Dies widerspricht jedoch der historischen Erfahrung: In der Regel haben neue Techniken neue, nicht antizipierte Probleme bereitet, unabhängig davon, ob sie das Problem, zu dessen Lösung sie geschaffen worden sind, gelöst haben oder nicht. Die allermeisten unserer heutigen ökologischen Probleme sind (unbeabsichtigte) negative Konsequenzen von existierenden Techniken (Diamond 504-506). Ein weiteres Problem der Technik ist ihre lange Durchsetzungsphase von gewöhnlich mehreren Dekaden. Diese Technik-Problematiken beziehen sich insbesondere auf die letzte von drei Technikkategorien, die sich nach Oldemeyer (2007: 9) wie folgt unterscheiden lassen:

(1) Technik als geschicktes Vorgehen, also als Realisierungsweise (z.B. die Technik des Jagens oder Bauens).
(2) Technik als das Erfinden und Herstellen von Werkzeugen sowie deren zweckdienlicher Gebrauch. Diese Werkzeuge erleichtern zwar die menschliche Arbeit, doch die körperliche Kraft stellt die einzige Energieform dar.
(3) Technik als die Erzeugung von Maschinen, die durch nicht-körperliche, insbesondere fossile Energie angetrieben werden (Hochtechnik).

Diese Differenzierung erlaubt es, präziser über den äußerst wichtigen, da omnipräsenten Zusammenhang von nachhaltiger Entwicklung und Technik nachzudenken: Die Techniken (1) und (2) stehen dem Ideal der Nachhaltigkeit grundsätzlich nicht entgegen, auch wenn letztere ebenfalls das Potenzial hat, unnachhaltige Zustände zu bewirken. Zwiespältiger ist es um die Hochtechnik bestellt, die sich in den letzten 200 Jahren auf Basis der klassischen Naturwissenschaften und der fossilen Energien rasant entwickelt hat.

Positiv hervorzuheben ist das emanzipatorische Potenzial dieser modernen Technik. Bei entsprechender Gestaltung der Arbeitsverhältnisse kann menschliche Arbeitszeit und Arbeitskraft eingespart werden. Dies bietet die Möglichkeit, mehr Energie und Zeit für Bildung oder Muße aufzuwenden, also sich stärker den Grundbedürfnissen außerhalb der Subsistenz zu widmen (vgl. Oldemeyer 2007: 40-41).

Diese Vorteile haben jedoch ihren Preis. In der Diskussion um die „Nebenwirkungen" bzw. externen Effekte dieser Techniken steht zum einen ihre Natur- und zum anderen ihre Sozialunverträglichkeit. Die meisten der in Abschnitt 3.1 diskutierten ökologischen Probleme gehen auf Naturunverträglichkeiten industrieller Technik zurück. In ihrer Erfindung und ihrem Einsatz spiegelt sich zum einen der Versuch der Naturdominanz wider und zum anderen werden mit Hilfe dieser Technik zwischenmenschliche und -gesellschaftliche Machtverhältnisse neu geordnet, was soziale Verwerfungen zur Folge hat. Ein weiterer Kritikpunkt an moderner Technik ist ihr vermehrter Einsatz als Zweck und nicht als Mittel; Technik wird zum Selbstzweck. Diese „Konsumtechnik" führt zu einer ständigen Reiz- und Informationsüberflutung, was aufgrund mangelnder Zeit zum Reflektieren die Entfaltung der Persönlichkeit behindert (Oldemeyer 2007: 43-55).

Bei den Zukunftspotenzialen der Technik sollte man sich sowohl vor einer Dämonisierung wie vor ihrer Verherrlichung in Acht nehmen. Insbesondere zeigen Techniken, die in einem *bottom-up*-Prozess entstanden und dezentral verfügbar sind – also nicht von einigen wenigen dominiert werden –, welches Potenzial in ihnen ruht. Dazu gehören beispielsweise Open Source Programme, die von Freiwilligen entwickelt werden, nicht patentgeschützt sind und von jedem unentgeltlich genutzt werden können. Aufgrund ihrer dezentralen Einsatzmöglichkeiten bieten auch die erneuerbaren Energien die Möglichkeit, eine nachhaltigere Entwicklung „von unten" herbeizuführen.

Im Gegensatz zu diesen *bottom-up*-Entwicklungen wird hinsichtlich des Klimawandels hauptsächlich über das Problemlösungspotenzial zentraler Hochtechniken diskutiert: Insbesondere CCS[25] und Kernenergie. Beides sind technische Antworten auf eine eindimensionale Problemwahrnehmung: Die Reduzierung der vielfältigen ökologischen Degenerationsformen auf zu hohe CO_2-Emissionen. Dies verkennt jedoch den Kern der Problematik: Durch derartige technische „Lösungs"-Ansätze werden Probleme nicht an der Wurzel angegangen, sondern lediglich in die Zukunft verlagert. Sie entlarven sich daher als Versuche, den *business-as-usual*-Weg weiter zu gehen, um den privaten Gewinn auf Kosten der Natur, der Gesellschaft und zukünftiger Generationen zu mehren.

5 Förderung nachhaltiger Entwicklung durch Entwicklungszusammenarbeit?

Bisher hat dieser Beitrag versucht, Bereiche anzusprechen, die für das Verständnis nachhaltiger Entwicklung bedeutend sind. Es wurde ersichtlich, dass die Industrieländer auf vielfältige Weise vom Ideal der Nachhaltigkeit abweichen. Hinsichtlich der Entwicklungszusammenarbeit (EZ) stellt sich daher die Frage, ob diese nicht-nachhaltigen Länder überhaupt in der Lage sind, eine nachhaltige Entwicklung in den sogenannten „Entwicklungsländern" zu fördern. Es müsste

---

[25] CCS (Carbon Dioxide Capture and Storage) ist eine noch nicht einsatzfähige Technik zur CO_2-Abscheidung bei der Stromproduktion in Kohlekraftwerken und der anschließenden, unterirdischen Speicherung.

analysiert werden, welchen Einfluss die Gesamtheit der Praktiken der Industrieländer (also nicht lediglich die EZ) auf die sozialen, ökonomischen, kulturellen, politischen und ökologischen Verhältnisse in den Ländern des Südens – gemessen am Nachhaltigkeitsprinzip – hatten und haben. Vermutlich würde eine solche Analyse den Industrieländern kein gutes Zeugnis ausstellen.

In den internationalen Beziehungen symbolisiert die EZ den meist gut gemeinten Versuch, (nachhaltige) Entwicklung in den Entwicklungsländern zu fördern. Angesichts des marginalen Einflusses der EZ, bezogen auf die Auswirkungen sämtlicher Akteure der Industrieländer und den von diesen dominierten internationalen Institutionen, sind diese Bemühungen jedoch nahezu bedeutungslos. Damit kommt das EZ-Dasein eher einem Symbol gleich.

Diese Kritik richtet sich explizit nicht gegen die EZ, die lokal sicherlich viele positiven Wirkungen hat, sondern lenkt das Augenmerk auf die asymmetrischen Beziehungen zwischen den Ländern des Südens und den Industrieländern, an denen auch die EZ nichts Grundlegendes ändert. Vielleicht kann die Etablierung einer nachhaltigeren Entwicklung im Süden daher eher durch eine reale Anwendung von Nachhaltigkeit im Norden gefördert werden. Denn wie schon Lao-tzu vor 2500 Jahren schrieb:

> One's individual life serves as an example for other individuals; one's family serves as a model for other families; one's community serves as a standard for other communities; one's state serves as a measure for other states; and one's country serves as an ideal for all countries (zit. n. Laszlo 2008: 74).

6 Ausblick

Die heutigen Konsummuster in den Industriestaaten bedeuten bereits, dass ein „Weiter so" nicht auf Dauer möglich ist. Sowohl das ökologische als auch das soziale und wirtschaftliche Ungleichgewicht spitzen sich weiter zu. Ein ökologischer wie ein gesellschaftlicher Kollaps sind regional und global im Bereich des Möglichen. Aufgrund dieser Befürchtungen wird zunehmend von vielen Seiten ein Kultur- bzw. Wertewandel gefordert.

Werte und Normen dienen Menschen als Orientierungshilfe in ihrer komplexen Umwelt. Für lange Zeit haben uns die westlichen Werte, unter bestimmten Gesichtspunkten, gute Dienste geleistet. Doch die Umwelt hat sich gewandelt. Bei den gegenwärtigen Herausforderungen kann die Beibehaltung mancher Werte und den davon abgeleiteten Verhaltensweisen das Überleben gefährden: „It is painfully difficult to decide whether to abandon some of one's core values when they seem to be becoming incompatible with survival. At what point do we as individuals prefer to die than to compromise and live?" (Diamond 2006: 433). Jared Diamond hat in historischen Fallstudien nachgezeichnet, dass Kulturen untergegangen sind, weil sie nicht bereit waren, ihre Werte den Umweltveränderungen anzupassen. Etwa wird als ein Grund für den Niedergang der Wikinger auf Grönland angesehen, dass sie ihre auf Rinder- und Schafzucht basierenden Nahrungsgewohnheiten – die in der norwegischen Umwelt zweckdienlich waren – nicht auf Fisch umgestellt haben, obwohl die Weidekapazitäten nach fast 500 Jahren der unnachhaltigen Viehhaltung erschöpft waren (Diamond 2006: 211-276).

Ein vielversprechender Ansatz zur Förderung eines positiven Wandels ist das kooperative Wirtschaften und Regulieren, über das, nicht zuletzt aufgrund der Verleihung des Wirtschaftsnobelpreises von 2009 an Elinor Ostrom, eine neue Diskussion entbrannt ist (vgl. Helfrich & Heinrich-Böll-Stiftung 2009). Ein elementarer Bestandteil nimmt in dieser Debatte die Frage nach dem Umgang mit natürlichen Ressourcen ein. Während deren Nutzung (in den Industriestaaten) überwiegend staatlich oder privat organisiert ist, wird hier der Fokus auf die Vorteile einer Verwaltung als Gemeineigentum gelenkt.[26] Als Ressourcen die als Gemeineigentum in Frage kommen, gelten insbesondere solche, die nicht von Menschen hergestellt wurden: Wasser, Land, Wildtiere, Wälder oder Luft, aber auch genetische Codes. Diese Ressourcen bilden die Basis des Lebens. Die Regeln, wie sie genutzt werden, sollten nach Ostrom am besten lokal ausgehandelt werden. Denn nur die lokale Aushandlung ermögliche Lösungen, die an die lokalen Bedürfnisse und die spezifischen Umweltsituationen angepasst sind (vgl. Ostrom 1990).

Eine weitere Debatte, die einen möglichen Weg in Richtung Nachhaltigkeit beschreibt, dreht sich um das Stichwort der Suffizienz. Gibt es ein „Genug", oder ist ein stetiges „Mehr" alternativlos? Suffizienz richtet sich auf einen geringeren Verbrauch von Ressourcen durch eine Verringerung der Nachfrage nach Gütern. Hier wird also die Frage gestellt, wie viel Konsum nötig ist, um die Grundbedürfnisse zu befriedigen (vgl. Linz 2004). Allerdings richtet sich diese Frage nicht ausschließlich an die Individuen, sondern auch an die gesellschaftlichen Strukturen insgesamt. Denn in Konsumgesellschaften wird die Befriedigung der Grundbedürfnisse, wie Anerkennung, oftmals nicht durch persönliche Fähigkeiten erreicht, sondern über konsumtive Statussymbole.

Letztlich liegt die Entscheidung bei den Gesellschaften selbst: Wandel oder „Weiter so". Bei letzterem bleibt zum Abschluss der Verweis auf ein chinesisches Sprichwort: „If we do not change direction, we are likely to end up exactly where we are headed" (zit. n. Laszlo 2008: 8).

---

[26] Gemeineigentum darf nicht verwechselt werden mit einer Ressource, auf die jedermann freien Zugang hat (*open access*-Gut). Bei letzterer besteht keine, also auch keine gemeinschaftliche Regulierung (Lerch 2009: 87-93).

Literatur

Abdallah, S., Thompson, S., Michaelson, J., Marks, N., & Steuer, N. (2009). *The Happy Planet Index 2.0. Why good lives don't have to cost the Earth.* London: New Economics Foundation.

AgrarBündnis. (Hrsg.) (2010). *Der kritische Agrarbericht. Schwerpunkt: Boden.* ABL Bauernblatt.

Asamblea Constituyente de Bolivia. (2008). Nueva Constitución Política del Estado. http://www.presidencia.gob.bo/download/constitucion.pdf (4.5.2010).

Aylwin, J. (2002). El acceso de los indígenas a la tierra en los ordenamientos jurídicos de América Latina: un estudio de casos. *CEPAL: Desarrollo productivo, 128.*

Binswanger, H. (2006). *Die Wachstumsspirale. Geld, Energie und Imagination in der Dynamik des Marktprozesses.* Marburg: Metropolis.

Bourcarde, K. & Anschau, T. (2009). Zur Unvereinbarkeit des Zinssystems mit linearem Wirtschaftswachstum. *Zeitschrift für Wachstumsstudien, 4,* 9-16.

Braudel, F. (1991). *Die Dynamik des Kapitalismus.* Stuttgart: Klett-Cotta.

Bundesgesetzblatt. (2009). Gesetz zur Beschleunigung des Wirtschaftswachstums (Wachstumsbeschleunigungsgesetz).

Centre for Bhutan Studies. (2008). Gross National Happiness. http://www.gross nationalhappiness.com/gnhIndex/intruductionGNH.aspx (4.5.2010).

Creutz, H. (2001). *Das Geld-Syndrom. Wege zu einer krisenfreien Wirtschaftsordnung.* München: Ullstein.

Creutz, H. (o.J.) Globalisierung und Gemeinwohl vor dem Hintergrund der Geld- und Bodenordnung. http://www.helmut-creutz.de/pdf/artikel/creutz_globalisierung_de_ v2.pdf (18.3.2010).

Daly, H. (2008). *Ecological economics and sustainable development. Selected essays of Herman Daly.* Cheltenham: Edward Elgar.

Diamond, J. (2006). *Collapse. How societies choose to fail or succeed.* New York: Penguin.

Esping-Andersen, G. (1990). *The three worlds of welfare capitalism.* Princeton University Press.

Ewing, B., Goldfinger, S., Oursler, A., Reed, A., Moore, D. & Wackernagel, M. (2009). *The Ecological Footprint Atlas 2009.* Oakland: Global Footprint Network.

Forum Wissenschaft & Umwelt (Hrsg.) (2009). *Nachhaltiges Wachstum?* Wien.

Franzmann, M. (2010). *Bedingungsloses Grundeinkommen: als Antwort auf die Krise der Arbeitsgesellschaft.* Weilerswist: Velbrück.

Georgescu-Roegen, N. (1975). Energy and Economic Myths. *Southern Economic Journal, 41,* 347-381.

Gesell, S. (1916). *Die Natürliche Wirtschaftsordnung.* Köln: PDF-Version 2003. http://userpage.fu-berlin.de/~roehrigw/gesell/nwo/nwo.pdf (2.3.2010).

Görres, A., Ehringhaus, H. & von Weizsäcker, E.U. (1994). *Der Weg zur ökologischen Steuerreform.* München: Olzog.

Helfrich, S. & Heinrich-Böll-Stiftung (Hrsg.) (2009). *Wem gehört die Welt? Zur Wiederentdeckung der Gemeingüter.* München: Oekom.

Institut für Glücksforschung. (2010). Glücksforschung: Ein glücklicheres Leben haben und glücklich sein. München http://www.gluecksforschung.de/tunnel00.htm (5.5.2010).

Judt, T. (2010). Sozialdemokratie der Angst. *Blätter für deutsche und internationale Politik*, 5/2010, 41-58.

Kafka, P. (1997). Zeit zum Aufstehen. Anmerkungen zur Überwindung der globalen Beschleunigungskrise. http://www.langelieder.de/swdruck/pkafka-zza.pdf (29.4.2010).

Kuckartz, U. (2006). *Trends im Umweltbewusstsein. Umweltgerechtigkeit, Lebensqualität und persönliches Engagement.* Wiesbaden: VS Verlag für Sozialwissenschaften.

Laszlo, E. (2008). *Quantum Shift in the Global Brain. How the New Scientific Reality Can Change Us and Our World.* Rochester: Inner Traditions.

Lerch, A. (2009). Die Tragödie der „Tragedy of the Commons". In: S. Helfrich & Heinrich-Böll-Stiftung (Hrsg.), *Wem gehört die Welt? Zur Wiederentdeckung der Gemeingüter* (S. 85-95). München: Oekom.

Linz, M. (2004). Weder Mangel noch Übermaß. Über Suffizienz und Suffizienzforschung. Wuppertal Institut.

Marshall, A.G. (2010). Debt Dynamite Dominoes: The Coming Financial Catastrophe. *Global Research.* http://www.globalresearch.ca/index.php?context=va&aid=17736 (28.3.2010).

Massarrat, M. (2000). Chancengleichheit als Ethik der Nachhaltigkeit. http://www.gcn.de/download/M_Chancen.pdf (21.2.2010).

Massarrat, M. (2006). *Kapitalismus, Machtungleichheit, Nachhaltigkeit. Perspektiven zu revolutionären Reformen.* Hamburg: VSA-Verlag.

Max-Neef, M. (1992). Development and human needs. In: P. Ekins & M. Max-Neef (Hrsg.), *Real-life Economics. Understanding Wealth Creation*, (S. 197-213). London: Routledge.

Max-Neef, M. (1995). Economic growth and quality of life: a threshold hypothesis. *Ecological Economics, 15,* 115-118.

Meadows, D., Randers, J. & Meadows, D. (2007). *Grenzen des Wachstums. Das 30-Jahre-Update: Signal zum Kurswechsel.* Stuttgart: Hirzel.

Mutlak, N. & Schwarze, R. (2007). Bausteine einer Theorie sozialer Nachhaltigkeit. Eine Bestandsaufnahme sozialwissenschaftlicher Ansätze und das Beispiel der sozialökologischen Risikoforschung. In: J. Meyerhoff & R. Schwarze (Hrsg.), *Jahrbuch ökologische Ökonomik. 5: Soziale Nachhaltigkeit* (S. 14-34). Marburg: Metropolis.

Oldemeyer, E. (2007). *Leben und Technik lebensphilosophische Positionen von Nietzsche zu Plessner.* Paderborn, München: Fink.

Ostrom, E. (1990). *Governing the Commons. The Evolution of Institutions for Collective Action.* Cambridge, New York: Cambridge University Press.

Paech, N. (2011). "Brücken zwischen Post-Wachstums-Ökonomik und moderner klassischer Ökonomie". Vortrag im Wuppertal Institut, 9. Feb. 2011.Scheer, H. (1995). *Sonnen-Strategie: Politik ohne Alternative.* München: Piper.

Schönhuth, M. (o.J.) Glossar Kultur und Entwicklung. http://www.kulturglossar. de/html/m-begriffe.html (29.4.2010).

Schulmeister, S. (1997). Zinssatz, Wachstumsrate und Staatsverschuldung. http://stephan.schulmeister.wifo.ac.at/fileadmin/homepage_schulmeister/files/ziwafr ft.pdf (24.4.2010).

Sen, A. (2007). *Ökonomie für den Menschen.* München: dtv.

Statistisches Bundesamt Deutschland. (2010). Tabellen. Lange Reihen ab 1950. Bruttoinlandsprodukt, Bruttonationaleinkommen, Volkseinkommen. http://www.destatis. de/jetspeed/portal/cms/Sites/destatis/Internet/DE/Navigation/Statistiken/Volkswirtsc haftlicheGesamtrechnungen/Inlandsprodukt/Tabellen.psml (24.4.2010).

Stockhammer, E., & Fellner, W. (2009). Wirtschaftswachstum und nachhaltiger Wohlstand. In: Forum Wissenschaft & Umwelt (Hrsg.), *Nachhaltiges Wachstum?* (S. 32-39). Wien.

Sukhdev, P. (2008). *The economics of ecosystems & biodiversity. An interim report.* Brüssel: European Union Commission for the Environment.

Unterguggenberger Institut. (o.J.) Die Geldreform von Wörgl 1932/33. http://www. unterguggenberger.org/page.php?id=162 (22.3.2010).

Villalobos-Ruminott, S. (2007). Activismo mapuche y posdictadura chilena: el potencial afectivo del conflicto. *Cuadernos de Literatura, 12,* 108-122.

World Commission on Environment and Development. (1987). Report of the World Commission on Environment and Development: Our Common Future. http://www.un-documents.net/wced-ocf.htm (16.4.2009).

Ziegler, J. (2010). Haiti und der Hass auf den Westen. *Blätter für deutsche und internationale Politik, 3/2010,* 39-53.

Zúñiga Navarro, G. (1998). Los procesos de constitución de Territorios Indígenas en América Latina. *Nueva Sociedad, 153,* 141-155.

John Emeka Akude

Theorien der Entwicklungspolitik. Ein Überblick

1 Einführung

Die Theoriebildung in der Entwicklungspolitik ist im Wesentlichen ein Phänomen, das erst nach dem Zweiten Weltkrieg auftrat. Durch ihre Geburtsstunde in
Zeiten des Kalten Krieges ist sie geprägt vom Ost-West-Konflikt bzw. ideologischen Positionierungen zwischen Kapitalismus und Sozialismus. Entgegen allen
Behauptungen ideologischer und weltanschaulicher Neutralität bei der Theoriebildung in den Sozialwissenschaften ist die entwicklungspolitische Theoriebildung *politisch*. Dies wird von Wissenschaftlern nicht immer zugegeben. Alle
entwicklungspolitischen Theorien sind jedoch interessengeleitet: Wo die Interessen der kapitalistisch beeinflussten Theoretiker auf der Beibehaltung eines für sie
vorteilhaften Status Quo bestehen, bestehen die Interessen der marxistisch beeinflussten und postmodernistischen Theoretiker in einem Ersetzen des Status Quo
durch ein in ihrem Sinne gerechteres System, das die Interessen der sozial
Schwachen berücksichtigt. Dieses immanente Charakteristikum der Entwicklungspolitik unterminiert ihren Anspruch auf Neutralität.

Die zentrale und immerwährende Frage der Politischen Ökonomie – wie
viel Staat braucht die Wirtschaft für eine optimale Funktionstüchtigkeit – schlägt
sich auch in der entwicklungspolitischen Theoriebildung nieder. Die dominante
Antwort auf diese Frage hat die Entwicklungsepochen der Internationalen Politischen Ökonomie bestimmt: Merkantilismus, Liberalismus, Keynesianismus,
Wohlfahrtsstaatlichkeit oder Neoliberalismus. Vielleicht sollten wir demnächst
von einer Post-Neoliberalen Epoche sprechen, denn es ist zu erwarten, dass die
Lösung auf die aktuelle Finanz- und Wirtschaftskrise eine politische Ökonomie
verlangt, die staatliche Intervention in die Wirtschaft (also mehr Staat) befürwor-
tet. Diese Entwicklung hätte dann natürlich auch Konsequenzen für die entwicklungspolitische Theoriebildung.

Die Entstehung und das Aufblühen der Entwicklungspolitik zu Zeiten des
Ausbaus der Wohlfahrtsstaaten beeinflusste entwicklungspolitische Theoriebildung insofern, als die Theorien (sowohl von rechts als auch von links) den Staat
als Motor der wirtschaftlichen und politischen Entwicklung betrachteten. In den
1970er Jahren wurde zunehmend bemerkbar, dass Entwicklungspolitik nicht die
gewünschten Erfolge erzielte. Obwohl dies im Wesentlichen mit Regierungs-

fehlern zu tun hatte (vgl. Krueger 1990), wurde die Erfolglosigkeit der Entwicklungspolitik sowie der generelle globale wirtschaftliche Niedergang an den staatlichen Interventionen in die Wirtschaft festgemacht und daraufhin eine Politik
des Zurückdrängens des Staates (Neoliberalismus) eingeleitet. Die Machtübernahme durch die von „konservativen Neoliberalen" beratenen Politiker in drei
der führenden Wirtschaftsstaaten der Welt – Thatcher in Großbritannien, Reagan
in den USA und Kohl in Deutschland – ermöglichte die Etablierung des Neoliberalismus als Leitprinzip der internationalen politischen Ökonomie (vgl. Strange
1996). Seitdem wird Entwicklungspolitik zunehmend von Theorien dominiert,
die weniger Staat verlangen.

   Theoriebildung in der Entwicklungspolitik erlebte ihre Blütezeit in den
1950er und 60er Jahren. Sie hat aber sowohl unter dem Versagen der Entwicklungspolitik als auch unter dem Zusammenbruch der Sowjetunion sowie der
Dominanz neoliberaler ökonomischer Theorien gelitten. Modernisierungs- und
Unterentwicklungstheorien haben kaum Erfolge als Entwicklungsmodelle auf-
gewiesen: Anfang der 1980er Jahre stand die Mehrheit der Länder der „Dritten
Welt" vor angehäuften Schuldenbergen mit schwindenden Rückzahlungsmög-
lichkeiten. Die Weltbank und der Internationale Währungsfonds (IWF) führten
Strukturanpassungsprogramme (SAP) durch, um die Ökonomien dieser Länder
anzukurbeln und die Rückzahlung der Kredite zu ermöglichen. Diese Programme stürzten die Länder in weitere tiefe wirtschaftliche Krisen, die mit politischen
Konflikten einher gingen und ungefähr zehn Jahre später teilweise zu Staatszerfall führten (vgl. Akude 2008). Der Zusammenbruch der Sowjetunion brachte
linksgerichtete Entwicklungsstrategien ebenfalls in Verruf. Im Anschluss
herrschte Ende der 1980er Jahre unter den Wissenschaftlern (abgesehen von den
Theoretikern und Mitarbeitern der Weltbank und des IWF) eine Art Konsens,
dass Theorien der Entwicklungspolitik versagt hätten.[1] Die Theoriebildung der
Entwicklungspolitik befand sich in einer Sackgasse. In ihrer Verzweiflung suchten viele Theoretiker einen Ausweg im Aufbau einer als „Postmodernismus"
bekannten Gattung von Theorien, die insbesondere die Modernität als Idee des
stetigen Fortschritts der Menschheit kritisieren.

---

[1]   Es muss konstatiert werden, dass das spezifische Verständnis von Entwicklung – als eine von
„Experten" aus Geberländern beherrschten wissenschaftlichen Orthodoxie mit universeller Geltung, welche die Intelligenz, Erfahrung und Wünsche der Einheimischen (nicht ihrer Regierungen) verachtet – dasjenige Element ist, was versagt hat. Nach diesem Verständnis wird Entwicklung in einem *top-down*-Ansatz von Kapital und Institutionen (und nicht von der Energie
und Kreativität der Einheimischen) getragen. Dabei wird eine Dynamik kreiert, die zum Mangel
an *self-reliance* sowie zur Immobilisierung und Entfremdung der breiten Bevölkerung vom
Entwicklungsprozess führt. Ein anders konzipiertes Entwicklungsverständnis hat durchaus weiterhin Erfolgschancen.

Diese Einführung hat einen ersten Einblick in die Quellen einiger entwicklungspolitischer Theorien gewährt. Zudem bewirkt die verstärkte Thematisierung von Umweltunsicherheiten, begrenzten Ressourcen, Klimawandel und Nachhaltigkeitsfragen die Formulierung entwicklungspolitischer Theorien, die anstreben, ein Gleichgewicht zwischen Entwicklung und natürlichen Grenzen herzustellen. Auf die Nachhaltigkeitsthematik wird später näher eingegangen werden.

Wie alle Sozialtheorien sind entwicklungspolitische Theorien bestrebt, die empirische Welt (hier Unterentwicklung und Entwicklung) zu erklären, die Ursachen zu identifizieren, Politikempfehlungen explizit oder implizit abzuleiten und ggf. zu implementieren. Welche sind diese Theorien? Welche Politiken lassen sich auf welche Theorien zurückführen und wie haben sich die Theorien bewährt? Es ist das Anliegen dieses Beitrags, Antworten auf diese Fragen zu geben.

2 Theorien der Entwicklungspolitik

Modernisierungstheorien, Strukturalismus, Dependenz-Theorie, Institutionalismus, Marxismus, Neoliberalismus und Postmodernismus sind die entwicklungspolitischen Großtheorien. Um entwicklungspolitische Theoriebildung zu verstehen, ist es notwendig, die historische Antezedenz sowie das intellektuelle Klima, in welchem entwicklungspolitische Theorien geboren wurden, zu beleuchten.

Ein Zusammenspiel verschiedener Faktoren produzierte Idee und Praxis der Entwicklungspolitik: Die Dekolonisierung nach dem Zweiten Weltkrieg, der Fortschritt des Kommunismus, der Erfolg des Marshallplans, der Systembedarf kapitalistischer Wirtschaft, eine entwicklungspolitische Rhetorik, der Keynesianismus und die ökonomischen Wachstumstheorien.

Das Ende des Zweiten Weltkriegs bewirkte eine grundlegende Veränderung in der Doktrin des Staatsaufbaus und legte dabei die Basis für die Existenz schwacher Staaten (Jackson 1990). Zuvor mussten Staaten ihre Existenz selbst aufrecht erhalten. Das Souveränitätsprinzip war bis dahin empirisch und daher positiv definiert: Staaten haben tatsächliche Hoheit in ihren Territorien. Nach dem Zweiten Weltkrieg wurde es legal und daher negativ definiert, denn die Staaten verfügen nicht zwangsläufig über die Fähigkeit, die Hoheit in ihren Territorien zu behaupten. An Stelle der empirischen Staatlichkeit wurde die Doktrin der Selbstbestimmung zum dominanten Paradigma des Staatswerdens.

Der Zeitgeist der Nachkriegszeit war gegen Kolonialismus eingestellt. Verschiedene Faktoren waren dafür verantwortlich: Europäische Kolonialmächte waren durch den Krieg geschwächt worden und an ihrer Stelle entstand das bipolare Machtsystem der USA und der Sowjetunion. Um ihre Hegemonie zu konsolidieren, trugen beide Länder zum Verruf des Kolonialismus bei. Der entscheidende Schlag gegen den Kolonialismus kam mit der Bandungkonferenz der Nicht-Allierten Bewegung von 1955, bei der asiatische und afrikanische Länder Kolonialismus verurteilten. Das Entstehen erheblich ärmerer Staaten im internationalen System gebar die Idee der Entwicklung und deren Politik.

Die Entstehung und der Fortschritt des Kommunismus in Osteuropa und in anderen Teilen der Welt veranlassten einen Kampf um die Gedanken und Herzen der Menschen in den neuen Staaten unter Einsatz der Entwicklungspolitik. Die Angst vor dem Fortschritt des Kommunismus förderte die Bereitstellung des Marshallplans, eines US-Kredits für Wiederaufbau in Europa nach dem Krieg. Eigeninteresse und nicht Wohltätigkeit regte die Bereitstellung dieser Mittel für Wiederaufbau an. Der erfolgreiche Wiederaufbau Europas zeigte erstmals, dass Wirtschaftswachstum theoretisch und praktisch planbar ist (Streeton 1972). Dies beförderte die Idee der Entwicklungspolitik.

Die europäischen Ökonomien sind von Rohstoffen aus den Entwicklungsländern abhängig. Um Zugang zu den Rohstoffen zu erhalten, nutzten die früheren Kolonialmächte auch Entwicklungspolitik. Diese ermöglichte weitere Einflussnahme auf die neuen Eliten dieser Länder. Anderseits akzeptierten diese die europäische Nationalstaatsidee und betrachteten ihre Staaten als die Basis und den Motor wirtschaftlicher Entwicklung.

Die Dominanz der internationalen politischen Ökonomie durch den wohlfahrtsstaatlichen Keynesianismus in den 1950er Jahren gab die intellektuelle Untermauerung zur Entstehung der Entwicklungstheorien. Nach ihrem Begründer John Maynard Keynes benannt, empfiehlt die Theorie staatliche Intervention und notfalls defizitäre Finanzierung in Zeiten einer Rezession (wie etwa der Großen Depression der 1930er Jahre oder der aktuellen Wirtschaftskrise), um Vollbeschäftigung zu schaffen.

Schlussendlich bot die Wachstumstheorie von Harrod (1939) eine wissenschaftliche Erklärung und Basis für Entwicklungstheorien. Die kommunistische Planwirtschaft hatte ebenfalls Einfluss auf Entwicklungspolitik, indem sie zeigte, dass die Wirtschaft planbar ist. Die Wachstumstheorie wurde in den 1940er und 50er Jahren weiter entwickelt, bis sie in der Modernisierungstheorie absorbiert wurde.[2]

---

[2]   Es ist bemerkenswert, dass Entwicklungspolitik mit all ihren Schwächen schon vor den akademischen Bemühungen bezüglich des Aufbaus entwicklungspolitischer Theorien praktiziert wurde. So ist es wenig verwunderlich, dass sich ideologische Interessen und Konkurrenzen in der Theoriebildung widerspiegeln.

2.1 Modernisierungstheorie

Die Modernisierungstheorie entstand in der Nachkriegszeit und wurde insbesondere von politischen Interessen der USA in dieser Zeit geprägt:

> The idea of modernisation is primarily an American idea, developed by American social scientists in the period after the Second World War and reaching the heights of its popularity in the middle years of the 1960s (Tipps 1976: 71).

Sie wurde daher in die bestimmenden politischen Themen jener Tage eingebettet: Bipolarität, US-*Containment*-Politik und Geberwettbewerb. Nach dem Ende des Zweiten Weltkriegs vollzog sich eine Machtverschiebung in den internationalen Beziehungen, wobei die USA und die Sowjetunion als jeweilige Führungsstaaten des West- und Ostblocks hervortraten. Der Kalte Krieg hatte begonnen. Die USA erklärten sich zur Schutzmacht einer auf eine liberale Marktwirtschaft gestützten Idee einer „freien Welt", getrieben von der Ablehnung des Kommunismus und geleitet durch amerikanische Interessen. Es galt, den Kommunismus in jeder Hinsicht zurückzudrängen *(roll back communism)*. Dazu erklärte US-Präsident Truman die *Containment*-Politik, nach der sich der Kommunismus nicht jenseits seiner früheren Grenzen ausbreiten durfte. Entwicklungspolitik wurde so zum Schlachtfeld, denn sie ist zweckdienlich bei der Werbung von ideologischen Sympathisanten in der „Dritten Welt". Dies begann mit der Erklärung der Sowjetunion im Jahr 1956, sich an der Vergabe von Entwicklungshilfe zu beteiligen. Die Vergabe von Entwicklungshilfe war bis dahin eine Angelegenheit des Westens: zunächst von den USA an Westeuropa und später von europäischen Mächten an ihre ehemaligen Kolonien. Diese früheren Kolonien beriefen 1955 die Bandungkonferenz ein, gründeten das *Non-Aligned Movement* und verschärften damit den Verdacht der USA, sie würden ideologisch zur Sowjetunion tendieren. Als diese dem ägyptischen Präsidenten Nasser finanzielle Unterstützung beim Bau des *Aswan Dam* leistete – als Ersatz für zurückgezogene US-Hilfe – erreichte der Kalte Krieg die Entwicklungspolitik. Im Geiste der geschilderten politischen Atmosphäre musste eine Theorie der Entwicklungspolitik aus der „freien Welt" die westliche bzw. US-amerikanische Weltanschauung als die bessere darstellen. Dies erfüllte die Modernisierungstheorie.

Grundsatz der Modernisierungstheorie

Modernisierungstheorien sind eine Reihe von Theorien u.a. in der Volkswirtschaft, Soziologie, Anthropologie und der Politikwissenschaft, die versuchen, den Prozess des Übergangs zu modernen industriellen Gesellschaften zu erklären und daraus Empfehlungen für die Entwicklungspolitik abzuleiten:

> Modernization is a process based upon the rational utilization of resources and aimed at the establishment of a „modern" society. A modern society is characterised by the application of technology (as shown by the wide ranging control of the environment and the utilization of inanimate sources of energy), by extensive social interdependence, by urbanization, literacy, social mobility and a host of similar factors (Welch 1967: 2).

Dieser Prozess, dessen Anfang man bis in das Zeitalter der Aufklärung zurückverfolgen könnte, ist der Gegenstand der Theorien. In den 1960er Jahren war die Modernisierungstheorie so dominant, dass Autoren von einer *„revolution of modernisation"* sprachen (Welch 1967: 3; Halpern 1964: 173).

Der Grundsatz der Modernisierungstheorie ist das Diktat eines gemeinsamen Ziels der fortgeschrittenen Industrialisierung durch technische und organisatorische Imperative, zu welchem alle Gesellschaften konvergieren. Das Schicksal der unterentwickelten Länder ist zunächst Desintegration und dann Reformation hinsichtlich dieses Trends. Modernisierung ist der Prozess, in dessen Verlauf sich traditionelle, unterentwickelte Gesellschaften zu modernen, entwickelten Gesellschaften wandeln. Das theoretische Ziel aller Gesellschaften ist ein von industrieller Logik getriebenes Gesellschaftsniveau. Die besagte Logik führt dann zur Konvergenz politischer und ökonomischer Systeme, insbesondere von Ost und West. Mit der Konvergenz verschwinden die ideologische Konkurrenz und der Konflikt um knappe Ressourcen zwischen Ost und West. Das Ziel der Theorie ist die *evolutionäre* Modernisierung, dies impliziert die Diskreditierung einer *revolutionären* Modernisierung.

Dieser Ansatz sieht die kulturelle Orientierung der unterentwickelten Länder als traditionell (gelesen primitiv), auf einem Entwicklungsstand vor der Newton'schen Physik und daher fatalistisch.[3] Es mangelt an Handhabung technologischer Erkenntnisse, die ökonomische Hauptaktivität ist die Agrarwirtschaft, das Leben ist ländlich, Menschen sind abergläubisch, religiös und nicht alphabetisiert. Das Ziel der sozialen und wirtschaftlichen Entwicklung sollte vom Staat angetrieben werden. Der postkoloniale Staat wurde als modern betrachtet und mit der Modernisierung anderer gesellschaftlicher Institutionen betraut. Politische Modernisierung impliziert nach dieser Aufgabe die Beibehaltung der „modernen" kolonialen Strukturen und Institutionen.

---

[3]   Die Terminologien von *traditional* und *modern* wurden schon betrachtet als „the latest manifestation of a Great Dichotomy between more primitive and more advanced societies which has been a common feature of Western social thought for the past one hundred years" (Huntington 1976: 30).

Kritik der Modernisierungstheorie

Die Modernisierungstheorie ist mehrfach kritisiert worden, maßgeblich wegen ihrer unkritischen Verallgemeinerung des spezifischen westlichen (und insbesondere des US-amerikanischen) Entwicklungspfads und der einhergehenden Legitimierung westlicher Dominanz. Denn Entwicklung heißt „Verwestlichung". Sie spricht daher nicht-westlichen Gesellschaften die Fähigkeit endogener Entwicklungspfade ab, womit die westlichen Gesellschaften zum Entwicklungsmodell aller Entwicklungsländer avancieren. Alle Interventionen westlicher Gesellschaften in nicht-westliche Gesellschaften im Namen der Förderung von Entwicklung werden damit gerechtfertigt. Aus Sicht der Länder des globalen Südens wird die Modernisierungstheorie daher als eine Rechtfertigung des Neo-Imperialismus betrachtet.

Die Modernisierungstheorie entwickelt und unterstützt somit eine Mentalität, die die westlichen „Experten" als allwissend und die Bürger der Entwicklungsländer als unwissend betrachtet. Die spätere Inthronisierung des *ownership*-Konzepts in der Entwicklungszusammenarbeit ist z.t. auf die Delegitimierung dieser Denkweise in den 1990er Jahren zurückzuführen. Leider bleibt die Implementierung dieses Konzepts oberflächlich.[4]

Obwohl die Modernisierungstheorie in der Wissenschaft schlecht abschnitt, da sie methodisch unzureichend war und Unterentwicklung kaum systematisch erklärte, wurde sie von den politischen Entscheidungsträgern der 1960er Jahre genutzt. Denn sie entstand zu einer Zeit, in der die US-Entscheidungsträger eine Theorie benötigten, die nicht nur Entwicklung erklärte, sondern (und dies war wichtiger) die Überlegenheit des Kapitalismus über den Sozialismus mitbegründete. So wurde die Modernisierungstheorie die Basis der Entwicklungspolitik bis zu ihrer Diskreditierung in den 1980er und 90er Jahren. Die Zusammenbrüche der auf der Modernisierungstheorie basierten Staaten in Afrika seit den 1990er Jahren lieferten die größte Kritik an der Theorie.

2.2 Strukturalismus

Der Strukturalismus geht auf die Arbeiten Raúl Prebischs (1950; 1959) – damaliger Generalsekretär der UN-Economic Commission of Latin America (ECLA) – und seiner Kollegen zurück. Sie dokumentierten damit die Veränderungen der Wirtschaftspolitik lateinamerikanischer Staaten im Zuge der Wirtschaftsdepression der 1930er Jahre sowie die Ablehnung der gängigen Theorie des internatio-

---

[4] Zur praktischen Anwendung des *ownership*-Prinzips siehe den Beitrag von Sebastian Gehart in diesem Band.

nalen Handels, wonach die internationale Wirtschaft besser unter Spezialisierung und komplementärer Arbeitsteilung funktioniere. Aus dieser Ablehnung entstand der Grundsatz des Strukturalismus, aus dessen weiterer Bearbeitung sich die bekanntere Dependenz-Theorie entwickelte.

Grundsatz des Strukturalismus

Diese Theorie basiert auf Prebischs These, dass die globale Wirtschaft keine einheitliche Wirtschaft sei, wie die liberale Theorie vermuten lässt. Sie ist vielmehr in mächtige zentralisierte nationale Ökonomien und schwache Peripherie-Wirtschaften geteilt. Die Sektoren jeder lateinamerikanischen Wirtschaft sind kaum integriert, denn sie haben eine Aufgabe in der globalen Wirtschaft: die Versorgung mit Agrargütern und natürlichen Ressourcen. Daher wird der Mangel an Fortschritt der lateinamerikanischen Ökonomien nicht durch die Unzulänglichkeiten in den lokalen Wirtschaften erklärt, sondern durch die lähmenden strukturellen Umstände innerhalb des globalen Systems. Die Theorie zielt auf eine nationale Entwicklung, notfalls durch die Abkoppelung der lokalen von der globalen Wirtschaft.

Der Strukturalismus lehnt die Ricardo'sche Theorie der internationalen Spezialisierung ab, wonach jedes Land über bestimmte lokale Ressourcen verfügt und mit einer Reihe von günstigen natürlichen Gelegenheiten in Materie, Kultur und Geographie ausgestattet ist. Die wirtschaftliche Entwicklung jedes Landes wird durch die Spezialisierung auf diese Produktionsvorteile garantiert und führt, gekoppelt mit globalem Handel, zu Gewinnen. Wenn jedes Land seine wirtschaftliche Entwicklung maximiere und sich dann im globalen Handel beteilige, erreiche das globale Handelssystem eine maximale Funktionstüchtigkeit. Ein auf Spezialisierung basiertes Handelssystem führe zum Gewinn aller. Diese liberale Theorie dominierte die internationale politische Ökonomie seit dem 19. Jahrhundert bis zur Depression der 1930er Jahre. Ein Einblick in den Zustand Lateinamerikas in der Zwischenkriegszeit ist nötig, um den strukturalistischen Ansatz besser zu verstehen.

Die lateinamerikanischen Ökonomien litten stark unter der Depression: Die Preise von Agrarprodukten und natürlichen Ressourcen fielen aufgrund des Rückgangs der Nachfrage in den Industrieländern. Wegen der reduzierten Exporterlöse leiteten die lateinamerikanischen Länder automatisch eine Importsubstitutionspolitik ein. Diese Politik zielte darauf ab, bisher importierte Güter lokal zu produzieren, um die Importausgaben zu reduzieren. Diese Tendenz wurde durch den Zweiten Weltkrieg noch verstärkt, denn der Krieg schnitt den europäischen Markt ab, der die lateinamerikanischen Märkte mit Industriegütern versorgt hatte. In der Nachkriegszeit erholten sich die Weltwirtschaft und somit auch die Lateinamerikanische. Das Anliegen Raúl Prebischs und seiner Kollegen war die theoretische Verarbeitung dieser Entwicklung.[5] So konstruierten sie eine theoretische Erklärung des Mechanismus der Importsubstitution und folgender Industrialisierung – Strukturalismus – und ermutigten damit die Regierungen Lateinamerikas, ihre Politik beizubehalten. Dabei verwendet Prebisch eine sowohl in lateinamerikanischen, anti-imperialistischen Schriften als auch im Marxismus vorhandene Version des Zentrum-Peripherie-Analyseschemas, das sich in den 1930er und 40er Jahren herausgebildet hatte, um die Thematik zu erklären.[6] Nach diesem Analyseschema bilden die Industrienationen das Zentrum der Weltwirtschaft und die armen Länder die Peripherie. Das Zentrum wiederum besteht aus einem Zentrum und einer Peripherie, was auch für die Peripherie gilt. Dies ermöglicht eine Interessenkomplementarität zwischen dem Zentrum des Zentrums und dem Zentrum der Peripherie sowie zwischen der Peripherie des Zentrums und der Peripherie der Peripherie. Die Peripherie versorgt das Zentrum mit Agrargütern und Rohstoffen während das Zentrum die Peripherie mit Industriegütern versorgt.

Der Strukturalismus betont, dass eine Analyse der Unterentwicklung in Lateinamerika empirische Tatsachen nicht übersehen darf. Eine der grundsätzlichen Konsequenzen des Kolonialismus ist, dass kein lateinamerikanisches Land über eine umfassende nationale Ökonomie verfügt. Verschiedene Sektoren jeder Volkswirtschaft sind mit verschiedenen Sektoren der kolonialen Mächte verbunden, die sie mit Rohstoffen versorgen. Daher bestehen sie aus kaum integrierten, quasi-autonomen Sektoren aufgrund direkter sektoraler Integration mit den kolonialen Metropolen. Statt nationaler, intersektoraler Verbindungen existieren diverse sektorale Interessenkonflikte. Jeder lateinamerikanische Wirtschaftssektor ist entweder ein Nachlass des historischen Expansionsprozesses des westlichen Kapitalismus oder eine Funktion des zeitgenössischen Kapitalismus. Die Wahrnehmung dieser externen Rolle bewirkte interne Unterentwicklung. Es könnte folglich konstatiert werden, dass „an ‚underdeveloped' country is underdeveloped precisely because it consists of different structures each with a specific type of behaviour" (O'Brien 1975: 9). Sie empfehlen demzufolge ein nationales Industrialisierungsprogramm in Verbindung mit protektionistischen Maßnahmen.

---

5 Prebisch war eine Schlüsselfigur bei der Gründung der Nachkriegs-Institutionen: Er gründete 1948 die ECLA und 1964 die United Nations Conference on Trade and Development (UNCTAD). Er beeinflusste stark die Entwicklungspolitik der Vereinten Nationen und war sehr um die wirtschaftlichen Verbindungen zwischen den entwickelten und unterentwickelten Ländern bemüht.

6 Die USA, Russland, Deutschland und Japan – alle spät entwickelten Industrieländer – haben die Ricardo'sche Theorie der internationalen Spezialisierung kritisiert, weil das darauf basierte Handelssystem Großbritannien begünstigte.

Offensichtlich wurde die Fokussierung auf die Schlüsselbeziehung zwischen dem Zentrum und der Peripherie beeinflusst durch die Konzentration auf Konjunkturabläufe nach dem Zweiten Weltkrieg und die Asymmetrie zwischen Zentrum und Peripherie insbesondere bei Konjunkturschwankungen. Die Rolle des Zentrums ist aktiv, die der Peripherie passiv.

The distinction also pointed to the different roles assigned to primary exporters and industrial exporters by the international division of labour whose end result was an unequal distribution of technical progress (O'Brien 1975: 97).

Mangelnder Fortschritt der lateinamerikanischen Wirtschaften lässt sich daher nicht durch Mangelwirtschaft treffend analysieren, sondern durch die lähmenden Strukturen des globalen Systems. Die Konzentration des technischen Fortschritts in den Zentren mindert über Zeit die Wichtigkeit der Agrarprodukte und Rohstoffe im Produktionsprozess, was zu degressiven Handelsbedingungen (Verschlechterung der *terms of trade*) für die Peripherie führt.

Weitere Kritikpunkte der Strukturalisten betreffen die Importfähigkeiten des Zentrums, unabhängig von seiner Beziehung zur Peripherie bei gleichzeitiger Exportabhängigkeit der Peripherie von der Beziehung zum Zentrum; die unregelmäßigen lateinamerikanischen Exporterlöse aufgrund volatiler Primärgüterpreise sowie die Kontrolle des internationalen Kapitals durch das Zentrum zum Nachteil der Peripherie. Die Strukturalisten wollten den strukturellen Nachteil Lateinamerikas durch Industrialisierung, regionale Integration und einen Appell an die Zentren, ihre Ökonomien zu liberalisieren, aufheben.

Abschließend lässt sich konstatieren, dass die strukturelle Analyse auf drei Schlüsselimplikationen der Ablehnung der Theorie Ricardos basiert: (1) Eine Analyse der empirischen Beziehungen zwischen Zentren und Peripherien anstatt der Annahme homogener Märkte. (2) die Betonung der Industrialisierung als Mittel, um den Zentren beizutreten und (3) die Besorgnis um die sozialen und kulturellen Implikationen von Abhängigkeit.

Wie jede Theorie wird auch der Strukturalismus kritisiert. Anfänglich waren die Entwicklungsprogramme zwar erfolgreich – sie führten zu erheblicher Industrialisierung und Urbanisierung – doch traten Mitte der 1960er Jahre Probleme auf, die auf die Abhängigkeit der Industrien von Importen anspruchsvoller Güter und auf die daher nur teilweise Bedienung des Marktes zurückzuführen sind. Inkompetenz und Korruption der (v.a. westlichen) Banken sowie die Überschwemmung des Finanzsystems mit Petrodollars führten zu sozialen, wirtschaftlichen und politischen Problemen, die in den Schuldenbergen der 1970er und 80er Jahre gipfelten.

2.3 Dependenz-Theorie

Der Strukturalismus wurde als „the cause of economic illness" (Peet 1991: 45) beschrieben und dessen Versagen veranlasste die Fortführung entwicklungspolitischer Argumente außerhalb des strukturellen Analyserahmens und in die Kritiken der Modernisierungstheorien hinein. So entstand die Dependenz-Theorie.[7]

Grundsatz der Dependenz-Theorie

Der Grundsatz der Dependenz-Theorie besagt, dass die europäische Industrialisierung die ökonomische Entwicklung in fast allen Regionen der Welt bestimmte. Demzufolge ist Unterentwicklung kein ursprünglicher Zustand, sondern historisch generiert im Prozess kapitalistischer Expansion:

> The advent of an industrial nucleus in the eighteenth century Europe disrupted the world economy of the time and eventually conditioned the later economic development in almost every region in the world (Furtado 1964: 127).

Die Auswirkungen europäischer Expansion unterscheiden sich von Region zu Region, führten jedoch stets zur Entstehung hybrider bzw. dualer Strukturen. Ähnlich wie im Strukturalismus identifizierte Celso Furtado (1964) die sektorale Trennung lateinamerikanischer Wirtschaften als die zentrale Ursache der Unterentwicklung. Denn die Wahrnehmung der Rolle lateinamerikanischer Ökonomien in den Metropolwirtschaften unterminiert die Entstehung einer eigenständigen, nationalen Wirtschaft. Jedes dieser Länder birgt daher drei Ökonomien: (1) Die Residuen der ursprünglichen Wirtschaft, geprägt von Subsistenz und geringem Geldfluss, (2) die Außenwirtschaft und (3) den Binnenmarkt. Unterentwicklung in Lateinamerika ist das Ergebnis der Inkorporation des Kontinents in die Welt der westlichen, kapitalistischen Wirtschaft, die dazu führte, dass die lateinamerikanischen Ökonomien kaum untereinander verbunden sind. Daher ist ihre Entwicklung *dependent*. Um Entwicklung anzustoßen, empfiehlt die Theorie folgende Reformen im Innern:

1. Rekonstruktion der Wirtschaftsstrukturen, um den Einsatz moderner Technik zu ermöglichen;
2. Vermeidung der sozialen Marginalisierung großer Teile der Bevölkerung;

---

[7] Fernando Enrique Cardoso, Osvaldo Sunkel und Celso Furtado gelten als die Gründungsväter der *teoría de la dependencia*, Albert A. Hirschman behauptet jedoch, mit seiner Publikation *National Power and the Structure of Foreign Trade* (1945) der Gründungsgroßvater zu sein. Siehe dazu Hirschman (1978).

3. Reorganisation und Befähigung des Staates, um als Entwicklungsagentur zu fungieren;
4. Überwindung technologischer Dependenz;
5. die Gründung regionaler Kooperationen.

Außenpolitisch empfiehlt sie den Wiedereinstieg in den expandierenden ökonomischen Mainstream sowie die Umgestaltung der wirtschaftlichen Beziehung mit den USA und transnationalen Unternehmen.

Diese Handlungen sind notwendig, um das Dilemma des Peripheriekapitalismus zu lösen, welches mit der aktuellen politischen Ökonomie und ihren Machtstrukturen zusammen hängt: Sie generiert bestimmte Muster klassenbasierter Gruppen von welchen die dominanten ein Interesse an außenorientierten Ökonomien haben. Dennoch gelang es den Theoretikern nicht, zu zeigen, wie Reformen implementiert werden könnten, die gegen die Interessen der dominanten Gruppen gerichtet sind.

2.4 Institutionalismus oder das „Circular Causation"-Paradigma

Die politischen Prozesse nach der Dekolonisierung in Afrika in den 1950er und 60er Jahren fundierten die institutionalistische Theorie. Im Gegensatz zur Modernisierungstheorie besteht das Politische im Institutionalismus nicht in der Rechtfertigung des Kampfes gegen den Kommunismus, sondern in der Rechtfertigung der Dekolonisierung und der Hoffnung, dass die lokale Elite Entwicklung herbeiführen möge. Für mich, als Schüler der Staatlichkeits-Studien, ist es instruktiv, dass die erste entwicklungspolitische Theorie, die sich primär mit Afrika befasste, auf dem Zusammenhang zwischen Staatlichkeit und ökonomischer Entwicklung aufbaute. Denn in keinem Kontinent dieser Erde ist das Vorantreiben wirtschaftlicher Entwicklung so von den Führungsschichten vernachlässigt worden wie in Afrika.[8] Institutionalisten verorten den Markt innerhalb einer Gesellschaft mit individualistischen Eigenschaften – eine Art soziale Ökonomie –, was im Gegensatz zum technischen Verständnis der Ökonomie der Modernisierungstheorie steht. Die Theorie beschäftigt sich mit den Fähigkeiten der im Kolonialismus entstandenen „modernen" Institutionen sowie der Bereitschaft und Eignung der lokalen Elite, Entwicklung voranzutreiben. Sie hat die USA zwar als Geburtsort, fand ihre Quintessenz jedoch in den Arbeiten des schwedischen Ökonomen Gunnar Myrdal. T. Veblen, P. Streeton, G.M. Hodgson und J.K. Galbraith sind weitere bekannte Institutionalisten. Als die europäische Ant-

---

[8] Für eine theoretische Erklärung der logischen Beziehung zwischen starker Staatlichkeit und wirtschaftlicher Entwicklung sowie schwacher Staatlichkeit und wirtschaftliche Unterentwicklung siehe Akude (2008).

wort auf die Modernisierungstheorie ist sie eine Kulmination jahrhundertelanger europäischer Erfahrung mit der „Dritten Welt" und betont *Service* in der Entwicklungszusammenarbeit im Gegensatz zu *Dominanz*.

Grundsätze des Institutionalismus

Institutionalisten sehen die Ökonomie als Bestandteil eines Sozialsystems, das wiederum ein Bestandteil der Geschichte eines Volkes ist. Bei dieser Betrachtung wird der Unnutz einer sterilen, formalistischen und mechanistischen Modellbildung orthodoxer Wirtschaftslehre deutlich. Institutionalisten bevorzugen eine detaillierte Offenbarung der Funktionsdynamiken einer tatsächlich gegebenen Wirtschaft durch Analyseprozesse, wobei nicht nur ökonomische, sondern auch soziale, politische und kulturelle Systeme analysiert werden. Das Grundprinzip des Institutionalismus ist, dass die Richtung, in die sich ein soziökonomisches System entwickelt, selbstverstärkend auf das System wirkt. Myrdal nennt dies *circular cumulative causation*. So sind die Länder der „Ersten Welt" stark in fortschrittlicher Entwicklung gefestigt. Im Gegenteil dazu befinden sich die Länder der „Dritten Welt" in einer schwachen Position im globalen System und haben ein niedriges Gleichgewichtsniveau *(low level equilibrium)* aufgrund schwacher interner institutioneller Strukturen. Diese wurden im Prozess der Kolonisierung zwar gewandelt, aber nur um eine duale Wirtschaft mit einem traditionellen und einem modernen Sektor aufzubauen. Die koloniale duale Wirtschaft war, verglichen mit der präkolonialen, nur ein kleiner Fortschritt. Bei der Unabhängigkeit sind die Institutionen eines typischen „Dritt-Welt-Staats" ineffizient und wenig entwickelt, angesichts ihrer marginalen Position in der globalen Wirtschaft bleiben diese Länder tendenziell im Bereich des *low level equilibrium*. Myrdal sieht die Lösung in einem Kampf an allen Fronten – soziale, politische, ökonomische und kulturelle Reformen, um das System nach oben umzuorientieren. Politik wird hier auf nationales Planen reduziert. Das Ziel der Theorie ist die Sicherung des elitären Strebens nach effektiver Staatlichkeit, um den Wandel von unterentwickelten zu entwickelten Staaten durch nationale Planung zu ermöglichen. Um die Beobachtung zu erklären, dass viele Länder des Südens die Voraussetzung für seine Theorie nicht erfüllen (die Theorie setzt auf einen fähigen Staat), führte Myrdal das Konzept von *soft states* und *strong states* ein. Das Hauptmerkmal eines weichen Staates ist „a general lack of social discipline" (Myrdal 1970: 21) und die wichtigste Aufgabe auf dem Weg zur Entwicklung ist die Frage, wie ein *soft state* zu einem *strong state* umgewandelt werden kann. Die Agenten dieses Wandels wurden nicht erwähnt. Gleichwohl müssen anscheinend die Planer (Experten) diese Rolle übernehmen. In diesem Sinne hat Myrdal (auf Afrika bezogen) die Zukunft vorausgesagt, denn es waren später die

Entwicklungsinstitutionen (Planungsagenten) der Weltbank und des IWF, die *governance*-Reformen in Afrika verlangten.

2.5 Marxismus

Die Unzulänglichkeiten der Modernisierungstheorie und ihrer abgeleiteten Politiken, der Krieg in Vietnam, die Bürgerrechtsbewegung in den USA, die Unzufriedenheit der westlichen Bürger mit den existierenden politischen Verhältnissen im Westen und die Studentenbewegung in Europa bildeten in den 1960er Jahren die Motivation für eine marxistische Theorie der Entwicklung bzw. Unterentwicklung. Diese wurde vornehmlich durch Paul Baran, Andre Gunder Frank und Immanuel Wallerstein vertreten, jedoch in unterschiedlichen Varianten.

Paul Baran

Ursprünglich misst Marxismus dem Kapitalismus Entwicklungsfähigkeit bei (vgl. Kommunistisches Manifest). Nach der marxistischen Entwicklungstheorie ist der neue Kapitalismus jedoch nicht mehr konkurrenzbetont, sondern monopolistisch geworden und daher unprogressiv (Sweeney 1942). Der Hintergrund dieser Annahme ist, dass der Kapitalismus die europäische Entwicklung durch Konkurrenz ermöglichte, diese Fähigkeit aber im Zuge seiner Entwicklung verloren hat. Baran wandte diese Analyse in der „Dritten Welt" an und erweiterte damit das Analyseschema. Er fokussierte seine Analyse auf die Thematik der Produktion von Überschuss und deutete die Dysfunktionalität des Monopolkapitalismus für Entwicklung an: Die Produktion des entwicklungsnotwendigen Überschusses wird nicht realisiert, da der geschaffene Überschuss für Verschwendung und unmoralischen Konsum ausgegeben wird (Baran 1973). Stagnation ist daher aufgrund ungenügender Binnennachfrage dem Monopolkapitalismus immanent. Um die Überschussproduktion in „unterentwickelten" Ländern zu analysieren, identifizierte Baran vier Wirtschaftssektoren: (1) Den Agrarsektor, dessen Überschüsse entweder konsumiert oder als Gewinne angelegt werden und daher kaum zur Entwicklung beitragen, (2) den Handelssektor, der im Wesentlichen aus einer parasitischen Gruppe besteht und daher unprogressiv ist, (3) die einheimische industrielle Produktion, die unter schlechter Infrastruktur und außenwirtschaftlicher Konkurrenzunfähigkeit leidet und daher wenig zur Entwicklung beitragen kann sowie (4) der Staat, dessen Entwicklungspotenzial durch Korruption, Kapitalflucht und Politiken der internationalen Finanzinstitutionen (Weltbank, IWF) vermindert werden. Um Entwicklung zu fördern, empfiehlt Baran einen revolutionären Rückzug aus dem globalen Kapitalismus.

Andre Gunder Frank

Für Frank müssen seriöse Studien der Unterentwicklungsproblematik und Bemühungen hinsichtlich der Eliminierung von Unterentwicklung sowie die Förderung von Entwicklung mit den historischen und strukturellen Ursachen der Unterentwicklung im Kapitalismus beginnen. Er identifiziert drei widersprüchliche Charakteristika kapitalistischer Entwicklung, die für die Ausbildung von Unterentwicklung verantwortlich sind:

(1) Enteignung und Aneignung: Die Enteignung wirtschaftlicher Überschüsse der breiten armen Bevölkerung und deren Aneignung durch die Eliten. Das Ergebnis ist eine funktionsunfähige Wirtschaft und die Teilung der Gesellschaft in „Reiche" und „Arme".

(2) Polarisierung in Zentrum und Peripherie: Durch Kooperation mit den führenden Schichten in der Peripherie schöpfen die Zentren Ressourcen aus der Peripherie ab und verarmen sie dadurch. Die kapitalismusimmanente Tendenz zur Zentralisierung hat sich im Zuge kapitalistischer Expansion globalisiert, indem sie die ganze Welt in Zentren und Peripherien aufteilte. Derselbe Prozess, der Reichtum und Entwicklung in den Zentren schafft, erzeugt gleichzeitig Armut und Unterentwicklung in den Peripherien: „Economic development and underdevelopment are the opposite faces of the same coin" (Frank 1967: 9).

(3) Historische Kontinuität der fundamentalen Systemstrukturen: Der Kapitalismus hat und wird seine ausbeuterischen Züge nicht verändern, weshalb die Ausbeutung eine zentrale Position bei der Analyse lateinamerikanischer Unterentwicklung einnehmen muss. Man soll nicht in Dimensionen der Unterentwicklung denken, sondern in Dimensionen der *kapitalistischen Unterentwicklung*, denn Lateinamerika ist erst seit der Ankunft der Konquistadoren kapitalistisch. Die Auflösung der Unterentwicklung sieht er in einer sozialistischen Revolution (Frank 1972).

Immanuel Wallersteins „World System Approach"

Wallerstein (1974; 1979) sieht die moderne Welt lediglich als ein kapitalistisches Wirtschaftssystem, denn Weltsysteme, von welchen es in der Geschichte der Menschheit drei gegeben hat, sind Totalitäten. Sie lassen kaum Raum für Bestimmungen der Nationen als einzelne Einheiten, obwohl sie nicht zwingend die ganze Welt geographisch einschließen. Daher soll das Objekt der Analyse der Unterentwicklung das Weltsystem sein und nicht die Sozialsysteme der einzelnen Nationen.

Der Kapitalismus teilt die Staaten der Welt in Zentren, Semi-Peripherie und Peripherie. Durch Machtasymmetrie wird Reichtum von der Peripherie ins Zentrum transferiert. Bei diesem Prozess agieren die Staaten des Zentrums als Agenten ihrer Kapitalisten; die Staaten der Peripherie sind zu schwach, um dagegen zu agieren und müssen sich mit einem reibungslosen Austausch mit den Staaten des Zentrums begnügen. Diese asymmetrische Beziehung produziert Unterentwicklung und erhält sie aufrecht.

2.6 Neoliberalismus

Die bisher vorgestellten entwicklungspolitischen Theorien stimmen darin überein, dass der Staat der Entwicklungsmotor sein sollte. Dies veränderte sich infolge der globalen Wirtschaftskrise der 1970er Jahre, die mit übermäßiger staatlicher Intervention in die Wirtschaft erklärt wurde. Die Krise entstand mit dem Ende des Bretton Woods-Systems und der Freigabe des US-Dollar-Wechselkurses durch die USA, Preiserhöhungen aufgrund der OPEC-Gründung und der folgenden Ölpreisexplosion sowie des Vietnamkriegs, der die US-Wirtschaft belastete. Bisher geltende wohlfahrtsstaatliche Prinzipien gerieten in Verruf. Die Konsequenz war die Inthronisierung des Neoliberalismus, dessen Prinzipien nur wenige staatliche Eingriffe in die Wirtschaft vorsahen.[9] Die neoliberalen Politiken wurden durch die Internationalen Finanzinstitutionen (IFIs) Weltbankgruppe und IWF – ausgearbeitet und mittels konditioneller Entwicklungshilfe in den armen Ländern durchgesetzt, ohne Rücksicht auf deren Interessen.[10] Die Befürworter behaupten, dass die moderne, freie Wirtschaft maximal effizient in der Produktion sei, die Bedürfnisse des Lebens umfassend garantiere und auf dem Befund neutraler, wissenschaftlicher Untersuchung beruhe.

Grundsätze des Neoliberalismus

Staatliche Regulierung ist die Ursache von Unterentwicklung. Um Entwicklung zu ermöglichen, muss der Staat die freie Wirtschaft zulassen, die sich selbst reguliert. Der Neoliberalismus zielt auf eine globale, freie Ökonomie, die durch Handel und Investitionen die Entwicklung der armen Länder anstößt, denn nur der Markt kann die Maximierung wirtschaftlicher, sozialer und politischer Wohlfahrt garantieren. Diese Theorie sieht die Unternehmen als Motor der Entwick-

---

[9]   Die neoliberale Theorie geht u.a. auf die Arbeiten von Friedman (1962) und von Hayek (1929; 1944; 1948) zurück, die sich wiederum auf klassische Theoretiker wie Smith und Locke stützten.

[10] Da diese beide Institutionen in Washington ihren Sitz haben, sind die Politikempfehlungen des Neoliberalismus auch als „Washington Consensus" bekannt.

lung aufgrund ihrer Vorteile beim Einsatz von Produktionsfaktoren. Demnach besteht die entwicklungspolitische Pflicht des Staates darin, Bedingungen für die Attrahierung von Auslandskapital zu schaffen, wie die Bereitstellung legaler und Sicherheits-Infrastruktur. Um dies zu ermöglichen, empfiehlt die Theorie politische und ökonomische Reformen struktureller Art. Diese beinhalten die Deregulierung der privaten Wirtschaft und ausländischer Investitionen, die Privatisierung staatlicher Betriebsvermögen (aus Effizienzgründen), die Eliminierung markthemmender Institutionen und Praxen wie Gewerkschaften, Studentenvereinigungen, Subventionen usw. Sie empfiehlt weiter die Liberalisierung des Arbeitsmarktes, Reduzierung staatlicher Ausgaben sowie Zollabbau (siehe Williamson 1990 für Details). Diese Empfehlungen wurden von den IFIs als Strukturanpassungsprogramme (SAP) formuliert und den Entwicklungsländern quasi aufgenötigt. *Good Governance* – u.a. verstanden als die Implementierung dieser Empfehlungen – wurde als eine technische Angelegenheit aufgefasst, die als Lehrplan aufgebaut und gelehrt wird. Daher ist die Förderung von *Good Governance* ein Bestandteil der Entwicklungszusammenarbeit geworden.

Konsequenzen und Kritik des Neoliberalismus

Die Erfahrungen haben gezeigt, dass neoliberale Politik der Entwicklung der armen Länder langfristig eher schadet. Sie bewirkte eine fortschreitende Übernahme der Ökonomien der Länder des globalen Südens durch die Unternehmen aus den reichen Staaten. Die EU-Politik des *Global Europe* ist dafür ein klassisches Beispiel (Akude 2009). Der Neoliberalismus scheiterte u.a. an der Ignoranz gegenüber den spezifischen Wirtschaftsstrukturen der armen Länder. Durch die Implementierung dieser Politik in Afrika wurden deren Wirtschaften erheblich geschwächt (durch Inflation, Entlassungen staatlicher Angestellter sowie überteuerte Preise von Dienstleistungen, die bis dahin quasi umsonst waren). Sie führte zu den mittlerweile legendär gewordenen *SAP-riots,* in welchen viele Menschen zu Tode kamen und die viele afrikanische Staaten an den Rand des Kollapses brachten. Politische Reformen führten lediglich zu *choiceless democracies,* weil alle Parteien die Politik des „Washington Consensus" implementieren müssen, um eine Wahlchance zu haben (Mkandawire 1999), und *exclusive democracies,* weil liberale Politik der afrikanischen Struktur nicht angepasst ist und daher die Interessen vieler Bürger außen vor lässt (Abrahamsen 1999).

Die Erfahrungen der ostasiatischen Entwicklungsstaaten zeichneten eine Entwicklung gegen die Behauptungen des Neoliberalismus ab, indem sie gezeigt haben, dass staatlich gesteuerte Entwicklung möglich ist. Studien der *States of Development* haben nicht nur diese Tatsache bestätigt, sondern zeigen zudem, dass dies in den Geschichten aller entwickelten Staaten der Fall gewesen ist (vgl.

Leftwich 2000).[11] Die aktuelle Finanz- bzw. Wirtschaftskrise (ab 2008) liefert
den endgültigen Beweis dafür, dass Neoliberalismus nicht dem Wohle aller
dient, sondern dass ungezügelte Wirtschaftspraxen zum Niedergang der Mehrheit führen. Diese Tatsache entlarvt die Behauptungen des Neoliberalismus als
politisch: Sie sollten den Triumph des Kapitalismus über den Sozialismus un-
termauern.[12]

Neuerdings reagieren liberale Theoretiker auf die Kritiken mit neuen Ideen
bezüglich der Kombinationsmöglichkeiten kapitalistischer und entwicklungspolitischer Ziele, etwa durch das *Bottom of the Pyramid*-Konzept (Pralahad 2004).
Dieses Konzept zielt auf die Ausrottung der Armut durch den Einsatz neuer
Techniken bei der Herstellung lebensnotwendiger Produkte für die ärmste aber
gleichzeitig größte sozioökonomische Schicht der Welt – jene vier Milliarden
Menschen, die von weniger als zwei US-Dollar pro Tag leben. Hieraus entstand
das *Creative Capitalism*-Konzept des Microsoftgründers Bill Gates und des *Time
Magazine* mit ähnlichen Absichten.

3   Neuere Perspektiven auf Entwicklung

3.1   *Postmodernismus*

Postmodernismus ist eine Großtheorie mit umfassender Bandbreite, welche die
Arbeiten von Baudrillard, Lyotard, Levinas, Derrida, Foucault und Jameson
umfasst. Sie unterscheiden sich zwar (was ihre Zusammengehörigkeit in Frage
stellt), sind sich aber in der Kritik der Modernität einig. Modernität umfasst alle
Ideen bezüglich eines unabdingbaren teleologischen Fortschritts in der Geschichte der Menschheit: Die Menschheit schreitet von einer Etappe der Entwicklung
in die nächste, die zwingend komplexer und fortschrittlicher wird. Dieser Fortschritt hat irgendwann ein Ende: Im Kapitalismus endet er im Massenkonsum
und im Sozialismus im Kommunismus. Postmodernisten lehnen solche Ideen ab
und sehen die Geschichte der Menschheit als eine Aneinanderreihung von Geschehen. Weiterhin lehnen sie den modernen Glauben an die Fähigkeit des Menschen ab, seine Lebensbedingungen durch die Wissenschaft – also durch die
Anwendung von Technik und rationale Planung – zu gestalten und zu verbessern. Dies sollte nicht in dem Sinne fehlinterpretiert werden, dass sie die positiven Resultate von Wissenschaft und Technik nicht anerkennen. Sie bezweifeln
lediglich die Fähigkeit der entwicklungspolitischen Planer und Mitarbeiter, ihre

---

[11]   Schüler der Liberalen (ökonomischen) Theorie würden dieser Darstellung wohl entgegentreten
       und die ökonomische Entwicklung Ostasiens auf wirtschaftsliberale Politiken zurückführen.
[12]   *Das Ende der Geschichte* und *Der letzte Mensch* von Francis Fukuyama (1990) verkörpern
       diese Einstellung.

angeblich gütigen Ziele zu erreichen. Dieser Zweifel ist angesichts der Zweck-entfremdung der Entwicklungspolitik angebracht: Sie ist oft für wirtschaftliche und strategische Interessen der Geberländer eingesetzt worden, und diese Inte-ressen bildeten den Hauptgrund der Entwicklungspolitik (Akude 2009)[13] obwohl ein normatives Ziel – Verringerung von Armut und Verbesserung der Lebens-umstände der Menschen in Entwicklungsländern – vorgegeben war. Oft hat sie sogar primär zur Aufrechterhaltung von Diktaturen und korrupten Regierungen gedient (Easterly 2003).

Da die Theorien der Entwicklungspolitik ein Teil der Idee des Modernen sind und daher alle Eigenschaften der Modernität innehaben, lehnen Postmoder-nisten Entwicklungspolitik natürlich ab. Zwar kritisieren viele Postmodernisten die Tatsache, dass Entwicklungspolitik keine Entwicklung herbei führen könne, sie erkennen aber das Faktum an, dass Entwicklungsprojekte in vielen Fällen dringende Probleme lösen (Parfitt 2003). Entwicklungspolitik im Ganzen abzu-lehnen wäre, aus meiner Sicht, nihilistisch und unverantwortlich. Anfang der 1990er Jahren äußerte etwa Sachs diese Ablehnung wie folgt:

> The idea of development stands like a ruin in the intellectual landscape. Delusion and disappointment, failures and crimes have been the steady companions of devel-opment and they tell a common story. It did not work. Moreover, the historical con-ditions which catapulted the idea into prominence have vanished: development has become outdated. But above all, the hopes and desires that made the idea fly, are now exhausted: development has grown obsolete (Sachs 1992: 1).

Aus dieser Haltung entstand eine *Post-Development*-Literatur, die u.a. das Ziel verfolgt, Entwicklungspolitik entweder zu reformieren oder eine radikal andere Entwicklungspolitik „von unten" in den Entwicklungsländern herbeizuführen. Zu dieser zählt u.a. Escobar (1995), der, aufbauend auf Foucaults Diskurstheorie, Entwicklungspolitik als einen Diskurs betrachtet, durch welchen die Geberländer Macht auf die Nehmerländer ausüben oder Esteva und Prakash (1998), die die Zerstörung der Entwicklungsländer durch Entwicklungspolitik beklagen und für Unterstützung der in den armen Ländern entstandenen neuen sozialen Bewegun-gen werben. Diese negative Haltung gegenüber Entwicklungspolitik spitzte sich von den 1990er bis in die frühen 2000er Jahre zu und manifestierte sich bereits zunehmend in der Mainstreamliteratur.[14]

---

[13] Liefergebundene Entwicklungshilfe ist hier eine bekannte Strategie, wonach die Empfängerlän-der als Teil des Hilfsangebots verpflichtet werden, Produkte aus dem Geberland zu importieren.
[14] Siehe Easterly (2003; 2006), Mabhubani (2008) und Hettne (1990) für eine ausführliche Kritik der Entwicklungspolitik.

Die postmodernistische Haltung verstärkte sich in der entwicklungspolitischen Theoriebildung bis zu den terroristischen Angriffen gegen die USA am 11.
September 2001 und den darauf folgenden Angriffen in anderen Teilen der westlichen Welt oder gegen westliche Interessen. Die Analysen des Ursprungs des
islamischen Terrorismus demonstrierten, dass Armut den Nährboden für Terrorismus bereitet und dass kollabierte Staaten wie Afghanistan und Somalia Terro-
risten Unterschlupf boten.[15] Um globale Sicherheit wieder herzustellen, wurde
Entwicklungspolitik als nicht nur notwendig, sondern auch unabdingbar geprie-
sen.[16] Dieser Sicherheits- und Entwicklungsnexus lancierte Entwicklungspolitik
erneut. So entstanden etwa Argumente für die Erhöhung der *Official Development Assistance* (ODA) – in der Literatur auch *big push* genannt – um ein För-
derpaket komplementärer Investitionen zu finanzieren, mit der Begründung, dies
garantiere die Ausrottung von Armut (Sachs 2005).[17] Auf diese Weise wird Kon-
fliktmanagement in Entwicklungspolitik und Entwicklungsprojekte eingebunden.
So wurde die wissenschaftliche Fragestellung nach der *securitization of development or developmentization of security* erhoben, denn diese Verquickung
unterschiedlicher Politikgebiete droht die analytische Trennschärfe zwischen
ihnen zu trüben.

3.2 Nachhaltige Entwicklung

Die Einführung des Nachhaltigkeitsgedankens in die Entwicklungszusammenarbeit, der im vorliegenden Sammelband thematisiert wird, geht maßgeblich auf
verstärkte, von Menschen verursachte ökologische Probleme und Katastrophen
zurück. Das Konzept gewann mit dem Bericht *Grenzen des Wachstums* des Club
of Rome an Dynamik (Meadows et al. 1972). Die so genannte Brundtland-
Kommission, die den Begriff *nachhaltige Entwicklung* in ihrem Bericht einsetzte
und damit verbreitete, definiert ihn als eine Entwicklung, die die Bedienung der
Bedürfnisse der gegenwärtigen Generation garantiert, ohne die Möglichkeiten
zukünftiger Generationen, ihre Bedürfnisse zu befriedigen, zu beschränken. Der
Prozess entwickelte sich v.a. bei der UNO weiter und mündete 1992 im *Rio
Earth Summit*, 1997 im *New York Earth Summit* und in den *World Summits on*

---

[15] Es muss konstatiert werden, dass dies nicht die allgemeine wissenschaftliche Meinung ist.
      Gegenargumente monieren, dass die Attentäter vom 11.9.2001 nicht zu den Ärmsten gehörten
      und gut gebildet waren. Ungeachtet dessen liefert Armut und Unterentwicklung ein starkes Ar-
      gument zur Anwerbung von Attentätern und als Rechtfertigungen für Attentate.

[16] Es gehörte zur erklärten Politik der rot-grünen Koalition, Entwicklungspolitik als Strukturpoli-
      tik zur Armutsbeendigung einzusetzen. Die ehemalige SPD-Entwicklungsministerin Heidemarie
      Wieczorek-Zeul wertete Entwicklungspolitik unter Berufung auf Willy Brandt als Friedenspoli-
      tik für das 21. Jahrhundert auf (Messner 2007).

[17] Diese Haltung ist mehrfach kritisiert worden (Easterly 2006; Klingebiel 2006).

Sustainable Development in Johannesburg 2002 und 2007. Diese Gipfeltreffen trugen zur Erweiterung des Begriffs bei und machten ihn zunehmend zum Bestandteil der Entwicklungspolitik. So lassen sich vier Säulen der nachhaltigen Entwicklung feststellen: ökologische, ökonomische, soziopolitische (zielt auf soziale Gerechtigkeit) und die kulturelle Nachhaltigkeit.[18] Letztere zielt auf Respektierung und Schutz indigener Kulturen, da diese fürchten, ihre kulturelle Identität im Zuge der Globalisierung zu verlieren.

Nachhaltigkeit sieht vor, diese vier Dimensionen gleichzeitig im Prozess der Entwicklungsförderung zu verfolgen. Damit dies gelingt, identifizierten Dyllick und Hockerts (2002) vier Kriterien, die für eine nachhaltige Entwicklung notwendig sind: ökologische Effektivität, Sozio-Effektivität, Öko-Gerechtigkeit und hinreichende Ressourcen.

Die Terminologie nachhaltiger Entwicklung scheint ein Paradoxon zu sein. Denn die Menschheit muss Ressourcen einsetzen, um Entwicklung zu bewirken. In diesem Sinne ist es etwas verwirrend, von nachhaltiger Entwicklung zu sprechen, denn jede Entwicklung führt automatisch zu Ressourcenabbau. Nichtsdestotrotz ist ein Entwicklungsprozess nachhaltig, wenn die eingesetzten Ressourcen nicht schneller aufgebraucht werden, als sie sich regenerieren können. Das Nachhaltigkeitskonzept überschneidet sich zwar größtenteils mit den Ansätzen der Umweltbewegung, setzt jedoch im Unterschied keine Priorität auf ökologische Nachhaltigkeit, sondern fordert eine Harmonisierung aller Bereiche. Die Signifikanz der Nachhaltigkeitsforschung liegt in einem theoretischen dauerhaften Verlust der Fähigkeit des Lebenserhalts auf der Erde durch die globale Übernutzung der Systeme. Dies impliziert die Notwendigkeit eines vorsichtigen Umgangs mit der Natur z.B. durch den Verzicht auf umweltschädigende Gewohnheiten oder den Einsatz erneuerbarer Energien. Hierbei sieht eine Variante der Theorie die Herausforderungen der Umweltveränderungen und des sozialen Wandels als Gelegenheit für innovative, wirtschaftliche Lösungen durch einen umfassenden Technikwandel. Das Konzept wird naturgemäß oft politisch verstanden, wobei das zu Grunde liegende Konzept der Interdependenz verloren geht. So verhindern unterschiedliche Wirtschaftsinteressen die systematische Implementierung von Gegenmaßnahmen. Zum Beispiel bezeichnen einige arme Länder die Forderungen nach Nachhaltigkeit als einen (weiteren) Versuch, ihre Entwicklungschancen zu blockieren und fordern von den Industrieländern, die für die Umweltzerstörungen primär verantwortlich sind, die Kosten eines nachhaltigen Entwicklungspfades zu tragen. Aus meiner Sicht fordert das Nachhaltigkeitsprinzip eine Interessenharmonisierung, die nur sehr schwer herzustellen

---

[18] Hinsichtlich der verschiedenen „Säulen" der Nachhaltigkeit (seien es drei, vier oder fünf) siehe den Beitrag von Julian König in diesem Band.

ist. Daran könnten Politiken wie etwa die Klimapolitik scheitern, wie wir gerade in Kopenhagen erfahren mussten.

Nachhaltigkeit ist ein eklektisches Konzept mit breitem Spektrum. Eine von der UN-Abteilung für nachhaltige Entwicklung erstellte Liste der Nachhaltigkeitsbereiche lässt so gut wie keine Bereiche aus. Der Grund liegt auf die Hand: Das Konzept der Nachhaltigkeit zielt auf den Erhalt der Grundlage des Menschenlebens: Die Erde. Aufgrund dieser ethischen Qualität wird das Konzept oft wahllos eingesetzt, sogar für umweltschädigende Prozesse. Es mangelt daher an konzeptioneller Klarheit. Temple brachte es auf den Punkt:

[The] word sustainable has been used in too many situations today, and ecological sustainability is one of those terms that confuse a lot of people. You hear about sustainable development, sustainable growth, sustainable economies, sustainable societies, and sustainable agriculture. Everything is sustainable (Temple 1992).

Das Konzept hat demnach einige Kritik auf sich gezogen. Diese bezieht sich auf die Verschwommenheit des Konzepts (Jancovini 2002), auf dessen Basis (Brunel 2008), auf dessen Konsequenzen (Baden 1992) und auf nachhaltiges Nicht-Wachstum der armen Länder (Cheynet 2005).

4 Abschließende Bemerkungen

Frühe Theorien der Entwicklungspolitik haben sich damit beschäftigt, die Gründe der Unterentwicklung zu eruieren. Diese Gründe wurden sowohl an internen als auch an internationalen Strukturen festgemacht. Die Modernisierungstheorie fand die Ursache von Unterentwicklung in der unaufgeklärten traditionellen Lebensweise und beabsichtigte einen Wandel zur modernen Gesellschaft durch evolutionäre Modernisierung gesellschaftlicher Institutionen. Für Strukturalisten ist die für die armen Länder unvorteilhafte Zentrum-Peripherie-Struktur der Weltwirtschaft für deren Unterentwicklung verantwortlich, sie empfahlen nationale Industrialisierungsprogramme, unterstützt durch Protektionismus. *Dependentistas* sahen den Grund für Unterentwicklung in westlicher Dominanz der Ökonomien der Entwicklungsländer und empfahlen die Abkoppelung nationaler Wirtschaften von der globalen. Für die Institutionalisten beruht Unterentwicklung auf *circular cumulative causation*, wonach die schwache Position der Länder der „Dritten Welt" im Weltwirtschaftssystem sowie die Schwäche ihrer internen Wirtschaften verstärkend aufeinander wirken. Sie empfahlen umfassende Reformen. Aus ihren Studien der afrikanischen Staaten stellten sie die Fähigkeit des Staates, Entwicklung zu fördern, in den Vordergrund. Dies ist bei der Förderung von *Good Governance* wieder aktuell geworden. Varianten des Marxismus machten Monopolkapitalismus für Unterentwicklung verantwortlich und empfahlen sozialistische Revolutionen. Allerdings hat das Ende des Kalten Krieges (der kapitalistische Triumph) und die damit verbundene Globalisierung die Option einer marxistischen Revolution erschwert. Revolutionäre Energie musste anders abgeladen werden: Strukturalisten, *Dependentistas*, Marxisten, Umweltschützer, Radikale usw. verbanden sich in einer Bewegung der Globalisierungsgegner, die sich primär gegen den Neoliberalismus wandten, dessen Verfechter übermäßige staatliche Eingriffe in die Wirtschaft für Unterentwicklung verantwortlich machen und daher eine absolut freie Wirtschaft empfehlen.

Zunehmende Kritiken auf dominante Theorien haben zur Verschiebungen bezüglich des Ziels, der Programmschwerpunkte und somit des Verständnisses von Entwicklung geführt. Sie wurde anfangs als Wachstum verstanden. Später wurde aufgrund der Kritik, dass Wachstum wenig aussagekräftig über Lebensbedingungen der Menschen sei, Entwicklung als *social* bzw. *human development* verstanden und Ziele und Schwerpunkt entsprechend verschoben. Danach waren weiteren Verschiebungen auf die Befriedigung menschlicher Bedürfnisse, dann auf Freiheit und Expansion von Auswahlmöglichkeiten und letztendlich auf nachhaltige Entwicklung (Berücksichtigung künftiger Generationen) zu verzeichnen. Die (oft politisch linken) Kritiker von Entwicklungspolitik haben Entwicklung zunächst als Dominierung verstanden, dann als Abhängigkeit *(dependent development)* und letztlich als Diskurs aufgefasst.

Spätere Theoriebildung in der Entwicklungspolitik hat sich von der Suche nach Begründungen für Unterentwicklung hin zu Programmen zur Behebung des Problems verschoben. Hier reihen sich Ideen wie die Erhöhung des ODA-Anteils des Bruttoinlandsprodukts der Geberländer *(big push)* ein. Die empfohlenen Programme des Neoliberalismus haben weniger erfolgreich gewirkt als erhofft. Ihre Diskreditierung böte die Möglichkeit, eine neue Epoche der internationalen politischen Ökonomie und damit der Entwicklungspolitik einzuleiten, die staatliche Eingriffe in die Wirtschaft legitimiert. Das Problem liegt wohl an der Neigung der Anhänger der jeweiligen ökonomischen Paradigmen, entweder ungezügelten Wirtschaftsliberalismus oder zu starke staatliche Eingriffe zu praktizieren. Die Lösung sehe ich eher in einer optimalen Kombination von beidem. Da nationale Ökonomien heterogen sind und unterschiedliche Positionen bei der globalen Arbeitsteilung einnehmen, muss diese optimale Kombination variabel sein. Staaten müssen sich die Kompetenzen hierzu zurückerobern.

Eine Verschiebung von staatlichen zu internationalen Institutionen fand ebenfalls bei den Durchführungsagenturen statt und vergrößert somit das Interessenspektrum in der EZ. Die *donor community* hat sich neuerdings mit dem Einstieg der *private donors* und neuer Geber wie der Ankerländer noch vergrößert. Durch die Erhöhung der Zahl der Entwicklungsdienstleistenden gekoppelt mit Überschneidungen in Dienstangeboten sowie der Politisierung der EZ sind die

Koordinierung und Harmonisierung der Entwicklungspolitik notwendiger denn je geworden, um sie effektiv zu gestalten.[19] Konferenzen in Paris 2005 und Accra 2008 haben Aufbauarbeit diesbezüglich geleistet. Die Zukunft wird zeigen, ob Staaten die Abmachungen halten werden.

Die Modalitäten der Entwicklungszusammenarbeit bringen sie in Verruf, insbesondere die Tatsache, dass sie dauerhaft geworden ist, Eigeninteressen aufgebaut hat und Eigeninitiativen der Empfängerländer unterminiert. Die guten Absichten sollen nicht die teilweise zerstörerischen Auswirkungen der EZ überdecken (Erler 1985); ein Sprichwort lautet: „The roads to hell are paved with good intentions". Letztendlich bleibt zu konstatieren, dass es keine Blaupause für Entwicklung gibt. Die einzige Konstante in den Bedingungen für Entwicklung ist die Entschlossenheit der führenden Schichten, Entwicklung in ihren Gesellschaften herbeizuführen. Ohne diese Entschlossenheit bleibt der Effekt jeder Anstrengungen weiterhin marginal.

Literatur

Abrahamsen, R. (2000). *Disciplining Democracy. Development Discourse and Good Governance in Africa.* London: Zed Books.

Akude, J.E. (2008). *Governance and Crisis of the State in Africa. The Dynamics and Context of the Conflicts in West Africa.* London: Adonis and Abbey.

Akude, J.E. (2009). Koloniale Ausbeutung – Wirtschaftliche Zusammenarbeit. Das ökonomische Interesse Europas an Afrika. *et cetera ppf, 1/2009,* 9-19, Universität Siegen.

Baden, J. (1992). L'Economie Politique du Developpment Durable. ICREI, http://www.euro92.com/acrob/baden.pdf (9.8.2009).

Baran, P. (1973). *The Political Economy of Growth.* Harmondsworth: Penguin.

Brunel, S. (2008). A Qui Profite a Développement Durable. http://www.evene.fr/livres/livre/sylvie-brunel-a-qui-profite-le-developpement-durable—33151.php (9.8.2009).

Cheynet, V. (2005). Contre le Développement Durable. http://www.decroissance.org/index.php?chemin=textes/dev_en_question.htm (9.8.2009).

Crush, J. (Hrsg.) (1995). *Power of Development.* London: Routledge.

Dyllick, T. & Hockerts, K. (2002). Beyond the business case for corporate sustainability. *Business Strategy and the Environment, 11(2),* 130-141.

Easterly, W. (2003). The Cartel of Good Intentions. The Problem of Bureaucracy in Foreign Aid. *Journal of Policy Reform, 5(4),* 1-28.

Easterly, W. (2006). *The White Man's Burden.* New York: Penguin Books.

---

[19]   Siehe zur Kohärenzdebatte in der Entwicklungszusammenarbeit den Beitrag von Johannes Thema in diesem Band.

Erler, B. (1985). *Tödliche Hilfe. Bericht von meiner letzten Dienstreise in Sachen Entwicklungspolitik.* Köln: Hayit Medien.

Escobar, A. (1995). *Encountering Development. The Making and Unmaking of the Third World.* Princeton: Princeton University Press.

Esteva, G. & Prakash, M. (1998). *Grassroots Postmodernism. Remaking the Soil of Cultures.* London: Zed Books.

Frank, A. (1975). *On Capitalist Development.* Oxford: Oxford University Press.

Frank, A. (1967). *Capitalism and Underdevelopment in Latin America.* New York: Monthly Review Press.

Frank, A. (1972). *Lumpenbourgeoisie – Lumpendevelopment.* New York: Monthly Review Press.

Friedman, M. (1962). *Capitalism and Freedom.* Chicago: University of Chicago Press.

Furtado, C. (1964). *Development and Underdevelopment.* Berkeley, Los Angeles: University of California.

Halpern, M. (1964). Toward Further Modernization of the Study of New Nations. *World Politics, XVII (October),* 157-181.

Harrod, R. (1939). An Essay in Dynamic Theory. *The Economic Journal, 49(193),* 14-33.

Hettne, B. (1990). *Development Theory and the Three Worlds.* London: Longman.

Hirschman, A. (1945). *National Power and the Structure of Foreign Trade.* Berkeley, Los Angeles: University of California Press.

Hirschman, A.A. (1978). Beyond Asymmetries. Critical Notes on Myself as a Young Man and some other Old Friend. *International Organization, 32,* 45-50.

Huntington, S. (1976). The Change to Change. Modernisation, Development and Politics. In: C. Black (Hrsg.), *Comparative Modernization.* London: Collier.

Jackson, R. (1990). *Quasi States.* Cambridge: Cambridge University Press.

Jancovini, J.-M. (2002). Á Quoi Sert de Développement Durable. http://www.manicore.com/documentation/dd.html (9.8.2009).

Klingebiel, S. (2006). Mit einem „big push" aus der Armutsfalle. In: F. Nuscheler & M. Roth (Hrsg.), *Die Millennium-Entwicklungsziele* (S. 194-206). Bonn: Dietz.

Krueger, A. (1990). Government Failures in Development. *Journal of Economic Perspectives, 4(3),* 9-23.

Leftwich, A. (2000). *States of Development. The Primacy of Politics in Development.* Cambridge: Polity Press.

Mahbubani, K. (2008). Der Mythos westlicher Entwicklungshilfe. *Development and Cooperation, 2/2008,* 69-70.

Meadows, D.H., Meadows, D.L. & Randers, J. (1972). *Die Grenzen des Wachstums. Bericht des Club of Rome zur Lage der Menschheit.* München: Deutsche Verlagsanstalt.

Messner, D. (2007). Entwicklungspolitik als globale Strukturpolitik. In: T. Jäger, A. Höse & K. Oppermann (Hrsg.), *Deutsche Außenpolitik* (S. 292-420). Wiesbaden: VS Verlag.

Mkandawire, T. (1999). Crisis Management and the Making of „Choiceless Democracies". In: R. Joseph (Hrsg.), *State, Conflict and Democracy in Africa* (S. 119-136). Boulder-Colorado: Lynne Rienner.

O'Brien, P. (1975). A Critique of Latin American Theories of Dependency. In: I. Oxaal, T. Barnett & D. Booth (Hrsg.), *Beyond The Sociology of Development*. London: Routledge.

Parfitt, T. (2003). *The End of Development. Modernity, Post-Modernity and Development*. London: Pluto Press.

Pralahad, C. (2004). *The Fortune at the Bottom of the Pyramid*. Philadelphia: WSJ

Prebisch, R. (1950). *The Economic Development of Latin America and its Principal Problems*. New York: United Nations Publications.

Prebisch, R. (1959). Commercial Policy in the Underdeveloped Countries. *American Economic Review, 49(2)*, 251-273.

Preston, P. (1996). Development Theory. An Introduction. Oxford: Blackwell.

Rostow, W. (1960). *Stages of Economic Growth. A Non-Communist Manifesto*. Cambridge: Cambridge University Press

Rostow, W. (1956). The Take-Off into Self-Sustained Growth. *The Economic Journal, 66 (March)*, 25-48.

Sachs, J. (2005). *The End of Poverty*. London: Penguin Books.

Sachs, W. (Hrsg.) (1992). *The Development Dictionary. A Guide to Knowledge as Power*. London: Zed Books.

Solow, R. (1956). A Contribution to the Theory of Economic Growth. *Quarterly Journal of Economics, 70(1)*, 65-94.

Strange, S. (1996). *The Retreat of the State. The Diffusion of Power in World Economy*. Cambridge: Cambridge University Press.

Streeton, P. (1972). *The Frontiers of Development Studies*. London: Macmillan.

Sweeney, P. (1942). *The Theory of Capitalist Development*. Oxford: University Press.

Temple, S. (1992). Old Issue, New Urgency? *Wisconsin Environmental Dimension, (1)1*, 1.

Tipps, D. (1973). Modernisation Theory and the Comparative Study of Societies: A Critical Perspective. In: C. Black (Hrsg.), *Comparative Modernization* (S. 69-82). London: Collier.

UN (1951). *Measures for the Economic Development of Underdeveloped Countries*. New York: United Nations.

von Hayek, F. (1929). *Geldtheorie und Konjunkturtheorie*. Wien, Leipzig: Österreichisches Institut für Konjunkturforschung.

von Hayek, F. (2003 [1944]). *Der Weg zur Knechtschaft*. München: Olzog Verlag.

von Hayek, F. (1948). Wahrer und Falscher Individualismus. *ORDO, 1*, 19-55.

Wallerstein, I. (1974). *The Modern World-System, Vol. I: Capitalist Agriculture and the Origins of the European World-Economy in the Sixteenth Century*. New York, London: Academic Press.

Wallerstein, I. (1979). *The Capitalist World-Economy*. Cambridge: Cambridge University Press.

Welch, C.Jr. (1967). *Political Modernization. A Reader in Comparative Change*. Belmont: Wadsworth

Williamson, J. (1990). What Washington Means by Policy Reform. In: J. W.illiamson (Hrsg.), *Latin American Adjustment: How Much Has Happened?* Washington: Peterson Institute for International Economics.

Teil II
Strukturelle Herausforderungen
nachhaltiger Entwicklung

Jürgen Wiemann

Von einer Weltwirtschaftskrise zur nächsten. Die Rolle der Weltfinanz- und Welthandelsordnung für nachhaltige Entwicklung

1   Einleitung

In der aktuellen Weltwirtschaftskrise zögerten die Regierungen der Industrielän-der nicht lange, die drohende Kernschmelze des Finanzsystems mit milliarden-schweren Garantien und teilweisen Verstaatlichungen von Banken abzuwenden. Außerdem setzten alle auf staatliche Konjunkturprogramme, um die Krise der Realwirtschaft einzudämmen und einer Massenarbeitslosigkeit entgegenzuwir-ken. Damit befolgen sie die Lehren aus der Weltwirtschaftskrise der 1930er Jahre, die am prägnantesten von John Maynard Keynes formuliert wurden. Seine „Allgemeine Theorie" des Wirtschaftskreislaufs von 1936 hatte die inhärente Krisenanfälligkeit kapitalistischer Marktwirtschaften aufgedeckt und den Staat in die Rolle des Systemstabilisators eingesetzt.

Keynes war aber nicht nur Begründer der modernen Makroökonomie und Befürworter aktiver Konjunkturpolitik, er war auch maßgeblicher Architekt der Nachkriegsweltwirtschaftsordnung mit den beiden internationalen Finanzinstitu-ten IWF und Weltbank auf der einen und dem GATT bzw. seit 1995 der WTO auf der anderen Seite des Atlantiks. Bis zur aktuellen Weltwirtschaftskrise hat dieses institutionelle Dreigestirn seinen Auftrag, erneute Abwertungswettläufe und Handelskriege wie in den 1930er Jahren zu vermeiden, recht wirksam er-füllt. Aber die eigentliche Bewährungsprobe steht jetzt erst bevor. Die Krise wird einmal mehr mit einem riesigen Wechsel auf die Zukunft zu bewältigen versucht, und die nächste Krise ist schon wieder absehbar, weil die impliziten Staatsgaran-tien für die Großbanken bisher nicht von einer effektiven Regulierung des Fi-nanzsektors begleitet werden, mit der erneute Spekulationsblasen von globalen Ausmaßen erkannt und verhindert werden könnten.

Die weitere Aufgabe, nämlich die wirtschaftliche Entwicklung der Länder Lateinamerikas und der unabhängig gewordenen Kolonien in Afrika und Asien finanziell zu unterstützen und durch Öffnung der Märkte der Industrieländer zu erleichtern, hat die von Keynes konzipierte Weltwirtschaftsordnung nur zum Teil gelöst. Dies liegt zum einen an den unterschiedlichen Rahmenbedingungen und

Entwicklungsstrategien der einzelnen Entwicklungsländer, zum anderen aber auch an der von Keynes nicht gewollten Asymmetrie der Anpassungslasten zwischen Überschuss- und Defizitländern und der Asymmetrie der Verhandlungsmacht zwischen Industrie- und Entwicklungsländern in den Bretton-Woods-Institutionen und im GATT bzw. in der WTO. Die erneute Weltwirtschaftskrise hängt auch damit zusammen, dass Keynes in den 1970er Jahren von den akademischen Ökonomen entthront wurde, nachdem die einseitige Indienstnahme der Keynesschen Lehre allein für Konjunkturbelebung und Wachstumsförderung in die Stagflation und zunehmende Staatsverschuldung geführt hatte.[1]

Das Urvertrauen der Monetaristen und neoklassischen Ökonomen in die inhärente Stabilität von Marktwirtschaften trug dazu bei, dass die Regulierungen der Finanzmärkte immer weiter gelockert und den Entwicklungsländern die Rosskuren neoliberaler Strukturanpassungsprogramme verschrieben wurden. All dies steht heute wieder auf dem Prüfstand, aber nun kommt auch noch die von Keynes immerhin schon geahnte[2] Herausforderung auf die Menschheit zu, das bisherige Wachstumsmodell, das in die Sackgasse eines kaum noch aufzuhaltenden Klimawandels und der Übernutzung der Lebensgrundlagen geführt hat, durch einen nachhaltigen Entwicklungsweg zu ersetzen, mit dem sich auch der Einkommensabstand zwischen reichen und armen Ländern verringern soll.

2   Keynes' Lehren aus der Weltwirtschaftskrise

Im späten Frühjahr 2009 erfasste die von den USA ausgehende Finanzkrise auch die deutsche Realwirtschaft. Große und kleinere Unternehmen stehen vor den staatlichen Unterstützungsfonds Schlange, um die Insolvenz abzuwehren, und die Politik sucht nach Kriterien, mit denen zwischen Unternehmen mit „systemischer Bedeutung" und anderen unterschieden werden kann, von deren Marktaustritt keine unabsehbaren Folgewirkungen für die Gesamtwirtschaft zu erwarten sind. Mit einiger Verzögerung wird die Dimension der neuen Weltwirtschaftskrise auch in Deutschland spürbar. Sie ist vergleichbar der großen Weltwirtschaftskrise der Jahre nach 1929 – mit dem wesentlichen Unterschied, dass heute die Notenbanker und Finanzminister der großen Industrieländer die Lehren aus der damaligen verfehlten Geld-, Finanz- und Handelspolitik beherzigen,[3] so

---

[1]   Siehe hierzu auch den Beitrag von John Akude in diesem Band.

[2]   "He [Keynes, J. W.] was not a socialist, but he was not an uncritical admirer of capitalism. He saw it as a necessary stage to get societies form poverty to abundance, after which its usefulness would disappear" Skidelsky (2009: 135).

[3]   Der Chef der amerikanischen Notenbank, des Federal Reserve System, Ben Bernanke hat selbst die Weltwirtschaftskrise gründlich erforscht und seine Beiträge in einem Band zusammengestellt (Bernanke 2000). Der Ökonomie-Nobelpreisträger von 2008, Paul Krugman, äußert aller-

dass es bisher nicht zu Schlangen panischer Sparer vor den Banken und – noch nicht – zu einem ähnlichen Anstieg der Arbeitslosenzahlen wie damals gekommen ist.

In der tiefsten Krise der Weltwirtschaft seit der Großen Depression erlebt das Werk von John Maynard Keynes (1883-1946) eine erstaunliche Renaissance. Der große britische Ökonom hatte mit seiner *General Theory on Employment, Interest and Money* (Keynes 1936) die theoretischen Grundlagen für staatliche Krisenbekämpfung durch defizitfinanzierte Ausgabenprogramme gelegt.[4] Er konnte zeigen, warum es in einer kapitalistischen Marktwirtschaft zu Krisen und Depressionen mit dauerhafter Arbeitslosigkeit kommen kann. Finanzmärkte tendieren zu überschießender Spekulation, auch wenn diese historische Tatsache von der herrschenden ökonomischen Lehre geleugnet wird (Reinhart & Rogoff 2009; Kindleberger 1978). Früher oder später muss jede spekulative Blase platzen, dann schränken alle davon Betroffenen ihre Ausgaben ein, den Nachfrageausfall bekommt die Realwirtschaft zu spüren und entlässt Arbeitskräfte. Wenn viele Menschen aus Sorge um den Arbeitsplatz und ihre zukünftigen Einkommen immer mehr sparen, ist nicht garantiert, dass die Unternehmen den Nachfrageausfall durch vergrößerte Investitionen ausgleichen, selbst wenn der Zins infolge des Überhangs an Ersparnis sehr niedrig ist. Im Gegenteil: in einer Krise schätzen die Unternehmer ihre Gewinnaussichten ebenfalls pessimistisch ein und halten sich mit Investitionen solange zurück, bis sich die Konjunktur wieder aufhellt. Die Krise verstärkt sich selbst und kann zur Depression werden. In dieser Situation kann der Staat für den notwendigen Nachfrageimpuls sorgen, und dies tun derzeit die Wirtschaftspolitiker aller großen Weltwirtschaftsländer in der einen oder anderen Form. Debattiert wird heute nicht mehr, ob staatliche Nachfrageimpulse erforderlich sind, um die Depression zu vermeiden, sondern nur, wie tief die Verschuldung noch werden darf, wenn die langfristigen inflationären Konsequenzen exzessiver Staatsverschuldung beherrschbar bleiben sollen.

Bei der Wiederentdeckung von Keynes steht seine Rolle als Wegbereiter aktiver staatlicher Konjunkturpolitik im Mittelpunkt, während seine intellektuelle Patenschaft für die Neuordnung der Weltwirtschaft nach dem Zweiten Weltkrieg kaum gewürdigt wird. Keynes hatte die Fehler des Versailler Vertrags nach dem Ersten Weltkrieg erkannt, als übertrieben hohe Reparationen nicht nur

---

dings Zweifel, ob die Lektion wirklich von allen (Ökonomen) und genügend nachhaltig gelernt worden ist (Krugman 2009a).

[4] In seinem neuen Buch widmet Krugman (2009b) der Rückkehr von Keynes ein ganzes Kapitel. Zu einem „keynesianischen" Verständnis der aktuellen Weltwirtschaftskrise trägt auch das neue Buch eines weiteren Nobelpreisökonomen, George A. Akerlof, und seines Co-Autors Robert Shiller (2009) bei, das Keynes' Ausdruck von den *„Animal Spirits"* im Titel führt. Lesenswert in diesem Zusammenhang auch Skidelsky (2009) und – für unerschrockene Ökonominnen: Leijonhufvud (2009).

Deutschlands wirtschaftliche Entwicklung nach dem Krieg blockierten, sondern das ganze wirtschaftlich bereits eng verflochtene Europa in Mitleidenschaft zogen (Keynes 1920), und Keynes erkannte auch schon die Grenzen antizyklischer Konjunkturpolitik in offenen Volkswirtschaften. Sie kann nur funktionieren, wenn sich die weltwirtschaftlich miteinander verflochtenen Länder an gewisse Spielregeln halten und vor allem davon abgehalten werden können, durch Importbeschränkungen und Währungsabwertungen die Folgen einer Rezession auf andere Länder abzuwälzen.

3   Eine neue Weltwirtschaftsordnung für die Nachkriegszeit

Die Grundlagen für die neue Weltwirtschaftsordnung wurden 1944 auf der United Nations Monetary and Financial Conference gelegt. Bei dieser Konferenz in Bretton Woods, New Hampshire, führte Keynes die britische Delegation an, sein Gegenüber als Leiter der amerikanischen Delegation war der hohe Beamte im Finanzministerium Harry Dexter White, der als New-Deal-Demokrat Keynes' unorthodoxem Denken durchaus nahestand und mit jenem die Überzeugung teilte, dass die Weltwirtschaft eines neuen institutionellen Rahmens bedurfte, damit eine erneute Weltwirtschaftskrise vermieden werden konnte.[5] Auf der Bretton-Woods-Konferenz wurde ein System fester Wechselkurse (zur Erleichterung internationaler Transaktionen, Vermeidung von Währungsspekulation und Abwertungswettläufen in Wirtschaftskrisen) etabliert und ein Internationaler Währungsfonds (IWF) gegründet, der durch kurzfristige Zahlungsbilanzhilfen Defizitländer vor einer Abwertung bewahren und durch geeignete wirtschaftspolitische Auflagen zu einer ausgeglichenen Zahlungsbilanz zurückführen sollte.

Allerdings konnte sich Keynes mit seiner Konzeption eines von nationalen Währungen unabhängigen Weltgeldes *(bancor)* und einer symmetrischen Auflagenpolitik des IWF gegenüber Defizit- wie Überschussländern nicht gegen die USA als stärkste und am wenigsten von den Kriegsfolgen belastete Wirtschaftsmacht durchsetzen. So wurde der – zunächst goldgedeckte – US-Dollar zur Weltreservewährung (vulgo: Weltgeld), und der IWF erhielt kein Mandat, Überschussländer zur Erhöhung ihrer Binnennachfrage und damit zum Abbau der Leistungsbilanzüberschüsse zu bewegen, damit Defizitländern die komplementäre Anpassung erleichtert würde. Als Leitwährungsland brauchten die USA auch im Falle von Leistungsbilanzdefiziten keine Auflagen des IWF zu befürchten, weil sie ihre Importüberschüsse in eigener Währung finanzieren und damit zu-

---

[5]   „In origin and basic purpose the British and American financial plans were remarkably similar. The principal author of each was a former academic economist with special interest in problems of monetary policy. Both plans were framed in the light of the monetary difficulties, which had disrupted international trade in the inter-war period" (Gardner 1956: 71).

gleich die wachsende Weltwirtschaft mit Liquidität versorgen konnten. Zwar gab es immer wieder Vertrauenskrisen gegenüber dem Dollar, und als in den 1970er Jahren das Missverhältnis zwischen dem in Fort Knox gehorteten Gold und den in der Welt umlaufenden Dollars für jedermann sichtbar wurde und die französische Regierung auch schon mal versuchte, Dollars in Gold einzutauschen, wurde die nur noch fiktive Golddeckung am 15. August 1971 ganz aufgegeben. Damit war die Weltwährungsordnung von Bretton Woods erledigt und der IWF seiner Rolle als Ausgleichsfonds zur Stabilisierung der festen Wechselkurse entkleidet. Jetzt wurden flexible Wechselkurse und private Finanzströme zum Ausgleichsmechanismus zwischen den großen Volkswirtschaften, während wirtschaftliche Integrationsräume wie die EG/EU nach Mechanismen suchten („Währungsschlange"), die Währungsschwankungen zwischen den Mitgliedsländern möglichst gering zu halten, um den Austausch zwischen ihnen von Währungsrisiken zu befreien. Am Ende dieser Politik stand die Einführung der gemeinsamen Währung EURO.

Trotzdem konnte der Dollar weiterhin seine Rolle als Weltwährung behaupten, jedenfalls solange er von international operierenden Unternehmen, Banken und Sparern als Zahlungs- und Wertaufbewahrungsmittel akzeptiert wurde. Erst der „Beinahe-Kollaps" des amerikanischen Finanzsystems im Jahre 2008 infolge der jahrelangen Verschuldung der privaten Haushalte und des Staates könnte das Ende des dollarbasierten Weltwährungssystems einläuten. Die Zweifel an der Stabilität des Dollars nehmen zu, ganz besonders in China, das mit dem Ankauf von amerikanischen Staatspapieren das jahrelange Leistungsbilanzdefizit der USA mitfinanziert und damit zugleich seine eigene merkantilistische Handelspolitik gestützt hat.[6]

In Ergänzung zur währungsstabilisierenden Funktion des IWF wurde in Bretton Woods eine Internationale Bank für Wiederaufbau und Entwicklung (IBRD) – die Weltbank – gegründet, um die kriegszerstörten Volkswirtschaften Europas und Japans mit langfristigen Krediten zu günstigen Zinsen zu versorgen und damit die Wiederbelebung der Weltwirtschaft nach dem absehbaren Ende des Krieges zu finanzieren. Die Kapazität der Weltbank erwies sich allerdings schon bald als zu gering, um den enormen Finanzbedarf Europas für den Wiederaufbau zu decken, und die drohende Gefahr der kommunistischen Machtübernahme in immer mehr europäischen Ländern bewog die USA dazu, mit dem Marshallplan ein umfassenderes und schnell wirksames Hilfsprogramm aufzulegen. Damit wurden die großen und kleinen Wirtschaftswunder in den westeuro-

---

[6] Allerdings kann China kein Interesse haben, den Dollar „schwach zu reden" und damit seine exorbitant hohen Dollarreserven selbst zu entwerten. Daher wird der Dollar seine Rolle als Weltwährung nur ganz allmählich mit anderen Währungen teilen (Eichengreen 2009).

päischen Volkswirtschaften initiiert.[7] Die Sowjetunion hatte ihren osteuropäischen Satellitenstaaten die Inanspruchnahme der Marshallplangelder untersagt und damit den wirtschaftlichen Eisernen Vorhang quer durch Europa hochgezogen.

Dass IWF und Weltbank ihre Existenz der Bretton-Woods-Konferenz verdanken, ist allgemein bekannt. Weniger bekannt ist hingegen, dass bei dieser Konferenz auch die Gründung einer Internationalen Handelsorganisation (ITO) als dritte und gleichberechtigte Säule der neuen Weltwirtschaftsordnung zur Debatte stand. Über Mandat und Organisation der ITO wurde in einer Folgekonferenz zur Bretton-Woods-Konferenz vom November 1947 bis März 1948 in Havanna, Kuba, verhandelt. Die 53 an der UN Conference on Trade and Employment teilnehmenden Staaten, darunter die USA und Großbritannien, unterzeichneten ein wegweisendes Dokument, die leider in Vergessenheit geratene *Havana Charter*.[8] Darin werden in sechs Kapiteln und 54 Artikeln Ziele und Spielregeln für alle damals für relevant erachteten Bereiche des Welthandels aufgeführt:

1. „Beschäftigung und wirtschaftliche Aktivität" (einschließlich der Beachtung fairer Arbeitsstandards (!) zur Vermeidung von Schwierigkeiten im internationalen Handel),
2. „wirtschaftliche Entwicklung und Wiederaufbau" (einschließlich Regeln für ausländische Investitionen für diese Zwecke und für staatliche Industrieförderung),
3. „Handelspolitik" (Regeln für Zölle, Zollpräferenzen, mengenmäßige Beschränkungen, Subventionen, Staatshandel, Anti-Dumping-Maßnahmen),
4. „restriktive Geschäftspraktiken" (Antikartell- bzw. Wettbewerbspolitik),
5. „internationale Rohstoffabkommen" zur Vermeidung exzessiver Preisschwankungen bei Rohstoffen, von denen negative Effekte auf die Konjunktur und wirtschaftliche Entwicklung der betroffenen Länder ausgehen können.

In weiteren Kapiteln der Havana Charter werden Aufbau und Kompetenzen der Internationalen Handelsorganisation und das Verfahren zur Beilegung von Streitfällen zwischen Mitgliedsstaaten beschrieben.

---

[7] Das deutsche Wirtschaftswunder, daran sei gerade heute wieder erinnert, verdankte sich auch einer merkantilistischen Exportstrategie, bei der die unterbewertete D-Mark eine ähnliche Rolle für die Exportwettbewerbsfähigkeit der deutschen Industrie auf dem amerikanischen Markt spielte wie heute die unterbewertete Währung Chinas für die chinesische Industrie.

[8] Die Schreibweise „Havana Charter" mag ungewöhnlich erscheinen, es ist aber der Titel des noch heute auf der Webseite der WTO zu findenden Dokuments, der daher auch hier durchgängig verwendet wird.

In der heute noch lesenswerten Havana Charter (United Nations Conference on Trade and Employment 1948) schlug sich zum einen der Wille der westlichen Industrieländer nieder, die Fehler der die Weltwirtschaftskrise der 1930er Jahre verschärfenden und verlängernden Wirtschafts-, Währungs- und Handelspolitik in Zukunft zu vermeiden, also anstelle nationalistischer Krisenbekämpfungspolitik durch Abwertungswettläufe und Handelsprotektionismus *(beggar thy neighbour policies)* internationale Zusammenarbeit und Koordination der nationalen Konjunkturpolitiken. Zum anderen wurden in der Havana Charter auch die Interessen der schon damals vertretenen 31 Entwicklungsländer – darunter das gerade unabhängig gewordene Indien – in den umfangreichen Bestimmungen über die Förderung wirtschaftlicher Entwicklung, die Behandlung ausländischer Investitionen und die Stabilisierung der Rohstoffmärkte durch internationale Abkommen umfassend berücksichtigt. Nach der Weltwirtschaftskrise und dem durch sie mit verursachten Zweiten Weltkrieg war den führenden Politikern und Ökonomen jener Zeit klar, dass die Neuordnung der Weltwirtschaft diese Erfahrungen und außerdem noch die speziellen Interessen der bereits unabhängigen und der ihre Unabhängigkeit anstrebenden Entwicklungsländer berücksichtigen musste.[9]

Die Gründung der ITO scheiterte jedoch am zunehmenden Widerstand im US-amerikanischen Kongress gegen die als nicht zumutbar empfundene Einschränkung der nationalen Souveränität der neuen Weltmacht USA in Sachen Wirtschaftspolitik durch eine internationale Organisation und ihre Spielregeln. Die kommerziellen Interessen an Handelsliberalisierung sowie möglichst wenig staatlicher Marktregulierung und Eingriffen in die „heilige" Unternehmensfreiheit hatten schon wieder Oberhand gewonnen gegenüber dem von Keynes wie White vertretenen Konzept der „Einhegung" der kapitalistischen Weltmarktwirtschaft, damit eine Wiederholung der Weltwirtschaftskrise vermieden werden konnte. Beide, Keynes und White, starben bereits 1946 und konnten dem stillen Begräbnis der Havana Charter nicht mehr entgegentreten. Parallel zur Havana-Konferenz verhandelten in Genf 23 Industrie- und Entwicklungsländer (vor allem lateinamerikanische Länder, die meisten afrikanischen und asiatischen Entwicklungsländer waren damals noch nicht unabhängig) über die Senkung von Zöllen und anderen Handelsschranken, die während der Weltwirtschaftskrise stark erhöht worden waren. Um diesen Verhandlungen einen rechtlichen Rahmen zu geben, einigte man sich darauf, das handelspolitische Kapitel der Havana Charter als *Allgemeines Zoll- und Handelsabkommen* (General Agreement on

---

[9]   „The thinking in elite circles was that new principles were needed that would require states not to consider commercial policy as an end in itself but rather as part of a group of policies that assured both social stability and the rapid expansion of the international trading system" (Drache 2000: 13).

Tariffs and Trade, GATT) zur – provisorischen – Grundlage der laufenden und zukünftiger multilateraler Handelsrunden zu machen und für die organisatorische Unterstützung der Handelsverhandlungen und die Auslegung der Regeln im Streitfall ein Sekretariat einzurichten.

Obwohl als Provisorium entstanden, wurde das GATT-Sekretariat in Genf über acht multilaterale Verhandlungsrunden, eine große Zahl von Streitschlichtungen und die kontinuierliche Fortentwicklung des Regelwerks, u.a. durch Berücksichtigung der besonderen Interessen der Entwicklungsländer, zu einer der erfolgreichsten internationalen Organisationen. Mochte es am Anfang noch wie ein Club der reichen Industrieländer und einiger weniger Entwicklungsländer (der Ostblock und das kommunistische China blieben außen vor) erscheinen, entwickelte sich das GATT mit dem Beitritt von immer weiteren Entwicklungs- und seit den 1980er Jahren auch von sozialistischen und später Transformationsländern immer mehr zu einer universellen Organisation. In der letzten GATT-Runde, der Uruguay-Runde (1986-94), wurde das Regelwerk um mehrere neue Abkommen erweitert, und bisher ausgeklammerte Sektoren und neue Themen (Agrarhandel, internationale Dienstleistungen, geistiges Eigentum) wurden erstmals einbezogen. Dieser neuen Qualität wurde mit der Umtaufe des GATT-Sekretariats in *Welthandelsorganisation* (WTO) Rechnung getragen. Weiterhin bleibt das Allgemeine Zoll- und Handelsabkommen (GATT) in der Form von 1994 Rückgrat der multilateralen Handelsordnung der WTO.

Bei aller berechtigten Kritik an den Strukturmängeln der neuen Weltwirtschaftsordnung und der asymmetrischen Behandlung von Industrie- und Entwicklungsländern – und davon wird im Folgenden zu reden sein – bleibt zu würdigen, dass mit der in Bretton Woods konzipierten Weltwirtschaftsordnung ein *ordnungspolitischer Quantensprung* gegenüber dem Chaos der Zeit nach dem Ersten Weltkrieg gelungen war, der zumindest bis zur ersten Ölkrise 1974 eine historisch einmalige Wachstumsphase der Weltwirtschaft ausgelöst hat. Die neue Ordnung mit den beiden Internationalen Finanzinstitutionen IWF und Weltbank auf der einen und dem GATT auf der anderen Seite des Atlantiks hat ganz entscheidend zum wirtschaftlichen Aufschwung Westeuropas und Japans nach dem Ende des Krieges, aber auch zu dem vielleicht noch viel unwahrscheinlicheren Wirtschaftswunder einer Reihe ost- und südostasiatischer Entwicklungsländer beigetragen. Die Öffnung der Märkte und die im Vergleich zu der Zeit zwischen den Weltkriegen relativ stabilen weltwirtschaftlichen Rahmenbedingungen (bis zur aktuellen Weltwirtschaftskrise nahm der Welthandel in jedem Jahr seit Gründung des GATT stetig und schneller zu als die Weltproduktion) waren neben der radikalen Senkung der Transport- und der Transaktionskosten im internationalen Wirtschaftsverkehr durch die neuen Transport- und Kommunikationstechnologien eine Voraussetzung der wirtschaftlichen Globalisierung. Schließ-

lich machten die leistungsfähigeren und immer billigeren Computer und Soft-
ware in Verbindung mit dem Internet sogar die globale Vernetzung von Produk-
tionsprozessen und Dienstleistungen möglich. Mit dieser technologischen Revolution konnten die Ostblockländer nicht Schritt halten, nach dem Fall der Berliner Mauer 1989 öffneten auch sie sich schrittweise zur kapitalistischen Weltwirtschaft und ihren Institutionen. 2001 trat China der WTO bei, 2007 Vietnam, so
dass von den großen Weltwirtschaftsländern nur Russland (noch) nicht Mitglied
der WTO geworden ist.[10]

4 Schwachstellen der Weltwirtschaftsordnung von Bretton Woods und Havanna

Ein Geburtsfehler der neuen Weltwirtschaftsordnung war sicherlich die Nichtgründung der ITO und der damit verbundene Verzicht auf ein umfassendes und
von den Erfahrungen der Weltwirtschaftskrise getragenes Regelwerk, mit dem
womöglich die für Entwicklungsländer besonders nachteiligen Schwankungen
der Preise auf den Weltrohstoffmärkten hätten gemildert, die wettbewerbsein-
schränkenden Praktiken multinationaler Unternehmen hätten bekämpft und die
Regierungen zu einer aktiven Beschäftigungspolitik im Geiste von Keynes hätten
verpflichtet werden können. Natürlich lässt sich kontrafaktisch nicht beweisen,
wie sich die Einbettung der Weltwirtschaft in ein engeres Regelkorsett gezwängt
hätte und wie sich das umfassendere Regelwerk der ITO auf Wachstum und
Entwicklung der verschiedenen Ländergruppen ausgewirkt hätte.[11] Immerhin sei
heute (2009), also während der erneuten Weltwirtschaftskrise mit Depressionsgefahr, erlaubt, die Nichtgründung der ITO als den Beginn eines langfristigen
Trends zu deuten, der zur allmählichen Verdrängung der Erinnerung an die Krisenanfälligkeit der kapitalistischen Weltwirtschaft, zur Verdrängung von Keynes
durch die Monetaristen und neoklassischen Ökonomen führte. Diese lesen aus
ihren Modellen eine inhärente Stabilität der Marktwirtschaft ab, die lediglich von

---

[10]   Russland hat zwar schon 1993 einen Beitrittsantrag – damals noch beim GATT – eingereicht,
aber zum Beitritt zur WTO ist es bis heute nicht gekommen.

[11]   „Another counter-factual speculation is that if the real price of oil – together with practically all
other primary commodities – had not deteriorated from the 1950s to 1973, would the OPEC
countries still have engaged in their dramatic quadrupling of oil prices in 1973 and then again
multiplied them in 1979? It is often forgotten that the 1973 action did little more than restore the
real price of oil in terms of manufactures to what it had been before. Without the OPEC action
in 1973, the Bretton Woods system might not have collapsed and might have recovered from
the abandonment of the fixed exchange rate between gold and dollar by President Nixon in
1971. Also, if the non-oil primary commodity prices had been maintained and stabilised between the 1950s and 1973, the rise in oil prices would not have created the balance-of-payments
crisis and subsequent debt crisis among developing countries" (Singer 1995).

falscher Wirtschaftspolitik bedroht wird, und ziehen daraus den Schluss, der Staat möge sich möglichst weit aus der Steuerung und Regulierung der Marktwirtschaft zurückziehen.

Damit wurden die intellektuellen Weichen in Richtung fortschreitender Liberalisierung des internationalen Kapitalverkehrs und Abkehr vom Bretton-Woods-Regime fester Wechselkurse gestellt. Nachdem 1971 die Golddeckung des Dollar aufgegeben worden war, konnte in den schweren, von der Ölkrise ausgelösten Verwerfungen der 1970er Jahre auch das System fester Wechselkurse nicht mehr aufrecht erhalten werden. Flexible Wechselkurse gaben den Regierungen mehr Spielraum für ihre Konjunktur- und Beschäftigungspolitik, je nachdem, ob mehr Gewicht auf Schaffung von Arbeitsplätzen oder Inflationsbekämpfung gelegt wurde. Die Liberalisierung des internationalen Kapitalverkehrs eröffnete den Banken neue Betätigungsfelder, und Staaten konnten ihren Investitionsbedarf über internationale Anleihen an den Kapitalmärkten finanzieren. Auf den internationalen Kapitalmärkten wurden immer größere Kapitalströme zwischen Industrie- und Entwicklungsländern bewegt als von den beiden „staatlichen" internationalen Finanzinstitutionen IWF und Weltbank. Diese „Entfesselung" des globalen Kapitalismus wurde lange Zeit gefeiert, weil dadurch auch Entwicklungsländer größere Wachstumsimpulse erhielten als in einem stärker reglementierten System internationaler Finanztransfers. Damit war der IWF in seiner ursprünglichen Funktion als Ausgleichsfonds zur Stabilisierung der Wechselkurse eigentlich überflüssig. Er fand eine neue Rolle in der Bereitstellung von Strukturanpassungskrediten und -programmen für die hochverschuldeten Entwicklungsländer und später die Transformationsländer.

Prominente Kritiker der Bretton-Woods-Ordnung und der Benachteiligung der Entwicklungsländer in einer Weltwirtschaft, in der die Austauschrelation *(terms of trade)* ihrer Rohstoffexporte gegenüber den Industriegüterimporten immer ungünstiger wurde, wie der Argentinier Raúl Prebisch, forderten von Anfang an eine grundlegende Reform, mit der einige der in der Havana Charter enthaltenen Korrekturmechanismen (insbesondere internationale Rohstoffabkommen zur Preisstabilisierung und Korrektur der die Entwicklungsländer benachteiligenden Austauschrelationen) hätten realisiert und vor allem die trotz GATT weiterbestehenden Marktzutrittsbeschränkungen der Industrieländer für Agrar- und Industriegüterexporte der Entwicklungsländer hätten beseitigt werden sollen (Prebisch 1949).[12] Die meisten Entwicklungsländer machten sich die Kritik zueigen und forderten eine UN-Konferenz zur Untersuchung der Probleme und Erarbeitung von Reformvorschlägen.

---

[12] Eine knappe Einführung zu Prebisch anhand der Besprechung einer neuen Prebisch-Biographie findet sich im Economist (5.3.2009): „Raúl Prebisch – Latin America's Keynes". In seinem Beitrag in diesem Band geht John Akude auf Prebischs Ansatz ein.

Der zweite Geburtsfehler der Bretton-Woods-Ordnung war die Einsetzung einer nationalen Währung – des Dollars – als internationale Reservewährung. Zwar wurde an der Golddeckung des Dollar festgehalten und damit an einem problematischen Relikt aus der Vorkriegszeit – Golddeckung von Währungen macht die Geldversorgung abhängig von der Goldproduktion, und wenn diese aus geologischen und bergbautechnischen Gründen nicht mit der wirtschaftlichen Entwicklung einhergeht, entsteht Depressionsgefahr. Deswegen sah Keynes' Plan die Schaffung einer internationalen Verrechnungswährung *(bancor)* vor und darüber hinaus symmetrische Anpassungsauflagen für Überschuss- wie Defizitländer, um die Geldversorgung der Volkswirtschaften von den Zufälligkeiten der Weltgoldproduktion abzukoppeln und die Leistungsbilanzdefizite und -überschüsse keine stabilitätsgefährdenden Ausmaße annehmen zu lassen. Die USA nutzten den Spielraum für fast grenzenlose Verschuldung in eigener Währung in den 1960er Jahren so weidlich aus (Vietnam-Krieg und gleichzeitige umfangreiche Sozialprogramme der Regierung Johnson), dass die Golddeckung des Dollars 1971 aufgegeben werden musste. Solange aber die weltwirtschaftlich relevanten Länder und Wirtschaftsakteure in aller Welt den Dollar auch ohne Golddeckung als Reservewährung, als Zahlungs- und Wertaufbewahrungsmittel akzeptieren, können die USA sich über alle Maßen verschulden, ohne vom IWF zur Ordnung, also zur Erhöhung ihrer Ersparnis und Senkung ihrer Ausgaben (staatliche und private aggregiert), gerufen zu werden. Dadurch kommt es zu internationalen Leistungsbilanzungleichgewichten, wie zurzeit zwischen USA und China sowie weiteren asiatischen Schwellenländern, die immer mit dem Risiko krisenhafter Anpassungsprozesse verbunden sind.[13]

5 Ein erster Anlauf zu einer Neuen Weltwirtschaftsordnung

1964 fand in Genf die erste UN Conference on Trade and Development (also nicht mehr wie in den 1940er Jahren: UN Conference on Trade and Employment!) statt, das Sekretariat der Konferenz wurde unter dem Kürzel UNCTAD zu einer weiteren internationalen Organisation mit nahezu universeller Mitgliedschaft, in der die Entwicklungsländer ihre Interessen besser aufgehoben sahen als in den Bretton-Woods-Institutionen und im GATT, wobei allerdings UNCTAD-Beschlüsse keine Bindungswirkung für die Regierungen haben, ihnen kommt also nur Appellcharakter zu.[14] Eine Forderung der Entwicklungsländer,

---

[13] Die Literatur zu den globalen Ungleichgewichten ist umfangreich. Eine didaktisch gute Einführung in das Thema, allerdings vor der Finanzkrise, findet sich im dritten Kapitel des Jahresgutachtens 2006/07 des Sachverständigenrats zur Begutachtung der gesamtwirtschaftlichen Entwicklung, Sachverständigenrat (2006); s. auch Boysen-Hogrefe et al. (2009).

[14] Prebisch wurde erster Generalsekretär der UNCTAD.

die im Rahmen von UNCTAD als Gruppe 77 (weil zunächst 77 Entwicklungsländer umfassend) erhoben wurde und bei der zweiten UNCTAD 1968 in Neu
Delhi auch von den Industrieländern akzeptiert wurde, war die Einführung von
Zollpräferenzen der Industrieländer für Entwicklungsländerexporte. Damit sollte
den Entwicklungsländern der Einstieg in den Export verarbeiteter Industriegüter
erleichtert werden. Ab 1971 wurden zunächst von der Europäischen Gemeinschaft und in der Folge von allen Industrieländern derartige Zollpräferenzsyste-
me eingeführt, ohne dass die weniger entwickelten Länder davon einen starken
Impuls für exportorientierte Industrialisierung erhalten hätten. Heute sind die
Zollpräferenzen eher zu einem Hemmnis gegen weitergehende Handelsliberalisierung geworden, weil die begünstigten Länder von generellen Zollsenkungen
eine Erosion der Präferenzen und damit Wettbewerbsnachteile gegenüber leistungsfähigeren Anbietern befürchten und sich nicht besonders für globale Handelsliberalisierung einsetzen.

Mit der Ölkrise und der allgemeinen Rohstoffpreishausse Mitte der 1970er
Jahre sahen die Entwicklungsländer die Gelegenheit gekommen, eine *Neue
Weltwirtschaftsordnung* (NWWO) zu fordern. Hinter diesem von Prebisch geprägten Begriff verbarg sich ein umfassendes Reformprogramm für die Bretton-
Woods-Institutionen, die Handelspolitik und die Stabilisierung der Rohstoffprei-
se und Steigerung der Rohstofferlöse, von denen die meisten Entwicklungsländer
empfindlich abhängig waren und bis heute immer noch sind. Im Mittelpunkt des
NWWO-Programms stand die an die Havana Charter anknüpfende Forderung
nach internationalen Rohstoffabkommen mit Ausgleichslagern oder Quotenre-
geln zur Stabilisierung der Weltmarktpreise und Umkehr der sinkenden Terms of
Trade im Austausch mit Industriegütern. Doch die Hoffnungen der Entwicklungsländer erfüllten sich nicht. Die in der OPEC zusammengeschlossenen
Ölländer konnten zwar mit der Drohung von Produktionsdrosselung und Liefer-
boykott die Preise für Rohöl anheben, aber sie ließen sich von den übrigen Entwicklungsländern nicht dazu überreden, mit der Ölwaffe den westlichen Industrieländern eine *Neue Weltwirtschaftsordnung* aufzuzwingen.

Vielmehr investierten die OPEC-Länder ihre gestiegenen Öleinnahmen erst
einmal in ihre eigene wirtschaftliche Entwicklung, in Infrastruktur und neue
Industrien, und sie erwarben Anteile an internationalen Unternehmen, um Zugang zu modernen Technologien und Märkten der Industrieländer zu erhalten. In
Reaktion auf den starken Anstieg der Ölpreise erschlossen Nicht-OPEC-Länder
neue Ölfelder (z.B. Nordsee-Öl), so dass die Kartellmacht der OPEC bald wieder
abgeschwächt wurde. Gleichzeitig wurden die von Ölimporten abhängigen Entwicklungsländer dazu verleitet, ihre Entwicklungsprogramme trotz der massiven
Devisenabflüsse für Ölimporte durch Kreditaufnahme an den internationalen
Kapitalmärkten zu finanzieren. Damit ermöglichten sie, unter tatkräftiger Mit-

wirkung der internationalen Banken, das „Recyceln" der Devisenüberschüsse derjenigen OPEC-Länder, die den neuen Reichtum gar nicht so schnell in eigene Entwicklungsprogramme umsetzten konnten. Ohne das Recyceln der Ölgelder wäre es wahrscheinlich zu einer langwierigen weltweiten Depression gekommen, wenn nämlich alle ölimportabhängigen Länder gleichzeitig ihre Nachfrage hätten drosseln müssen.

Dieser Dienst an der weltwirtschaftlichen Konjunktur wurde den immer tiefer verschuldeten Entwicklungsländern schlecht vergolten. Als in den 1980er Jahren die Industrieländer, angeführt von den USA und Großbritannien, die durch die Ölpreissteigerungen und die nachfolgenden gewerkschaftlichen Forderungen nach Kaufkraftausgleich angeheizte Inflation durch restriktive Geldpolitik und Zinserhöhungen einzudämmen versuchten und damit die Zinsen auf den zunehmend globalisierten Kapitalmärkten in die Höhe trieben, konnten immer mehr verschuldete Entwicklungsländer die steigenden Zins- und Tilgungslasten nicht mehr aufbringen und mussten den IWF und die Weltbank um Beistandskredite angehen. Doch entgegen den Erwartungen der Ökonomen in beiden Instituten brachten die damit verbundenen Auflagen und Strukturanpassungsprogramme mit den neoklassischen Standard-Empfehlungen zur Handelsliberalisierung, zur Einschränkung der Staatsausgaben und Privatisierung staatlicher Unternehmen (*Washington Consensus*) in den meisten davon betroffenen Entwicklungsländern keinen nachhaltigen Wachstumsschub, sondern vergrößerten nur die Einkommensungleichheit zwischen den wenigen Liberalisierungs- und Privatisierungsgewinnern auf der einen und den arbeitslos gewordenen Beschäftigten in den öffentlichen Diensten und staatlichen Unternehmen auf der anderen Seite. Offenbar funktioniert die Marktwirtschaft vor allem in Entwicklungsländern keineswegs so wie in den ökonomischen Lehrbüchern.

Dies wird besonders deutlich, wenn man die erfolgreichen ost- und südostasiatischen Schwellenländer mit den weniger dynamischen Entwicklungsländern in Afrika oder Lateinamerika vergleicht. Während letztere unter dem Einfluss von IWF- und Weltbank-finanzierten Strukturanpassungsprogrammen mehr oder weniger weitgehende marktwirtschaftliche Reformen implementieren mussten, ohne dass davon die erwarteten nachhaltigen Wachstums- und Entwicklungsimpulse ausgingen, verfolgten die asiatischen Schwellenländer eine heterodoxe (also nicht den neoklassischen Lehrbüchern folgende) Mischung aus staatlicher Industriepolitik und merkantilistischer Exportförderung, die diese Länder in wenigen Dekaden auf das Technologie- und Einkommensniveau der Industrieländer katapultierte. Ein Land wie Südkorea, das noch in den 1950er Jahren ein Pro-Kopf-Einkommensniveau wie Ghana hatte, ist innerhalb von einer Generation zu den Industrieländern aufgerückt, die Produkte seiner überaus leistungsfähigen Industrien sind heute in jedem Elektronik-Geschäft überall auf der Welt zu

besichtigen. Nachholende Entwicklung ist also möglich, und durch die Übernahme moderner Technologien, Organisationsformen und internationaler Ver-
marktungskanäle lässt sich der Abstand zu den führenden Industrieländern im
Prinzip immer schneller einholen – vorausgesetzt, die Regierung verfolgt eine
konsequente Entwicklungsstrategie und schafft durch umfassende Investitionen
ins Bildungssystem einschließlich technischer Schulen und Hochschulen sowie
in moderne Forschungs- und Entwicklungsinstitutionen die Voraussetzungen für
den Anschluss an das internationale Technologieniveau (Chang 2007).[15]

Ihren rasanten Aufstieg durch exportorientierte Industrialisierung hätten die
asiatischen Schwellenländer allerdings nicht ohne offene und immer weiter ge-
öffnete Weltmärkte erreichen können. Insofern kann die Weltwirtschaftsordnung
von Bretton Woods auf ihrer handelspolitischen Seite (GATT/WTO) nicht anders als erfolgreich bezeichnet werden. Die in diesem Rahmen erfolgten multilateralen Runden zur Handelsliberalisierung und Weiterentwicklung der Handelsordnung waren eine wesentliche Voraussetzung für den Erfolg der dynamischen
Schwellenländer, denen sich seit den 1980er und 1990er Jahren auch die beiden
größten Entwicklungsländer China und Indien angeschlossen haben. Bis zur
Uruguay-Runde waren die Entwicklungsländer Nutznießer der Zollsenkungen
der Industrieländer, ohne selbst wesentliche handelspolitische „Zugeständnisse"
machen zu müssen.[16] Auch als GATT-Vertragsparteien durften Entwicklungsländer eine Importsubstitutionsstrategie verfolgen, ohne dafür den Zugang zu
den Märkten der Industrieländer aufs Spiel zu setzen, im Gegenteil: mit den
Präferenzsystemen erhielten sie sogar privilegierten Zugang zu den Märkten der
Industrieländer.

6   Vom GATT zur WTO – von der „flachen" zur „tiefen" Integration

Die Industrieländer akzeptierten die „Trittbrettfahrerrolle" der Entwicklungsländer im GATT solange, wie diese nur eine marginale Rolle in der Weltwirtschaft

---

[15] Der Erfolg einer solchen Strategie hängt allerdings von den politischen Rahmenbedingungen
und der Qualität der staatlichen Administration ab. Dafür hat sich im internationalen Entwicklungsdiskurs der Begriff *Good Governance* durchgesetzt (zu *Good Governance* in den öffentlichen Finanzen vgl. den Beitrag von Sebastian Gehart in diesem Band). Länder, die nicht über
diese Voraussetzungen verfügen, sind daher gut beraten, weniger anspruchsvolle Entwicklungsstrategien zu verfolgen.

[16] Die Meistbegünstigungsklausel des GATT zwingt Länder, die untereinander reziproke Zollsenkungen aushandeln, diese auch auf Importe aus allen anderen Vertragsparteien anzuwenden.
(„Zugeständnis" wird hier in Anführungsstriche gesetzt, weil orthodoxe Ökonomen auch einseitige Zollsenkungen und Marktöffnung nicht für ein Zugeständnis erachten, sondern als im eigenen Interesse des liberalisierenden Landes sehen, weil damit die Spezialisierung der eigenen
Wirtschaft entsprechend den komparativen Vorteilen gefördert wird.)

spielten und ihre neuen Industrien noch keine Bedrohung für die alten Industrien in den Industrieländern darstellten.[17] Der „Spaß" hörte jedoch auf, als seit den 1970er Jahren neben Japan immer mehr ost- und südostasiatische Schwellenländer zu ernsthaften Konkurrenten der alten Industrieländer wurden. Die Uruguay-Runde, die letzte GATT-Runde von 1986 bis 1994, war darauf angelegt, die immer wettbewerbsfähiger werdenden Schwellenländer stärker in die „handelspolitische Pflicht zu nehmen", also auch von ihnen Marktöffnung und Beachtung der GATT-Prinzipien und Spielregeln zu verlangen. Gleichzeitig mussten die Interessen der zunehmend international operierenden Dienstleistungsunternehmen sowie der wissensintensiven Branchen wie der Pharma- und der Softwareindustrien berücksichtigt werden. Um die Entwicklungsländer für den Einstieg in neue Regeln für internationale Dienstleistungen und den Schutz geistigen Eigentums, von denen sie weniger Nutzen als die Industrieländer erwarten konnten, zu gewinnen, versprachen die Industrieländer, die noch bestehenden Marktzutrittsbeschränkungen und Wettbewerbsverzerrungen für die Produktionszweige mit komparativen Vorteilen bei Entwicklungsländern, also Textilien und Bekleidung sowie Agrarprodukte, abzubauen. So führte die Uruguay-Runde zur Erweiterung der GATT-Ordnung um ein internationales Dienstleistungsabkommen (General Agreement on Trade in Services, GATS) und ein Abkommen zu den Handelsaspekten geistigen Eigentums (Trade-Related Intellectual Property Rights, TRIPS). Erstmals wurde auch der Weltagrarhandel mit einem eigenen Abkommen in die GATT-Ordnung einbezogen und damit die Tür für Marktöffnung und Abbau wettbewerbsverzerrender Subventionen geöffnet. Den Entwicklungsländern wurde das Auslaufen des Multifaserabkommens, allerdings erst im Laufe von weiteren zehn Jahren (1995 bis 2005) in Aussicht gestellt.

---

[17] Der Wettbewerbsdruck der Entwicklungsländer traf die Textil- und Bekleidungsindustrien der OECD-Länder schon in den 1960er Jahren. Um ihnen den Anpassungsprozess an sich ändernde internationale Wettbewerbsbedingungen zu erleichtern, wurde sogar ein multilaterales Abkommen geschlossen. Das Multifaserabkommen von 1975 sah vor, dass die Industrieländer den Importanstieg von billigen Textilien und Bekleidung aus Entwicklungsländern durch Mengenbeschränkungen (Quoten) abbremsen durften, um den eigenen Industrien Zeit für die unvermeidlichen Anpassungen zu geben. Unter dem Dach des Multifaserabkommens wurden sogenannte Selbstbeschränkungsabkommen zwischen Import- und Exportländern geschlossen, mit denen sich letztere verpflichteten, den Anstieg ihrer Textil- und Bekleidungsexporte auf ein für das importierende Industrieland verträgliches Maß zu begrenzen. Immer weitere Entwicklungsländer verlangten dann, in das Quotenregime, das durch das Multifaserabkommen etabliert worden war, einbezogen zu werden. So wurde allmählich der Welttextilhandel immer weiter parzelliert, und nun wehren sich alle davon begünstigten kleinen Entwicklungsländer und ihre Fürsprecher in der globalen Zivilgesellschaft gegen die eigentlich im Interesse der Entwicklungsländer liegende generelle Liberalisierung des Welttextilhandels, weil davon vor allem die großen Textilländer wie Indien und China profitieren würden, während die Auslagerungsfabriken in den kleinen Ländern Afrikas ihre Zelte abbrechen würden.

Erst allmählich wurde den Entwicklungsländern klar, welch miserablen Deal sie mit dem Abschluss der Uruguay-Runde gemacht hatten.[18] Mit den neuen WTO-Abkommen zum internationalen Dienstleistungshandel, zum Schutz geistigen Eigentums, zu Subventionen und zu ausländischen Direktinvestitionen sind sie umfangreiche Verpflichtungen zur Anpassung aller möglichen handels- und wettbewerbsrelevanten Politiken, Gesetzen und institutionellen Rahmenbedingungen eingegangen. Das erfordert von den Entwicklungsländern umfassende und kostspielige Reformprogramme, ohne dass die Länder, wie im Falle des verschärften Schutzes geistigen Eigentums, unmittelbar Nutzen daraus ziehen können. Die Industrieländer hingegen ließen sich viel Zeit mit der Umsetzung ihres Teils des „Deals". Die Sorgen der Entwicklungsländer wurden noch verstärkt durch die Proteste der internationalen Zivilgesellschaft gegen die als unfair empfundene Welthandelsordnung. Daher konnten die Entwicklungsländer nur zum Einstieg in eine neue, die erste WTO-Runde, „überredet" werden, indem die Industrieländer versprachen, auf die Interessen der Entwicklungsländer an einer Korrektur des asymmetrischen Ergebnisses der Uruguay-Runde Rücksicht zu nehmen und die neue Runde zu einer „Entwicklungsrunde" zu machen. Allerdings ist bis heute (Frühjahr 2011) noch kein Durchbruch in dieser Richtung erreicht worden. Nur langsam kommt die Marktöffnung und der Abbau wettbewerbsverzerrender Exportsubventionen für Agrarprodukte voran, und das Auslaufen des Quotenregimes des Multifaserabkommens wirkt sich für die kleineren und weniger wettbewerbsfähigen Anbieter sogar nachteilig aus, weil sie die bisher gesicherten Marktzugangsquoten verlieren und die großen wettbewerbsstarken Textilländer wie China, Indien und Bangladesh die Weltmärkte übernehmen.

7   Die „Entwicklungsrunde" – eine Hängepartie

Die Enttäuschung der Entwicklungsländer über den geringen Fortschritt in Richtung einer „Entwicklungsrunde" ist aber nur ein Grund, warum die Ende 2001 begonnene WTO-Runde trotz wiederholter Erklärungen der G8-Staats- und Regierungschefs auch im Jahr 2010 noch nicht zum Abschluss gekommen ist. Der eigentliche Grund ist die neue Qualität, die die multilaterale Handelsordnung mit dem Abschluss der Uruguay-Runde erreicht hat. Mit den neuen Abkommen zum Dienstleistungshandel und zum geistigen Eigentum bezieht sich die Handelsordnung nicht mehr wie das GATT nur auf Handelsmaßnahmen für den grenzüberschreitenden Warenverkehr (Zölle, Quoten, Exportsubventionen), sondern regelt

---

[18]   Die kanadische Ökonomin und ehemalige Vizehandelsministerin Sylvia Ostry formuliert drastischer und nennt das Ergebnis der Uruguay-Runde einen „bum deal" für die Entwicklungsländer (Ostry 2003).

einen weiten Kreis handelsrelevanter Wirtschaftspolitiken mit konkreten Vorgaben, was die Regierungen und staatlichen Einrichtungen in den jeweiligen Bereichen (z.b. Patentämter) zu tun und zu lassen haben. Man kann diesen Quantensprung der Welthandelsordnung als Übergang von der „flachen" zur „tiefen Integration" *(deep integration)* bezeichnen (Ostry 2003). Die multilaterale Handelsordnung entwickelt sich damit ein Stück weit in die gleiche Richtung wie die Europäische Union (EU) mit dem Binnenmarktprogramm, das ja ebenfalls sehr umfassende Vorgaben für die nationale Gesetzgebung und die nationale Wirtschaftspolitik macht, sofern davon der Wettbewerb innerhalb der EU berührt wird. Wie schwierig ein derartiges Programm umzusetzen ist, zeigen die vielfältigen Widerstände aus den EU-Mitgliedstaaten gegen zu viele EU-Regelungen und die damit verbundenen Einschränkungen nationaler Souveränität. Dabei sind die Differenzen zwischen den EU-Mitgliedern im Entwicklungsniveau und bei den institutionellen Rahmenbedingungen viel geringer als die zwischen WTO-Mitgliedstaaten. Es ist also kein Wunder, dass die Widerstände gegen vertiefte Integration zwischen sehr unterschiedlichen Ländern, zumal in der aktuellen weltweiten Krise, in allen Ländern und von allen möglichen Interessengruppen zunehmen und den Abschluss der 2001 eingeläuteten Doha-Entwicklungsrunde blockieren.

Wenn es in der EU schon schwierig ist, das Binnenmarktprogramm umzusetzen, dann muss es erst recht schwierig sein, ein Programm tiefer Integration mit über 150 weit heterogeneren Ländern umzusetzen, erst recht in einer Zeit, da der konzeptionelle Grundkonsens über marktkonforme Wirtschaftspolitik, der nach dem Fall der Berliner Mauer und der Auflösung des Ostblocks eine Dekade lang von Industrieländern, Transformationsländern und den meisten Entwicklungsländern geteilt wurde (*Washington Consensus*), zerbrochen ist (Rodrik 2006). Nachdem die traditionellen Strukturanpassungsprogramme nicht die erhoffte Wirkung auf Wachstum und Entwicklung gebracht haben, während ausgerechnet die erfolgreichen ostasiatischen Schwellenländer sich zwar zum Weltmarkt hin orientiert haben, dabei aber keineswegs den Empfehlungen der Lehrbuchökonomie gefolgt sind, sondern eine aktive Industriepolitik und selektiven Handelsprotektionismus zur Förderung der Entwicklung neuer Industrien verfolgt haben, kommt die Engführung staatlicher Wirtschafts- und Entwicklungspolitik durch das immer umfassendere Regelwerk der WTO und die neuen Abkommen über geistiges Eigentum und Behandlung ausländischer Direktinvestitionen unter massive Kritik. Am drastischsten formuliert die Kritik der in Cambridge lehrende koreanische Ökonom Ha-Joon Chang, der die Industrieländer mit dem schon von Friedrich List geäußerten Vorwurf konfrontiert, sie würden mit den neuen Spielregeln der WTO und den Empfehlungen des Washington Consensus den nachrückenden Entwicklungsländern „die Leiter wegtreten", auf der

sie selbst einst nach oben gestiegen sind. Chang weist nach, dass auch die führenden Industrieländer in der Frühphase ihrer industriellen Entwicklung allerlei
industrie-, technologie- und handelspolitische Maßnahmen zur Beschleunigung
der industriellen Entwicklung verwendet haben, die heute mit den neuen WTO-
Abkommen nicht mehr vereinbar wären (Chang 2002).

Vor diesem Hintergrund wird die Forderung der Entwicklungsländer nach
mehr *policy space* für Industriepolitik und Handelsförderung immer lauter. Damit ist das Problem aber noch nicht gelöst – mit welcher Wirtschafts- und Industriepolitik soll denn der größere Spielraum ausgefüllt werden? Schließlich gibt es
erfolgreichen und weniger erfolgreichen Staatsinterventionismus. Importsubstitutionspolitik kann das Entstehen international wettbewerbsfähiger Produktionszweige fördern, aber auch nationale Industrien so stark und so dauerhaft vom
internationalen Wettbewerb abkoppeln, dass sie nie international wettbewerbsfä-
hig werden und auf Dauer der staatlichen Unterstützung bedürfen. Der neue
Staatsinterventionismus in Reaktion auf die globale Finanzkrise kann sich auf
keine Theorie stützen, und es ist noch nicht abzusehen, ob sich die USA, die EU,
China und die übrigen IWF- und WTO-Mitglieder über Leitlinien für zukünftige
Wirtschafts- und Handelspolitik werden einigen können, die eine größere Flexibilität in der nationalen Wirtschaftspolitik erlauben, ohne dass davon das Ziel
einer für alle Länder vorteilhaften weltwirtschaftlichen Integration gefährdet
würde. Welche Staatseingriffe und Hilfen für nationale Unternehmen sollen
erlaubt sein, und wo fängt die Wettbewerbsverzerrung im internationalen Handel
und Dienstleistungsverkehr an? Seit auch die Regierungen der Industrieländer
ihre ordnungspolitischen Glaubenssätze über Bord werfen und massiv Banken
und inzwischen auch Industrieunternehmen stützen, um Arbeitsplätze zu erhalten
und wirtschaftliche Teufelskreise aufzuhalten, können sie nicht mehr mit glei-
cher Autorität Entwicklungsländer zum Verzicht auf Industriepolitik und Handelsförderung auffordern.

Auf einem Gebiet ist der *policy space* in den letzten beiden Dekaden größer
geworden – der Umweltpolitik. Hatte es noch bis in die 1980er Jahre hinein so
ausgesehen, als würden die im GATT versammelten Handelspolitiker aller Länder dem Freihandel und kommerziellen Interessen Vorrang einräumen vor dem
Umweltschutz und dem Schutz gefährdeter Arten, so hat unter dem Druck der
weltweiten Umweltbewegung auch in der WTO ein grundsätzliches Umdenken
begonnen. Die WTO-Entscheidungen zu Handelskonflikten mit Umwelthinter-
grund gehen immer mehr in die Richtung, dass handelspolitische Maßnahmen
zur Durchsetzung von Umwelt- oder Artenschutzzielen gerechtfertigt werden.
Bahnbrechend war hier die Entscheidung des Appellate Body (der zweiten In-

stanz der WTO-Streitschlichtung) zum *shrimps-turtles case*.[19] Auch das Thema Klimawandel ist in der WTO „angekommen". Das zeigt die aktuelle gemeinsame Veröffentlichung von WTO und UNEP zum internationalen Handel und Klimawandel (WTO & UNEP 2009).

8　Immer neue Grenzen des Wachstums – Kurswechsel zu nachhaltiger Entwicklung oder Fortsetzung des Krisenzyklus?

Völlig offen ist allerdings, ob die im Hinblick auf Umweltanforderungen bisher erfolgten inkrementellen Anpassungen der Welthandelsordnung ausreichen werden, um die von den Klimaforschern vorausgesagten katastrophalen Konsequenzen weiterer Zunahme der Treibhausgase in der Atmosphäre abzuwenden.[20] Dabei ist die begrenzte Aufnahmekapazität der Atmosphäre für Treibhausgase, ohne dass es zu nicht mehr beherrschbaren und die Bewohnbarkeit ganzer Regionen und Kontinente in Frage stellenden Klimaveränderungen kommt, nur eine der Naturschranken für weltweites wirtschaftliches Wachstum. Die inzwischen mehr als 35 Jahre alten Prognosen des Club of Rome (Meadows et al. 1972), wonach exponentielles Wachstum früher oder später an Grenzen stoßen müsse, scheinen wieder an Aktualität zu gewinnen, wenn man an die extremen und spekulativ überhöhten Preissteigerungen für Öl und Nahrungsmittel zu Beginn des Jahres 2008 denkt. Der aktuelle Preisanstieg (2010/2011) beweist, dass die Weltfinanz- und Wirtschaftskrise nur vorübergehend für Entspannung bei den Rohstoffpreisen gesorgt hat. Die zunehmend volatilen Witterungsbedingungen rund um den Globus wreden immer wieder Ernteausfälle und Hungerkatastrophen nach sich ziehen. Wie schon 2008 könnten davon betroffene Länder zu

---

[19]　In seiner Entscheidung vom Oktober 1998 erkennt der Appellate Body erstmals an, dass Art. XX GATT zur Rechtfertigung von Handelsmaßnahmen aus Umweltschutzgründen herangezogen werden darf. In diesem Fall ging es um Handelsmaßnahmen zum Schutz einer vom Aussterben bedrohten Tierart - Meeresschildkröten werden im Anhang 1 der Artenschutzkonvention (CITES) genannt. Ihr Schutz durch Handelsmaßnahmen sei durch die Formel in Art. XX (g): „relating to the conservation of exhaustible natural resources..." im Prinzip gedeckt. Allerdings müssen derartige Maßnahmen nichtdiskriminierend gegen alle Exportländer angewendet werden, die keine Vorkehrungen dagegen treffen, dass beim Garnelen-Fang mitgefangene Meeresschildkröten sterben, wenn sie sich nicht aus den Netzen befreien können. Gegen das Diskriminierungsverbot hatten die beklagten USA verstoßen, indem sie nur mit Nachbarländern ein Abkommen zum Schutz von Meeresschildkröten schlossen und nur diesen Ländern die dafür notwendig technische Unterstützung zukommen ließen, während die klagenden asiatischen Shrimps-Exportländer kurzfristig mit Handelsmaßnahmen bedroht wurden. Für diese diskriminierende Behandlung sah der Appellate Body keine Rechtfertigung und wies den Einspruch der USA gegen die Klage zurück (WTO 1998).

[20]　Zum Klimawandel als Entwicklungshemmnis und Sicherheitsrisiko siehe den Beitrag von Steffen Bauer in diesem Band.

panischen Eingriffen in die Märkte und den grenzüberschreitenden Handel Zuflucht suchen und damit die Probleme auf andere abwälzen. Hier sind immer neue Belastungsproben für die offene Weltwirtschaftsordnung zu erwarten. Die eigentliche Herausforderung wird aber darin liegen, von dem auf der Nutzung fossiler Energien basierenden Entwicklungspfad, den die Industrieländer seit zweihundert Jahren verfolgen und den die Schwellenländer und schließlich auch die beiden „Riesen" China und Indien nachahmen, umzuschwenken auf einen völlig anderen Entwicklungspfad, der auf erneuerbaren Energien und schonendem Umgang mit endlichen Rohstoffen basiert. Es reicht nicht mehr, die Wirtschaft mit staatlichen Investitionsprogrammen anzukurbeln, um damit die vorhandenen Produktionsstrukturen wieder voll zu beschäftigen, sondern es muss ein grundlegender Strukturwandel der Weltwirtschaft eingeleitet werden, der von der ölbasierten Industriegesellschaft hin zu einer auf erneuerbaren Energien basierenden Wirtschaft und Gesellschaft führt *(low carbon economy)* (Stern 2006; Edenhofer & Stern 2009; UNEP 2009). Immerhin haben sich die Regierungen der G20 auf dem Londoner Wirtschaftsgipfel Anfang April 2009 auf ein *green recovery* verständigt, also den Versuch, die staatlichen Konjunkturprogramme auf den im Hinblick auf Klimawandel und Rohstoffengpässe notwendigen Strukturwandel auszurichten.[21] Man sollte aber auch nicht vergessen, dass *nachhaltiges Wirtschaften* schon seit der UN Konferenz zu Umwelt und Entwicklung (United Nations Conference on Environment and Development, UNCED) in Rio de Janeiro 1992 auf der Tagesordnung der Staatengemeinschaft steht, doch die Klimaprognosen zeigen, dass dieses Umschwenken noch nicht stattgefunden hat. Offenbar ist die Abkehr vom permanenten Wirtschaftswachstum und dem damit verbundenen Versprechen, die Armut zu bekämpfen, ohne den Reichen etwas wegzunehmen, nur schwer mit den auf Konsens beruhenden demokratischen Institutionen der Industrieländer und erst recht der Entwicklungsländer zu vereinbaren.[22] Um so wichtiger wird es sein, den weltwirtschaftlichen Ordnungsrahmen zu festigen und die Entwicklungsländer an seiner Fortentwicklung zu beteiligen, damit das Umschwenken der Weltwirtschaft auf einen nachhaltigen Entwicklungspfad ohne bedrohliche Konflikte und kriegerische Auseinandersetzungen erfolgen kann.

---

[21]   „27. We agreed to make the best possible use of investment funded by fiscal stimulus programmes towards the goal of building a resilient, sustainable, and green recovery. We will make the transition towards clean, innovative, resource efficient, low carbon technologies and infrastructure" (G20 2009).

[22]   In der Financial Times hat Martin Wolf darauf hingewiesen, welche Probleme eine *zero-sum economy,* also eine Wirtschaft ohne Wachstum für die politische Stabilität der westlichen Demokratien erzeugen würde (Wolf 2007).

Die bisherige Krisenbekämpfung durch die Regierungen der G20-Länder hat zwar den Absturz in eine weltwirtschaftliche Depression vermieden, aber die Aussichten für eine klima- und umweltverträgliche Wirtschaftsweise in den Industrie- und den Entwicklungsländern haben sich dadurch (noch) nicht verbessert. Trotz vieler Lippenbekenntnisse und Gipfelerklärungen zu *nachhaltiger* wirtschaftlicher Entwicklung und *Green New Deal* bzw. *Green Recovery* setzen die Konjunkturprogramme auf schnelle Wiederbelebung der vorhandenen Wirtschaftsstrukturen (z.B. Förderung der Autoindustrie durch Abwrackprämien in Deutschland oder *cash for clunkers* in den USA) und vernachlässigen die Investitionen in zukunftsfähige neue Energie- und Verkehrssysteme. Und zu allem Überfluss legen die Stützungsmaßnahmen für notleidende Banken und andere Finanzinstitute schon wieder den Keim für die nächste Finanzkrise, weil die nach dem Marktaustritt kleinerer Banken noch mächtiger und systemrelevanter gewordenen Großbanken keinen Anreiz und kaum Zwang (durch staatliche Bankenaufsicht und verschärfte Regulierungen) verspüren werden, in Zukunft auf die Hebelwirkung immer größerer und riskanterer Kreditausweitung für eine hohe Eigenkapitalrendite zu verzichten.[23] Ob bei unverändertem Geschäftsgebaren der Banken die globalen Leistungsbilanzungleichgewichte zwischen den USA und „China plus" (also einschließlich der anderen asiatischen Schwellenländer mit immer größeren Währungsreserven, hauptsächlich in US-Dollar) abgebaut werden, steht ebenfalls in den Sternen. Dazu bedürfte es auf beiden Seiten einschneidender struktureller Anpassungen, zu denen bisher noch keine Regierung bereit zu sein scheint.[24] Angesichts dieser Perspektiven muss man fragen, ob die nächste globale Finanzkrise dann von den ohnehin hochverschuldeten Regierungen noch einmal mit massiven Staatsgarantien und defizitfinanzierter Nachfrageausweitung bekämpft werden könnte.

P.S.: *Als ich diesen Aufsatz im Frühsommer 2009 zu schreiben begann, sollte der Titel nur den Zusammenhang zwischen der Großen Weltwirtschaftskrise von 1929ff. und der gegenwärtigen Finanz- und Weltwirtschaftskrise von 2007ff. verdeutlichen. In meinem grenzenlosen Optimismus nach der überraschend schnellen Bekämpfung dieser Krise war ich der Meinung, dass dies vielleicht wirklich die letzte ihrer Art sein würde, weil nach der Konjunkturbelebung durch Zinssenkungen der Zentralbanken und defizitfinanzierte staatliche Nachfrage*

---

[23] „The massive support extended to the banking sector around the world, while necessary to avert economic disaster, has created possibly the biggest moral hazard in history." So kein Geringerer als der Gouverneur der Bank of England, King (2009).

[24] Da dieses Thema hier nicht weiter ausgeführt werden kann, sei das hochaktuelle und lesenswerte Buch des mit den USA vertrauten Wirtschaftsjournalisten Nikolaus Piper (2009) zur Vertiefung und zum Weiterdenken empfohlen.

auch die tiefer liegenden Ursachen der Finanzkrise angegangen würden, damit nicht mit der Krisenbekämpfung schon wieder der Keim für die nächste, vielleicht noch gefährlichere, Finanzkrise gelegt würde. Doch darin hatte ich mich offenbar getäuscht, und damit kommt dem Plural im Titel prophetische Bedeutung zu...

Literatur

Akerlof, G. & Shiller, R. (2009). *Animal Spirits. How Human Psychology Drives the Economy and Why It Matters for Global Capitalism*. Princeton: Princeton University Press

Bernanke, B. (2000). *Essays on the Great Depression*. Princeton: Princeton University Press.

Boysen-Hogrefe, J., Gern, K.-J. & Jannsen, N. (2009). Global Imbalances after the Financial Crisis. IfW: Kiel Policy Brief, 7/2009. http://www.ifw-kiel.de/wirtschaftspolitik/politikberatung/kiel-policy-brief/kiel_policy_brief_7 (20.1.2010).

Chang, H.-J. (2002). *Kicking Away the Ladder. Development Strategy in Historical Perspective*. London: Anthem Press.

Chang, H.-J. (2007). *Bad Samaritans. The Myth of Free Trade and the Secret History of Capitalism*. London: Bloomsbury Publishing.

Drache, D. (2000). *The Short but Significant Life of the International Trade Organization. Lessons for Our Time*. Warwick: CSGR Working Paper, 62/2000.

Economist. (5.3.2009): Raúl Prebisch. Latin America's Keynes. http://www.economist.com/displayStory.cfm?story_id=13226316 (10.8.2009).

Edenhofer, O. & Stern, N. (2009). Towards a Global Green Recovery. Recommendations for Immediate G20 Action. Report Submitted to the G20 London Summit. http://www.pik-potsdam.de/members/flachs/publikationen-2/edenhofer-stern-global-green-recovery-g20/at_download/file (18.8.2009).

Eichengreen, B. (2009). The Dollar Dilemma. The World's Top Currency Faces Competition. *Foreign Affairs, 88(5)*, 53-68.

Gardner, R. (1956). Sterling-Dollar diplomacy. Anglo-American collaboration in the reconstruction of multilateral trade. Oxford: Clarendon Press.

G20. (2009). The Global Plan for Recovery and Reform. London, 2. April. http://www.londonsummit.gov.uk/en/summit-aims/summit-communique/. (19.8.2009).

Keynes, J. (1920). *The Economic Consequences of the Peace*. New York: Harcourt, Brace and Howe.

Keynes, J. (1936). *General Theory of Employment, Interest and Money*. Cambridge: Cambridge University Press.

Kindleberger, C. (1978). *Manias, Panics and Crashes. A History of Financial Crises*. Hoboken, New Jersey: John Wiley and Sons; (dt. Übersetzung (2001): Manien, Paniken, Crashs. Die Geschichte der Finanzkrisen der Welt. Kulmbach: Börsenmedien AG).

King, M. (2009, 29. Sept.). Speech to Scottish business organisations. Edinburgh. http:// www.bankofengland.co.uk/publications/speeches/2009/speech 406.pdf (19.8.2009).

Krugman, P. (2009a). That '30s Show. *International Herald Tribune*, 2.7.2009.

Krugman, P. (2009b). *Die neue Weltwirtschaftskrise*. Frankfurt/M: Campus.

Leijonhufvud, A. (2009). Macroeconomics and the Crisis. A Personal Appraisal. Centre for Economic Policy Research: Policy Insight, 41. http://www.cepr.org/pubs/ PolicyInsights/PolicyInsight41.pdf. (19.8.2009).

Meadows, D., Meadows, D.L., Randers, J. & Behrens, W. (1972). *Die Grenzen des Wachstums – Bericht des Club of Rome zur Lage der Menschheit.* München: Deutsche Verlags-Anstalt.

Ostry, S. (2003). The World Trading System. In Dire Need of Reform. *Temple International & Comparative Law Journal, 17 (1),* 109-124.

Piper, N. (2009). *Die Große Rezession. Amerika und die Zukunft der Weltwirtschaft.* München: Hanser

Prebisch, R. (1949). *The Economic Development of Latin America and its Principal Problems.* New York: United Nations E/CN. 12/89, Rev. 1.

Reinhart, C. & Rogoff, K. (2009). *This Time is Different. Eight Centuries of Financial Folly.* Princeton: Princeton University Press

Rodrik, D. (2004). *Industrial Policy for the Twenty-First Century.* Cambridge: John F. Kennedy School of Government.

Rodrik, D. (2006). Goodbye Washington Consensus, Hello Washington Confusion? A Review of the World Bank's Economic Growth in the 1990s: Learning from a Decade of Reform. *Journal of Economic Literature, 44,* 973–987.

Sachverständigenrat zur Begutachtung der gesamtwirtschaftlichen Entwicklung. (2006). Widerstreitende Interessen – Ungenutzte Chancen. Jahresgutachten 2006/07. http://www.sachverstaendigenrat-wirtschaft.de/download/gutachten/ga06_ges.pdf (19.8.2009).

Singer, H. (1995). Half a Century of Economic and Social Development Policies of the UN and Bretton Woods Institutions. *Pakistan Development Review, 34 (4),* 375-392.

Skidelsky, R. (2009). *Keynes: The Return of the Master.* London: Allen Lane.

Stern, N. (2006). *The Economics of Climate Change. The Stern Review.* Cambridge: Cambridge University Press.

UNEP. (2009). *Rethinking the Economic Recovery. A Global Green New Deal.* Laramie: University of Wyoming.

United Nations Conference on Trade Employment. (1948). Havana Charter for an International Trade Organization. Lake Success (NY). http://www.worldtradelaw.net/ misc/havana.pdf (19.8.2009).

Wolf, M. (2007). The dangers of living in a zero-sum world economy. *Financial Times, 18.12.2007.*

WTO. (1998). United States – Import Prohibition of Certain Shrimp and Shrimp Products. Report of the Appellate Body. Genf: WT/DS58/AB/R. http://www.wto.org/ english/tratop_e/dispu_e/58abr.pdf. (19.08.2009).

WTO & UNEP. (2009). Trade and Climate Change. A Report by the United Nations Environment Programme and the World Trade Organisation. Genf: WTO Publications.

Steffen Bauer

Der Klimawandel als Entwicklungshemmnis und Sicherheitsrisiko. Neue Herausforderungen für die internationale Zusammenarbeit[1]

1   Einleitung

Das über die vergangenen Jahrzehnte kumulierte Wissen der Klimawissenschaften lässt keine grundsätzlichen Zweifel mehr an einem globalen, vom Menschen selbst verursachten Klimawandel zu. Erste Anzeichen der globalen Erwärmung sind bereits unübersehbar, vor allem aber für zukünftige Generationen wird der Klimawandel weltweit einschneidende Veränderungen mit sich bringen. Der vierte Sachstandsbericht des Weltklimarats (Intergovernmental Panel on Climate Change, IPCC) von 2007 zeigte deutlich, dass die vor allem auf die Verbrennung fossiler Rohstoffe und Landnutzungsänderungen zurückgehende durchschnittliche globale Erwärmung schon heute rund 0,8°C gegenüber dem vorindustriellen Niveau beträgt (IPCC 2007a). Eine weitere Erwärmung auf etwa 2°C ist wegen der Trägheit des Klimasystems praktisch nicht mehr aufzuhalten.[2] Daraus folgt unausweichlich, dass der Klimawandel auch die globalen Rahmenbedingungen von Wirtschaft und Politik verändern wird.

Als kritischer Schwellenwert für einen „gefährlichen Klimawandel" hat sich in der internationalen Fachdiskussion eine durchschnittliche globale Erwärmung von 2°C gegenüber dem vorindustriellen Temperaturniveau durchgesetzt (Richardson et al. 2009). Inzwischen wird dies auch in der internationalen Politik weitgehend anerkannt, wie z.B. die Abschlusserklärungen des G8-Gipfels von

---

[1]   Der vorliegende Beitrag basiert auf den bereits zuvor veröffentlichen Texten „Der Klimawandel bedroht globale Entwicklung und internationale Stabilität" (Bauer & Messner 2007) und „Sicherheitsrisiko Klimawandel" (Bauer 2007) sowie dem gleichnamigen Hauptgutachten des WBGU (2008).

[2]   Aktuelle Forschungsergebnisse lassen vielmehr befürchten, dass die globale Erwärmung schneller und intensiver voranschreitet, als bislang angenommen (vgl. WBGU 2009a; Levin & Tirpak 2009). Die Wirkung wichtiger „Klima-Senken" (v.a. Ozeane, Wälder) wurde bislang offenbar überschätzt, Treibhausgasemissionen aus auftauenden Permafrostböden unterschätzt und neue Erkenntnisse zur atmosphärischen Strahlungsbilanz deuten darauf hin, dass in Folge schmelzender Eisschilde und abnehmender Luftverschmutzung weniger Sonnenwärme ins All reflektiert wird.

L'Aquila und des Major Economies Forum vom Juli 2009 (vgl. WBGU 2009a) nun auch der „Copenhagen Accord" der 15. Vertragsstaatenkonferenz der Klimarahmenkonvention (UNFCCC) vom Dezember 2009 belegen (vgl. WBGU 2009d; Maier 2010).. Damit soll keineswegs ausgedrückt werden, dass eine globale Erwärmung von weniger als 2°C unbedenklich sei. Oberhalb dieses Wertes steigt jedoch das Risiko einer durch „Kipppunkte" im Erdsystem ausgelösten Verselbstständigung des Klimawandels, der dann nicht mehr umzukehren wäre (Lenton et al. 2008; WBGU 2009c).[3]

Gemessen am heutigen Niveau der anthropogenen Treibhausgasemissionen und speziell nach den unverbindlichen Ergebnissen der internationalen Klimaverhandlungen von Kopenhagen ist eine globale Erwärmung von mehr als 3°C noch im Laufe des 21. Jahrhunderts zu befürchten.[4] Das Vorhaben, eine durchschnittliche globale Erwärmung von 2°C nicht zu überschreiten, bedürfte einer unverzüglichen klima- und energiepolitischen Trendwende im Sinne radikaler Emissionseinsparungen (dazu ausführlich WBGU 2009a). Dies ist zwar immer noch möglich, scheint aber zunehmend unwahrscheinlich.

Vor diesem Hintergrund wäre es fahrlässig, die Warnungen bezüglich der potenziellen Auswirkungen einer anhaltenden globalen Erwärmung und der damit einhergehenden Risiken als Alarmismus abzutun. Die nachfolgend aufgezeigten Wechselwirkungen zwischen klimatischen Bedingungen, Nahrungsmittelproduktion, Süßwasserverfügbarkeit, Sturm- und Flutkatastrophen und Migration veranschaulichen vielmehr, wie sehr die menschliche Entwicklung auch im 21. Jahrhundert von natürlichen Lebensgrundlagen abhängt. Speziell das Erreichen der Millenniums-Entwicklungsziele wird mit fortschreitendem Klimawandel immer unwahrscheinlicher; konkrete Fortschritte bei der Armutsbekämpfung, im Gesundheits-, Ernährungs- und Bildungswesen drohen zu stagnieren oder wieder hinter den Status quo zurückzufallen (vgl. WBGU 2005; UNDP 2007; Parry 2009).

Im vorliegenden Beitrag werden zunächst vier Konfliktkonstellationen unterschieden, die angesichts eines fortschreitenden Klimawandels wahrscheinlich zukünftig an Bedeutung gewinnen werden (Abschnitt 2) und ihre besondere Relevanz für die Entwicklungsregionen Afrika, Asien und Südamerika veran-

---

[3] Als Kipppunkte gelten abrupte, nichtlineare Reaktionen einzelner Komponenten des Klimasystems, die bei Überschreiten einer kritischen Schwelle eine kaum mehr steuerbare Eigendynamik des Systems verursachen. Dazu zählen etwa eine Abschwächung des Nordatlantikstroms, ein Kollaps des Amazonasregenwaldes, unberechenbare Änderungen des Monsun-Systems oder das Abschmelzen großer Eismassen, insbesondere des grönländischen Eisschildes (Messner & Rahmstorf 2009; WBGU 2009a).

[4] Zur Analyse und Bewertung der Ergebnisse der klimapolitischen Verhandlungen von Kopenhagen vgl. Müller (2010), Maier (2010) und WBGU (2009d).

schaulicht (Abschnitt 3). Nachfolgend werden die entwicklungspolitisch besonders bedeutsamen Zusammenhänge von Klimawandel und Ernährungssicherheit
näher erläutert (Abschnitt 4). Die Wechselbeziehungen der einzelnen Konfliktkonstellationen werden schließlich in den Kontext weiterer globaler Trends gestellt und die damit verbundenen Risiken für die Stabilität des internationalen
Systems erörtert (Abschnitt 5). In einem kurzen Fazit werden abschließend die
daraus erwachsenden generellen Herausforderungen für die internationale Politik
skizziert (Abschnitt 6).

2   Klimainduzierte Konfliktkonstellationen

Der Wissenschaftliche Beirat der Bundesregierung für Globale Umweltveränderungen (WBGU)[5] hat die komplexen Wechselwirkungen zwischen dem Klimawandel und seinen potenziell destabilisierend wirkenden naturräumlichen und
gesellschaftlichen Folgen in einem umfassenden Gutachten erörtert. Er beschreibt darin vier spezifische Konfliktkonstellationen, die unmittelbar oder
mittelbar von den lokalen und regionalen Auswirkungen der globalen Erwärmung beeinflusst werden: Konflikte um Nahrungsmittelproduktion, um den
Zugang zu Süßwasser, in Folge von Sturm- und Flutkatastrophen und in Folge
umweltinduzierter Migration (vgl. WBGU 2008 mit weiterführenden Literatur-
hinweisen).

Erstens kann eine klimabedingt *rückläufige Nahrungsmittelproduktion* Ernährungssicherheit gefährden, zu regionalen Ernährungskrisen führen und so die
Bewältigungskapazitäten in den betroffenen Entwicklungsregionen weiter un-
terminieren. Gesellschaftliche Destabilisierung und gewalttätige Konflikte werden dadurch begünstigt. Schon heute sind weltweit über 1 Milliarde Menschen
unterernährt (FAO & WFP 2009). Da in einzelnen Weltregionen, vor allem in
niederen Breitengraden, eine deutliche Abnahme der Agrarproduktion zu erwarten ist, wird sich dieser Zustand durch die Auswirkungen des Klimawandels
absehbar verschärfen. Der Weltklimarat rechnet bei einer globalen Erwärmung
von mehr als 2°C mit einem Netto-Rückgang der globalen landwirtschaftlichen
Produktivität (IPCC 2007b). Diese Gefahr wird durch die vor allem in den Tro-
ckenregionen der Erde voranschreitende Desertifikation, die Versalzung von

---

[5]   Der WBGU wurde 1992 von der Bundesregierung als unabhängiges wissenschaftliches Bera-
    tergremium eingerichtet. Der interdisziplinär besetzte Beirat analysiert globale Umwelt- und
    Entwicklungsprobleme und wertet die nationale und internationale Global Change-Forschung
    aus, um auf neue Problemfelder aufmerksam zu machen, Forschungsdefizite aufzuzeigen und
    Politiken für nachhaltige Entwicklung zu bewerten. Auf dieser Grundlage erarbeitet der WBGU
    Handlungs- und Forschungsempfehlungen, die in Form von Gutachten und Politikpapieren der
    Bundesregierung übergeben und veröffentlicht werden. Weitere Informationen unter
    http://www.wbgu.de.

Ackerböden, die Verknappung von Süßwasser und eine zunehmende globale Konkurrenz um landwirtschaftliche Nutzflächen – z.b. für den Anbau von Agrarkraftstoffen und durch den steigenden Fleischkonsum von immer mehr Menschen – könnte diese Konfliktkonstellation zusätzlich verschärfen (Bauer 2007; WBGU 2009b).

Zweitens kann eine klimabedingt *verschärfte Süßwasserknappheit* dort zu Destabilisierung und Gewalt führen, wo angepasste Wassernutzungskonzepte, geeignete Infrastrukturen und die institutionellen Voraussetzungen zur Vermeidung entsprechender Verteilungskonflikte fehlen. Insbesondere wo landwirtschaftliche Produktionseinbußen und Süßwasserknappheit zusammen fallen, werden regionale Ernährungskrisen wahrscheinlicher. In der Summe lassen klimatische, demographische und sozioökonomische Trends deshalb erwarten, dass die Bedeutung einer durch den Klimawandel angetriebenen Verknappung von landwirtschaftlichen Nutzflächen und Süßwasservorkommen zukünftig als Konfliktursache relativ zu anderen Konfliktfaktoren zunehmen wird (Bauer 2007; Wolf 2007; WBGU 2008).

Drittens wird der Klimawandel häufiger zu *Sturm- und Flutkatastrophen* führen, wie sie bereits in der Vergangenheit punktuell zur Eskalation innenpolitischer Spannungen geführt haben, z.B. 1988 in Bangladesch, 1998 in Nicaragua und Honduras oder 2000 in Westbengalen (WBGU 2008). Für viele dicht besiedelte Küstenregionen und Inselstaaten kann schon ein geringerer Anstieg des Meeresspiegels verheerende Folgen haben (WBGU 2006). Hurrikane, Flutkatastrophen und ähnliche Extremwetterereignisse können dabei vor allem dort Konfliktwirkung entfalten, wo zu Anpassung und Krisenmanagement geeignete Kapazitäten fehlen (WBGU 2008; Schipper & Lisa 2009). Während hoch entwickelte Metropolen wie Hamburg oder New York die notwendigen Anpassungsmaßnahmen und Schutzinfrastrukturen absehbar vermutlich leisten könnten, ist dies für küstennahe Megacitys in armen Entwicklungsländern wie etwa Lagos, Kalkutta oder Dhaka fraglich.

Viertens kann *klimaverschärfter Migrationsdruck* zu Destabilisierung und Gewalt führen, wo Menschen wegen existenzieller Umweltveränderungen, wie z.B. der Degradation ihres Acker- oder Weidelandes, ihre Heimat verlassen müssen (Bauer 2006; Clark 2007). Das Risiko gewaltsamer Konflikteskalation steigt dabei vor allem in Transit- und Zielregionen. Obwohl umweltbedingte Migration sich noch überwiegend innerhalb des Südens abspielt, müssen auch Europa und Nordamerika künftig mit steigendem Migrationsdruck aus ihren besonders vom Klimawandel betroffenen Nachbarregionen rechnen (Brauch 2001; Leighton 2006).

Jeweils für sich betrachtet ist die Zuspitzung und Eskalation von Konflikten um knapper werdende Umweltressourcen kein neues Phänomen. Umfassende empirische Forschungsarbeiten zeigen, dass Konflikte um knapper werdende Umweltressourcen in der Regel lokal begrenzt bleiben, relativ leicht beherrschbar und nur selten grenzüberschreitend sind (Carius et al. 2007; WBGU 2008). Ob sich die anhand der beschriebenen Konfliktkonstellationen gegebenen Sicherheitsrisiken in gewaltsame Konflikte übersetzen und welche Dynamik diese gegebenenfalls entfalten, hängt demnach vor allem von den Problemlösungs- und Konfliktbearbeitungskapazitäten der betroffenen Länder und Regionen ab. In Ländern, in denen zunehmender Umweltstress auf bereits schwache Governance-Strukturen und sozioökonomische Krisen trifft, steigt die Gefahr, dass gesellschaftliche Destabilisierung in Gewalt umschlägt und möglicherweise auch die internationale Stabilität beeinträchtigt.

3   Besondere Betroffenheit der Entwicklungsregionen

Die Entwicklungsländer Afrikas, Asiens und Südamerikas, die in der Regel über geringere Anpassungskapazitäten verfügen als die Industrieländer, werden die Auswirkungen des Klimawandels in besonderem Maße zu spüren bekommen. Für die besonders vulnerablen armen Bevölkerungsteile in den ländlichen Regionen Afrikas, Asiens und Lateinamerikas stellt zum Beispiel eine klimabedingte Beeinträchtigung der Nahrungsmittelproduktion, neben der Degradation der Süßwasserressourcen, eine existenzielle Bedrohung dar.

3.1 Afrika

Afrika gilt auf Grund seiner besonderen Anfälligkeit für klimatische Variabilität, kombiniert mit sozioökonomischen und politischen Stressfaktoren sowie geringen Anpassungskapazitäten, als besonders vulnerabel. So erwartet der IPCC hier bis 2020 eine Zunahme der unter klimainduzierter Wasserknappheit leidenden Menschen in einer Größenordnung von insgesamt 75-250 Millionen und in einzelnen Ländern einen Einbruch der landwirtschaftlichen Erträge aus dem Regenfeldbau um bis zu 50 Prozent (IPCC 2007c).

Abb. 1: Konfliktkonstellationen in ausgewählten regionalen Brennpunkten

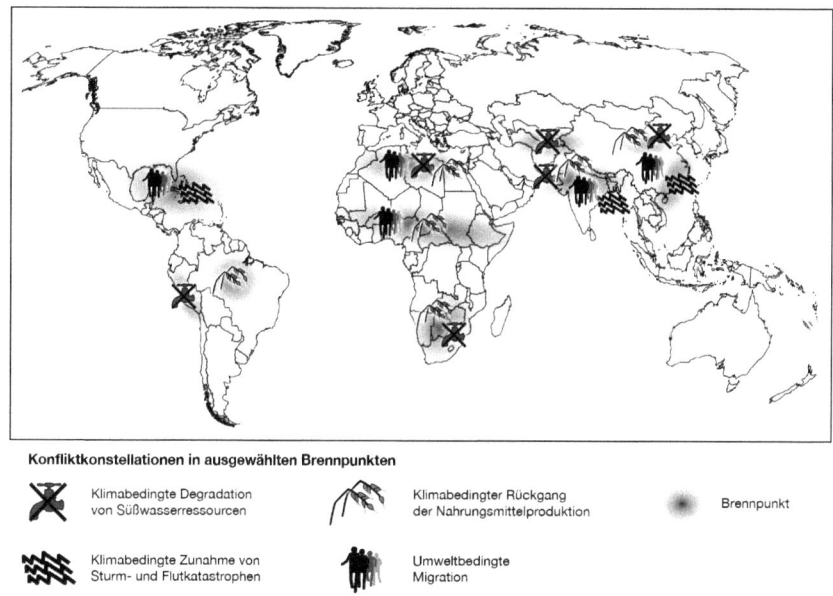

Konfliktkonstellationen in ausgewählten Brennpunkten

✖	Klimabedingte Degradation von Süßwasserressourcen	Klimabedingter Rückgang der Nahrungsmittelproduktion	Brennpunkt
≋≋	Klimabedingte Zunahme von Sturm- und Flutkatastrophen	Umweltbedingte Migration	

Quelle: WGBU 2008.

Im bevölkerungsreichen und für die regionale Nahrungsmittelproduktion besonders bedeutsamen Nildelta wird die regionale Nahrungsmittelproduktion durch
den Anstieg des Meeresspiegels gefährdet. Schon ein geringer Anstieg führt hier
zur Versalzung wichtiger landwirtschaftlicher Nutzflächen, während die Nachfrage nach Nahrungsmitteln, Ackerböden und Süßwasser durch anhaltendes
Bevölkerungswachstum und Zuwanderung aus den angrenzenden Trockenregio-
nen voraussichtlich weiter stark zunehmen wird. Bereits heute schreiten Bodenerosion und Versalzung in weiten Teilen Algeriens, Ägyptens und Libyens in
Folge nicht nachhaltiger Nutzungspraktiken rasant voran. Rückkopplungseffekte
zwischen unangepassten Landnutzungsmethoden und wahrscheinlichen klimatischen Veränderungen können die Bedingungen der regionalen Nahrungsmittelproduktion somit drastisch verschlechtern.

Im Sahelraum und im südlichen Afrika, wo besonders viele Menschen von
Subsistenzlandwirtschaft und Regenfeldbau abhängen, werden sich die ohnehin
prekären Lebensverhältnisse durch häufigere und intensivere Extremwetterereignisse weiter verschlechtern (AMCEN & UNEP 2006; Swatuk 2007). In Kombi-

nation mit der in vielen Ländern der Region vorherrschenden Schwäche staatlicher Institutionen sowie komplexen Gewaltkonflikten und großen Flüchtlingsströmen erscheint zudem das Risiko einer fortschreitenden regionalen Destabilisierung hoch. Eine wirksame Anpassungspolitik ist unter solchen Bedingungen ebenso schwer vorstellbar wie nachhaltige Erfolge bei der Armutsbekämpfung.[6]

3.2 Asien

In Asien stellt die Gletscherschmelze im Himalaya ein zentrales Problem dar. Neben Überflutungen und Erdrutschen bedeutet dies vor allem eine Verknappung der Süßwasserressourcen, von der nach Einschätzung des IPCC 2050 mehr als eine Milliarde Menschen betroffen sein könnten (IPCC 2007c).

In weiten Teilen des Kontinents werden Überflutungen und Temperaturerhöhungen die Einhegung von Durchfallerkrankungen erschweren und wahrscheinlich die Sterblichkeit erhöhen. Indien, Pakistan und Bangladesch werden diesen und anderen absehbaren Klimafolgen besonders stark ausgesetzt sein. Die bereits heute verheerenden Stürme und Überflutungen werden häufiger auftreten und wegen des steigenden Meeresspiegels eine noch größere Zerstörungskraft entfalten. Die Versalzung der Böden und veränderte Monsunverläufe werden zudem die regionale Nahrungsmittelproduktion beeinträchtigen, deren Erträge zur Jahrhundertmitte um bis zu 30 Prozent sinken könnten. Im dicht besiedelten und notorisch konfliktbehafteten Golf von Bengalen ist zudem zu befürchten, dass soziale Spannungen gewaltsam eskalieren könnten.

Speziell in China werden u.a. die wirtschaftlich bedeutsame Südostküste (Tropenstürme) und weite Teile des Hinterlands (Dürren, Hitzewellen, Desertifikation) von den Folgen des Klimawandels besonders stark betroffen sein. Dabei ist noch nicht abzusehen, ob die Anpassungs- und Steuerungskapazitäten des Staates den gleichzeitigen Herausforderungen von Modernisierung, sozialen Krisen, Umweltstress und Klimafolgen gewachsen sein werden (Heberer & Senz 2007).

In Zentralasien werden Hitzewellen, Dürren und Gletscherschmelze die regionale Nahrungsmittelproduktion und Wasserversorgung voraussichtlich derart erschweren, dass in Kombination mit schlechter Regierungsführung und den bereits gegebenen sozialen und politischen Spannungen gewaltsame Eskalationen von Verteilungskonflikten zu befürchten sind (Giese & Sehring 2007).

---

[6]   Zu den Anpassungserfordernissen speziell im südlichen Afrika vgl. Bauer & Scholz (2010).

3.3 Südamerika

In Südamerika wird das beschleunigte Abschmelzen der Gletscher in der Andenregion zusammen mit veränderten Niederschlagsmustern die verfügbaren Süßwasserressourcen wahrscheinlich verknappen. So hängen z.b. die Wasserressourcen im Großraum Lima, in dem etwa 10 Millionen Menschen leben, zu 80 Prozent von Schmelzwasser der Andengletscher ab. Diese haben allein zwischen 1970 und 1997 ein Drittel ihres Volumens verloren und werden bei fortgesetzter Erwärmung innerhalb der nächsten Jahrzehnte verschwinden (IPCC 2007a). Zukünftig muss hier also ein großer und weiter wachsender Agglomerationsraum inmitten einer wüstenartigen Umgebung mit einem neuen Wassersystem versorgt werden.

In weiteren südamerikanischen Trockengebieten werden sich Versalzung und Desertifikation intensivieren und die regionale Nahrungsmittelproduktion beeinträchtigen. Zudem werden im östlichen Amazonas steigende Temperaturen und rückläufige Bodenfeuchtigkeit wahrscheinlich dazu führen, dass bis zur Jahrhundertmitte Regenwald graduell durch Savanne ersetzt wird (IPCC 2007a).

Vor diesem Hintergrund wird deutlich, dass der Klimawandel existierende Entwicklungsprobleme in vielen Ländern und Regionen verschärft und zusätzlich neue Entwicklungshemmnisse und Sicherheitsrisiken hervorbringt, die das Erreichen der Millenniumsentwicklungsziele in weite Ferne rücken können.[7] Zukunftsorientierte Entwicklungsstrategien müssen daher klimainduzierte Veränderungen von Natur- und Lebensräumen antizipieren und erforderliche Anpassungen mitdenken.

4 Klimawandel, Ernährungssicherheit und Konfliktrisiken

Aus entwicklungspolitischer Perspektive kommt dem Zusammenhang von Klimawandel und Ernährungssicherheit dabei besondere Bedeutung zu. Die Welternährungskrise von 2008 – die nicht Folge des Klimawandels sondern vor allem sprunghaft gestiegener Nahrungsmittelpreise war – verdeutlichte, wie vulnerabel die ärmsten Entwicklungsländer angesichts solcher Stressfaktoren sind.[8] Die Relevanz des Klimawandels für eines der zentralen Handlungsfelder der klassischen Entwicklungspolitik wird gerade hier besonders anschaulich.

Ein klimabedingter Rückgang der Nahrungsmittelproduktion und die daraus potenziell erwachsenden Konfliktrisiken werden insbesondere Menschen in den

---

[7] Für eine Übersicht unterschiedlicher Einschätzungen klimabedingter regionaler Sicherheitsrisiken vgl. Maas & Tänzler (2009).

[8] Zu den Ursachen und Implikationen der Welternährungskrise 2008 vgl. von Braun (2008) und Brüntrup (2008).

ärmsten Entwicklungsländern betreffen, die von Subsistenzlandwirtschaft abhängen. Die lokalen und regionalen Auswirkungen des Klimawandels, insbesondere häufigere und intensivere Extremwetterereignisse wie Regenfluten und Dürren, werden voraussichtlich die Bedingungen für ländliche Entwicklung deutlich verschlechtern. Insbesondere der traditionelle Regenfeldbau wird unter rückläufigen Niederschlägen und unverlässlichen Regenzeiten leiden. Auch eine Bewässerungslandwirtschaft, mit der heute noch vielerorts die landwirtschaftliche Produktivität gesteigert werden kann, wird in den meisten Ländern der Region nicht mehr uneingeschränkt möglich sein (IPCC 2007a, 2007c; vgl. Nelson et al. 2009; Padgham 2009).

Die Entscheidungsträger in den betroffenen Ländern sind auf diese Entwicklungen häufig schlecht vorbereitet. Eine vorsorgende Anpassungspolitik wird angesichts drängender tagesaktueller Probleme nicht priorisiert. Dies ist nicht zuletzt mit Blick auf innergesellschaftliche Spannungen und die Vielschichtigkeit der beschriebenen Konfliktkonstellationen gefährlich. Gerade in armen und von den Auswirkungen des Klimawandels besonders betroffenen Regionen besteht daher die dringende Notwendigkeit, die absehbaren Folgen klimainduzierter Umweltdegradation in der nationalen Politikgestaltung zu berücksichtigen. Speziell bezüglich des Zusammenhangs zur Nahrungsmittelproduktion betrifft dies nicht zuletzt die Problematik einer gerechten Landverteilung bzw. der Landnutzungsrechte, da eine gewaltsame Eskalation von Landnutzungskonflikten als um so wahrscheinlicher gilt, je ungleicher die Zugangsrechte verteilt sind (WBGU 2008).

Auch die einschlägigen internationalen Organisationen scheinen nur langsam der durch den Klimawandel veränderten Realitäten gewahr zu werden (Bauer 2008). So berücksichtigen beispielsweise die Modelle der Welternährungsorganisation FAO die regionalen Auswirkungen der globalen Erwärmung bislang nur unzureichend. Zudem vernachlässigen Projektionen über landwirtschaftlich nutzbare Flächen häufig Zielkonflikte, die sich etwa aus den Erfordernissen des Klimaschutzes und der Artenvielfalt ergeben (WBGU 2009b). Optimistische Annahmen zur Entwicklung der landwirtschaftlichen Produktivität können daher leicht in die Irre führen. Hier sind speziell die Mitgliedstaaten gefordert, für Korrekturen im Sinne größerer Politikkohärenz zu sorgen. Im Zusammenhang von Klimawandel und Welternährung betrifft dies nicht zuletzt auch den Fortgang der Liberalisierung des Weltagrarhandels (Gueye et al. 2009).

Ob es zu Ernährungskrisen kommt und ob diese tatsächlich zu Konflikten führen, hängt also von einer Vielzahl unterschiedlicher Wirkungsfaktoren ab. Eine klimainduzierte Knappheit von Ackerland, Getreide oder Süßwasser allein wird im Einzelfall kaum zu „Brotaufständen" oder „Wasserkriegen" führen. Das Zusammenwirken verschiedener der skizzierten Faktoren lässt aber regionale

Ernährungskrisen wahrscheinlicher werden. Für arme Länder, die über wenig leistungsfähige öffentliche Institutionen und nur geringe Anpassungskapazitäten verfügen und die zudem häufig eine gewaltsame Zeitgeschichte haben, bedeutet dies zusätzlichen Stress. Es können dann leicht Bedingungen entstehen, die gesellschaftliche Destabilisierung und gewalttätige Konflikte begünstigen, zu einer weiteren Verarmung der ländlichen Bevölkerung führen oder bestehende Konflikte verschärfen (WBGU 2008). In der Summe lassen die klimatischen, demographischen und sozioökonomischen Trends deshalb durchaus erwarten, dass die Bedeutung einer durch den Klimawandel angetriebenen Verknappung von landwirtschaftlichen Nutzflächen und Süßwasservorkommen zukünftig als Konfliktursache relativ zu anderen Konfliktfaktoren zunehmen wird (Bauer 2007).

5 Kumulative Destabilisierung des internationalen Systems

Überlagern sich mehrere der oben beschriebenen Konflikteskalationen und verstärken sich diese wechselseitig, wird eine räumliche Ausbreitung wahrscheinlicher, die auch die internationale Stabilität belasten kann. Dies lässt sich anhand einer „Stufenleiter der Gefährdung" beschreiben (Bauer & Messner 2007).

Demnach werden die Auswirkungen des Klimawandels lokale Sicherheitsrisiken in Ländern und Weltregionen verstärken, in denen besonders viele Menschen von den Auswirkungen des Klimawandels unmittelbar betroffen und gesellschaftliche Problembearbeitungskapazitäten schwach sind. Dadurch werden sukzessive subnationale, nationale oder auch regionale Zerfalls- und Destabilisierungsprozesse begünstigt, die ganze Staaten und Gesellschaften politisch und ökonomisch überfordern können. Die aus steigendem Umweltstress erwachsenden Konfliktdynamiken können dann leicht auf angrenzende Länder übergreifen und zur Ausbildung von großräumigen „Klimakrisenregionen" führen, in denen eine besondere Anfälligkeit gegenüber dem Klimawandel und die für eine Region typischen Konfliktkonstellationen zusammenfallen. Spätestens auf dieser Gefährdungsstufe würde die Konfliktwirkung auch das internationale System erreichen (Bauer & Messner 2007).

Damit einhergehend zeichnen sich konkrete Herausforderungen für die Stabilität des internationalen Systems und eine entsprechende Zunahme von Unsicherheit in der internationalen Politik ab. So werden Verteilungskonflikte, wie sie durch Ressourcenverbrauch, Umweltdegradation und Klimawandel begünstigt werden, zukünftig nicht mehr nur lokal zu beobachten sein, sondern sich zwischen Hauptverursachern und Hauptbetroffenen des Klimawandels zunehmend auch auf globaler Ebene widerspiegeln und wahrscheinlich derart zuspitzen, dass sie zu einem schwerwiegenden Hemmnis für eine konstruktive internationale Zusammenarbeit werden. Die offenkundige Gerechtigkeitslücke zwi-

Abb. 2: Konfliktkonstellationen als Treiber internationaler Destabilisierung

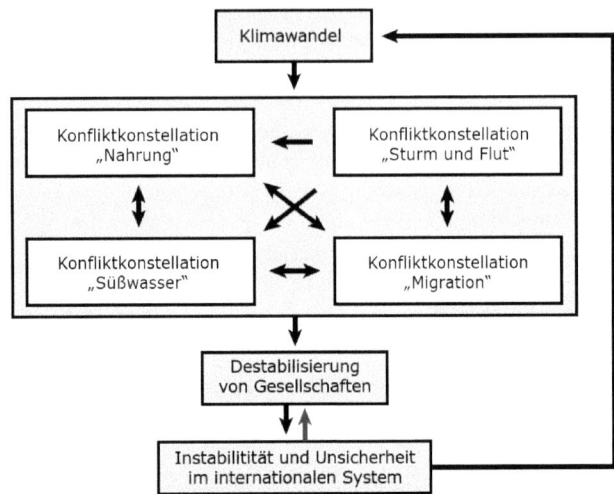

Quelle: WGBU 2008

schen Industrie- und Entwicklungsländern wird dabei umso schärfere politische
Auseinandersetzungen hervorrufen, je höher die aus dem Klimawandel erwachsenden Folgeschäden und Anpassungsleistungen in den besonders betroffenen
Entwicklungsländern ausfallen. Angesichts der geringen Treibhausgasemissionen, die das Gros der Entwicklungsländer bis heute zu verantworten hat, können
diese sich auf das Verursacherprinzip berufen. Ein angemessenes finanzielles
Kompensationsregime, das eine derart fundamentale Kontroverse dauerhaft
einhegen könnte, ist bislang nicht in Sicht.

In diesem Zusammenhang steht auch die Frage nach dem politischen wie
völkerrechtlichen Umgang mit Klimaflüchtlingen. So ist absehbar, dass die
grenzüberschreitende Migration in Folge des Klimawandels spürbar zunehmen
wird (Jakobeit & Methmann 2007; Bauer 2010). Eine Abschottungspolitik, wie
sie von EU und USA derzeit praktiziert wird, droht die Konfliktpotenziale in den
angrenzenden Regionen zu schüren, ohne den Migrationsdruck zu lindern.
Pragmatische humanitäre Ansätze zur Problembewältigung fehlen auf nationaler
wie internationaler Ebene (Biermann & Boas 2008).

Mit der Gefährdung existenzieller Lebensgrundlagen durch den Klimawandel werden zudem faktisch fundamentale Menschenrechte verletzt, vor allem die
Rechte auf den Zugang zu Wasser und Nahrung. Die reichen Industrieländer,
deren Entwicklung maßgeblich auf der Verbrennung fossiler Energieträger ruht,

sowie die rasant wachsenden Schwellenländer wie vor allem China und Indien, müssen sich darauf einstellen, von den armen und vom Klimawandel am stärksten betroffenen Entwicklungsländern schwerwiegender Menschenrechtsverletzungen beschuldigt zu werden. Der Klimawandel könnte in diesem Sinne den internationalen Menschenrechtsdiskurs nachhaltig verändern und insbesondere die Industrie- und Schwellenländer einem Rechtfertigungszwang aussetzen, der ihre globale Handlungsfähigkeit nachhaltig beeinträchtigt (WBGU 2008).

Je nach Intensität und Ausprägung des Klimawandels sind überdies spürbare Beeinträchtigungen der Weltwirtschaft zu erwarten. Diese wurden unter anderem im so genannten „Stern Review" des ehemaligen Chefökonomen der Weltbank, Nicholas Stern, im Auftrag der britischen Regierung ausführlich dargelegt und würden nicht zuletzt einer nachhaltigen globalen Entwicklung im Sinne der Millennium-Entwicklungsziele zuwiderlaufen (Stern 2006; Parry 2009). Die ökonomischen Kosten zur Bewältigung der Folgen des Klimawandels werden dabei umso höher ausfallen, je länger eine wirksame Klimaschutzpolitik und geeignete Anpassungsstrategien aufgeschoben werden. Sollten in diesem Zusammenhang tatsächlich regionale Produktionsprozesse und Versorgungsstrukturen in Folge des Klimawandels beeinträchtigt werden, so würde dies für sich genommen bereits eine erhebliche Belastungsprobe für die Stabilität des gegenwärtigen internationalen Systems und der Weltwirtschaft bedeuten.

Schließlich wird sich die internationale Staatengemeinschaft auf eine Zunahme schwacher und fragiler Staaten einstellen müssen.[9] Staaten, die bereits heute als schwach gelten, können in Anbetracht schwerwiegender Klimafolgen in ihrer Problemlösungs- und Entwicklungskapazität weiter eingeschränkt und zunehmend überfordert werden (WBGU 2008). Eine fortschreitende Erosion von Recht und Ordnung wäre in solchen Fällen wahrscheinlich und könnte auch angrenzende Staaten destabilisieren. Eine derartige Proliferation schwacher und fragiler Staaten, würde eine Destabilisierung der internationalen Ordnung und die damit verbundenen Sicherheitsrisiken zumindest begünstigen.

Jedes einzelne der hier genannten Risiken würde die internationale Staatengemeinschaft im Rahmen der gegenwärtigen Global-Governance-Architektur rasch an die Grenzen ihrer Handlungsfähigkeit führen; umso mehr, wenn sich die genannten Risiken kumulieren und wechselseitig verstärken sollten. Aus dieser Einsicht erwachsen große Herausforderungen für die internationale Zusammenarbeit der kommenden Jahre und Jahrzehnte, die zudem im Kontext sich neu austarierender weltpolitischer Machtverhältnisse in einer multipolaren Welt angegangen werden müssen (vgl. Messner 2007; Bauer 2009).

---

[9] Zur konkreten Bedeutung fragiler Staatlichkeit für die praktische Entwicklungszusammenarbeit vgl. BMZ (2007).

6   Fazit: Herausforderungen für die internationale Zusammenarbeit

Will die internationale Staatengemeinschaft eine gefährliche, nicht mehr be-
herrschbare globale Erwärmung noch vermeiden, muss sie ohne weitere Verzö-
gerungen eine wirksame Klimapolitik einleiten. Dies würde radikale Schritte
erfordern, die insbesondere die Abkehr von einem fossilen Weltenergiesystem
zwingend einschließen müssten und die somit den Aufbau einer weitgehend auf
erneuerbaren Energieträgern basierenden Weltwirtschaft implizieren (WBGU
2009a). Scheitert eine radikale Energiewende, wird der Klimawandel sich fort-
setzen und wahrscheinlich binnen weniger Jahrzehnte kritische Kipppunkte erreichen, die zu gefährlichen und irreversiblen Änderungen im Erdsystem führen
würden. In diesem Fall wäre mit zunehmenden Spaltungs- und Konfliktlinien in
der internationalen Politik zu rechnen, die sich entlang vielfältiger Verteilungskonflikte in und zwischen Ländern abzeichnen: um den Zugang zu Süßwasser
und Land, um die Bewältigung von Migrationsströmen, um die Verantwortlich-
keit für Anpassungskosten und um weitere „Kollateralschäden" der globalen
Erwärmung.

Die Vermeidung eines gefährlichen Klimawandels ist in diesem Sinne die
drängendste Herausforderung, der sich die internationale Politik stellen muss.
Um dabei Erfolg zu haben, müssen neben den Industrieländern mit ihrer unbestreitbar großen historischen Verantwortung auch die Entwicklungsländer –
insbesondere die großen und schnell wachsenden Schwellenländer – ihre Treibhausgasemissionen rasch begrenzen und reduzieren (Bauer & Richerzhagen
2007; Scholz 2009a). Das Ziel der nachholenden Entwicklung dieser Länder
bleibt davon unberührt, weshalb seitens der Industrieländer weit reichende Zugeständnisse etwa in der Handelspolitik oder beim Technologietransfer notwendig
sind. Innovationsprozesse im Sinne einer kohlenstoffarmen globalen Energiever-
sorgung sowie in anderen Bereichen der Ressourceneffizienz müssen weltweit
beschleunigt werden.[10]

Parallel dazu sind im Sinne der Anpassung an ein nicht mehr zu vermeiden-
des Maß des Klimawandels die Entwicklungshemmnisse und Konfliktpotenziale
zu minimieren, die absehbar nicht mehr abgewendet werden können. Auch dazu
sind umfassende Anstrengungen sowohl der Entwicklungsländer als auch der
Industrieländer gefordert. Die internationale Entwicklungszusammenarbeit wird
vor allem geeignete technische und institutionelle Kapazitäten aufbauen und
stärken müssen, damit auch vulnerable Entwicklungsländer angesichts der aus
dem Klimawandel erwachsenden Herausforderungen handlungsfähig bleiben
bzw. es überhaupt erst werden. Dabei gilt es, Entwicklungsstrategien sowohl für

---

[10]   Für spezifische Handlungsempfehlungen vgl. WBGU (2007; 2008; 2009a; 2009b).

urbane Zentren als auch für ländliche Räume gezielt auf die absehbaren lokalen und regionalen Trends der globalen Erwärmung auszurichten und systematisch um Anpassungsmaßnahmen zu ergänzen.

Für die unterschiedlichen Akteure der bi- und multilateralen Entwicklungspolitik heißt das unter anderem, dass in enger Kooperation mit den jeweiligen Kooperationspartnern in den Entwicklungsländern existierende Entwicklungsstrategien und zentrale Politikinstrumente wie etwa die unter Federführung der Weltbank definierten Armutsbekämpfungsprogramme (PRSP) konsistent mit geeigneten Anpassungsstrategien verknüpft werden müssen. Speziell mit Blick auf die klimainduzierten Sicherheitsrisiken müssen zudem Maßnahmen zur Konfliktprävention insbesondere in den Regionen weiterentwickelt werden, die schon heute konfliktanfällig sind und voraussichtlich besonders stark von den Folgen des Klimawandels betroffen sein werden. Viele der aus Anpassungsperspektive notwendigen Schritte, wie etwa verbessertes lokales Wassermanagement, bleiben überdies auch dann entwicklungspolitisch sinnvoll, wenn angenommene Folgen des Klimawandels ausbleiben sollten oder sich weniger dramatisch manifestieren als gegenwärtig befürchtet wird („no-regret"-Maßnahmen).[11]

Das weltweite Bewusstsein für die Problemdimension des globalen Klimawandels ist seit dem 4. Sachstandsbericht des Weltklimarats von 2007 erkennbar angestiegen. Hoffnungen, dass die Zeichen der Zeit erkannt wurden und sich die Staatengemeinschaft deshalb rasch auf ein wegweisendes Kyoto-Nachfolgeabkommen einigt, wurden zuletzt dennoch enttäuscht. Obwohl mit den USA, der Volksrepublik China und der Europäischen Union die drei wichtigsten klimapolitischen Einzelspieler im Vorfeld der Klimakonferenz von Kopenhagen Entschlossenheit und Flexibilität signalisierten, konnten die altbekannten kollektiven Handlungsprobleme bislang nicht überwunden werden. Trotz des nie da gewesenen Aufgebots an Staats- und Regierungschefs blieben die Verhandlungsergebnisse am Ende selbst hinter skeptischen Erwartungen hinsichtlich einer verbindlichen Vereinbarung zurück.

Der weitere Verlauf der internationalen Klimapolitik scheint nun ungewisser denn je, die Begrenzung des Klimawandels auf Höhe der kritischen 2°C-„Leitplanke" wird zusehends unrealistisch. Ohne eine klimaverträgliche Neuausrichtung der globalen Entwicklung, drohen aber die beschriebenen gefährlichen Klimafolgen zu einer kollektiven Bedrohung für die Menschheit zu werden. Eine klassische Sicherheitspolitik, deren Konzepte keine geeigneten Antworten auf die Gefährdungspotenziale eines ungebremsten Klimawandels beinhalten, wird damit fast zwangsläufig überfordert. Eine anspruchsvolle, problemlösungsge-

---

[11] Für weiterführende Diskussionen der Anpassungserfordernisse aus entwicklungspolitischer Perspektive und konkrete Handlungsempfehlungen vgl. Scholz (2009b) und WBGU (2005; 2008; 2009b).

rechte und entwicklungsorientierte Klimapolitik würde hingegen auch im Sinne einer präventiven Sicherheitspolitik wirken können, indem sie konkrete Risiken antizipiert und zu minimieren hilft. Schon deshalb sollten die internationalen Anstrengungen zum Klimaschutz nicht länger als sektorale Aufgaben von Umwelt- und Energiepolitikern betrachtet werden. Vielmehr müssen die Konsequenzen des Klimawandels aller Unwägbarkeiten zum Trotz auch in Entwicklungspolitik und Entwicklungszusammenarbeit durchgängig mitgedacht werden. Denn wie es in der Antike bereits der griechische General Perikles (493-429 v.Chr.) formuliert hat, kommt es weniger darauf an, die Zukunft exakt vorherzusagen als vielmehr auf sie vorbereitet zu sein.

Literatur

AMCEN & UNEP. (2006). *Africa Environment Outlook 2. Our Environment, Our Wealth.* Nairobi: UNEP.

Bauer, S. (2006). Land and water scarcity as drivers of migration and conflicts? *entwicklung & ländlicher raum, 40(4),* 7-9.

Bauer, S. (2007). Sicherheitsrisiko Klimawandel. Gutachten des Wissenschaftlichen Beirats der Bundesregierung Globale Umweltveränderungen. *Entwicklung & ländlicher Raum, 41(5),* 9-12.

Bauer, S. (2008). „Admit that the waters around you have grown". Die Bedeutung des Klimawandels für die Vereinten Nationen. *Vereinte Nationen, 56(1),* 3-9.

Bauer, S. (2009). Weltpolitik in aufgeheizter Atmosphäre. Frieden und Sicherheit in Zeiten des Klimawandels und der Multipolarität. *Die Friedens-Warte. Journal of International Peace and Organization,* 84(2), 45-70.

Bauer, S. (2010). „Climate Refugees" beyond Copenhagen: Legal concept, political implications, normative considerations. Analysis 12. Stuttgart: Brot für die Welt.

Bauer, S. & Messner, D. (2007). Der Klimawandel bedroht globale Entwicklung und internationale Stabilität. *Analysen und Stellungnahmen 7/2007.* Bonn: Deutsches Institut für Entwicklungspolitik.

Bauer, S. & Richerzhagen, C. (2007). Nachholende Entwicklung und Klimawandel. *Aus Politik und Zeitgeschichte, 57(47),* 20-26.

Bauer, S. & Scholz, I. (2010). Adaptation to climate change in Southern Africa: New boundaries for sustainable development? *Climate and Development, 2(2),* 1-11.

Biermann, F. & Boas, I. (2008). Für ein Protokoll zum Schutz von Klimaflüchtlingen. Global Governance zur Anpassung an eine wärmere Welt. *Vereinte Nationen, 56(1),* 10-15.

BMZ. (Hrsg.) (2007). *Transforming Fragile States. Examples of Practical Experience.* Baden-Baden: Nomos.

Brauch, H.G. (2001). Environmental Degradation as Root Causes of Migration. Desertification and Climate Change. Long-Term Causes of Migration from North Africa to

Europe. In: P. Friedrich & S. Jutila (Hrsg.), *Policies of Regional Competition*. Baden-Baden: Nomos.

Brüntrup, M. (2008). *Steigende Nahrungsmittelpreise. Ursachen, Folgen und Herausforderungen für die Entwicklungspolitik*. Analysen und Stellungnahmen 4/2008. Bonn: Deutsches Institut für Entwicklungspolitik.

Carius, A., Tänzler, D. & Winterstein, J. (2007). *Weltkarte von Umweltkonflikten. Ansätze einer Typologisierung*. Externe Expertise für das WBGU-Hauptgutachten „Welt im Wandel: Sicherheitsrisiko Klimawandel". Berlin: WBGU.

Clark, W. (2007). *Environmentally Induced Migration and Conflict*. Externe Expertise für das WBGU-Hauptgutachten „Welt im Wandel: Sicherheitsrisiko Klimawandel". Berlin: WBGU.

FAO & WFP. (2009): *The State of Food Insecurity in the World. Economic Crisis: impacts and lessons learned*. Rome: FAO.

Giese, E. & Sehring, J. (2007). *Regionalexpertise: Destabilisierungs- und Konfliktpotential prognostizierter Umweltveränderungen in der Region Zentralasien bis 2020/2050*. Externe Expertise für das WBGU-Hauptgutachten „Welt im Wandel: Sicherheitsrisiko Klimawandel". Berlin: WBGU.

Gueye, M., Hepburn, J., Sugathan, M. & Chamay, M. (2009). Climate Adaptation and Trade: Key Challenges and Options for Agriculture in Small Developing Countries. In: United Nations Environment Programme (Hrsg.), *Climate and Trade Policies in a Post-2012 World*. Geneva: UNEP.

Heberer, T. & Senz, A. (2007). *Regionalexpertise: Destabilisierungs- und Konfliktpotential prognostizierter Umweltveränderungen in China bis 2020/2050*. Externe Expertise für das WBGU-Hauptgutachten „Welt im Wandel: Sicherheitsrisiko Klimawandel". Berlin: WBGU.

IPCC. (2007a). *Climate Change 2007: The Physical Science Basis*. Contribution of Working Group I to the Fourth Assessment Report of the Intergovernmental Panel on Climate Change. Cambridge: Cambridge University Press.

IPCC. (2007b). *Climate Change 2007: Synthesis Report*. Contribution of Working Groups I, II and III to the Fourth Assessment Report of the Intergovernmental Panel to Climate Change. Geneva: IPCC.

IPCC. (2007c). *Climate Change 2007: Impacts, Adaptation, and Vulnerability*. Contribution of Working Group II to the Fourth Assessment Report of the Intergovernmental Panel on Climate Change. Cambridge: Cambridge University Press.

Jakobeit, C. & Methmann, C. (2007). *Klimaflüchtlinge. Die verleugnete Katastrophe*. Hamburg: Greenpeace.

Leighton, M. (2006). Desertification and Migration. In P.M. Johnson, K. Mayrand & M. Paquin (Hrsg), *Governing Global Desertification. Linking environmental degradation, poverty and participation*. Aldershot: Ashgate.

Lenton, T., Held, H., Kriegler, E., Hall, J., Lucht, W., Rahmstorf, S. & Schellnhuber, H. (2008). Tipping elements in the Earth's climate system. *Proceedings of the National Academy of Sciences, 105(6)*, 1786-1793.

Levin, K. & Tirpak, D. (2009). *Climate Science 2008: Major New Discoveries*. WRI Issue Brief July 2009. Washington: World Resources Institute.

Maas, A. & Tänzler, D. (2009). *Regional Security Implications of Climate Change. A Synopsis.* Adelphi Report 01/09. Berlin: Adelphi.

Maier, J. (2010). Klimarahmenkonvention: 15. Vertragsstaatenkonferenz 2009; Kyoto-Protokoll: 5. Vertragsstaatenkonferenz 2009. *Vereinte Nationen, 58(1),* 31-33.

Messner, D. (2007). Machtverschiebungen im internationalen System. Global Governance im Schatten des Aufstiegs von China und Indien. In: T. Debiel, D. Messner, F. Nuscheler (Hrsg.), *Globale Trends 2007. Frieden, Entwicklung, Umwelt.* Frankfurt am Main: Fischer.

Messner, D. & Rahmstorf, S. (2010). Kipp-Punkte im Erdsystem und ihre Auswirkungen auf Weltpolitik und Weltwirtschaft. In: T. Debiel, D. Messner, F. Nuscheler, M. Roth & C. Ulbert (Hrsg.), *Globale Trends 2010. Frieden, Entwicklung, Umwelt.* Frankfurt am Main: Fischer.

Müller, B. (2010). *Copenhagen 2009. Failure or final wake-up call for our leaders?* Oxford: Oxford Institute for Energy Studies.

Nelson, G., Rosegrant, M., Koo, J., Robertson, R., Sulser, T., Zhu, T., Ringler, C., Msangi, S., Palazzo, A., Batka, M., Magalhaes, M., Valmonte-Santos, R., Ewing, M. & Lee, D. (2009). *Climate Change. Impacts on Agriculture and Costs of Adaptation.* Washington: IFPRI.

Padgham, J. (2009). *Agricultural Development Under a Changing Climate: Opportunities and Challenges for Adaptation.* Washington: World Bank.

Parry, M. (2009). Climate change is a development issue, and only sustainable development can confront the challenge. *Climate and Development, 1(1),* 5-9.

Richardson, K., Steffen, W., Schellnhuber, H., Alcamo, J., Barker, T., Kammen, D., Leemans, R., Liverman, D., Munasinghe, M., Osman-Elasha, B., Stern, N. & Waever, O. (2009). *Synthesis Report Climate Change. Global Risks, Challenges and Decisions.* Climate Congress Copenhagen, 10-12 March 2009. Kopenhagen.

Schipper, E. & Lisa, F. (2009). Meeting at the crossroads?: Exploring the linkages between climate change adaptation and disaster risk reduction. *Climate and Development, 1(1),* 16-30.

Scholz, I. (2009). China, Indien und die Bewältigung des Klimawandels. In: S. Böhler, D. Bongardt & S. Frech. (Hrsg.), *Jahrhundertproblem Klimawandel. Forschungsstand, Perspektiven, Lösungswege.* Schwalbach: Wochenschau Politik.

Scholz, I. (2010). Klimawandel und mögliche Anpassungsmaßnahmen. In: T. Debiel, D. Messner, F. Nuscheler, M. Roth & C. Ulbert (Hrsg.), *Globale Trends 2010. Frieden, Entwicklung, Umwelt.* Frankfurt am Main: Fischer.

Stern, N. (2006). *The Economics of Climate Change. The Stern Review.* London: HM Treasury.

Swatuk, L. (2007). *Southern Africa, Environmental Change and Regional Security: An assessment.* Externe Expertise für das WBGU-Hauptgutachten „Welt im Wandel: Sicherheitsrisiko Klimawandel". Berlin: WBGU.

UNDP. (2007). *Fighting Climate Change: Human Solidarity in a Divided World.* Human Development Report 2007/2008. New York: Palgrave Macmillan.

von Braun, J. (2008). *Food and Financial Crises: Implications for Agriculture and the Poor.* IFPRI Food Policy Report. Washington: International Food Policy Research Institute.

WBGU. (2005). *Welt im Wandel: Armutsbekämpfung durch Umweltpolitik.* Hauptgutachten des Wissenschaftlichen Beirats der Bundesregierung Globale Umweltveränderungen. Berlin: WBGU.

WBGU. (2006). *Die Zukunft der Meere: zu warm, zu hoch, zu sauer.* Berlin: WBGU.

WBGU. (2007). *Neue Impulse für die Klimapolitik: Chancen der deutschen Doppelpräsidentschaft nutzen.* Politikpapier 5. Berlin: WBGU.

WBGU. (2008). *Welt im Wandel: Sicherheitsrisiko Klimawandel.* Hauptgutachten des Wissenschaftlichen Beirats der Bundesregierung Globale Umweltveränderungen. Berlin: Springer.

WBGU. (2009a). *Kassensturz für den Weltklimavertrag. Der Budgetansatz.* Berlin: WBGU.

WBGU. (2009b). *Welt im Wandel: Zukunftsfähige Bioenergie und nachhaltige Landnutzung.* Berlin: Springer.

WBGU. (2009c). Klimawandel: Warum 2°C? *Factsheet 2/2009.* Berlin: WBGU.

WBGU (2009d). Der Minimalkompromiss von Kopenhagen: Ein Ziel, aber noch kein Weg. Presseerklärung vom 20. Dezember 2009. Berlin: WBGU.

Wolf, A. (2007). *A Long Term View of Water and Security: International Waters, National Issues, and Regional Tensions.* Externe Expertise für das WBGU-Hauptgutachten „Welt im Wandel: Sicherheitsrisiko Klimawandel". Berlin: WBGU.

Kunibert Raffer

Die Verschuldung der Entwicklungsländer und die Rolle öffentlich-rechtlicher Gläubiger

1   Einführung

Das Überschuldungsproblem der Entwicklungsländer (EL) ist eine unendliche Geschichte, deren Lösung die im Pariser Club zusammengefassten öffentlich-rechtlichen (bilateralen) und die multilateralen Gläubiger mit ihrem „Schulden-management" bislang verhindert haben. Schon 1992 wurde nachweislich von zumindest einem öffentlichrechtlichen Gläubiger erkannt, dass es sich nicht wie fälschlicherweise von den öffentlichen Gläubigern behauptet um eine Liquidi-tätskrise handelte, sondern um Insolvenz. So schrieb die Internationale Bank für Wiederaufbau und Entwicklung (IBWE), die sich selbst gerne „Weltbank" nennt:

> *In einer Solvenzkrise ist es wichtig, Solvenz früh als die Wurzel des Problems und die Notwendigkeit einer endgültigen Regelung zu erkennen um den Schaden zu mi-nimieren* [...] langwierige Neuverhandlungen und Unsicherheit fügten der Wirt-schaftätigkeit in den Schuldnerländern über einige Jahre Schaden zu [...]. Es dau-erte zu lange bis man erkannte, dass Liquidität die sichtbare Spitze des Problems war, aber nicht seine Wurzel. (IBRD 1992: 10-12, Hervorh. im Original).

Trotz dieser Erkenntnis tat die IBWE nichts um das Problem schnell zu beheben und weitere Schäden zu vermeiden. Noch etwa ein Jahrzehnt sträubte sich der öffentliche Sektor gegen jedwede Form einer Insolvenzlösung, wissend dass den EL hiermit große, vermeidbare Schäden zugefügt wurden. Dies ist um so uner-klärlicher als Vertreter des Bankensektors schon sehr schnell nach 1982, dem „offiziellen Ausbruchsdatum" der Krise[1], die Emulation des Insolvenzverfahrens propagierten: David Suratgar und Alfred Herrhausen setzten sich sehr dezidiert für diese Lösung ein.

   Dieser Beitrag wird die extrem negative Rolle der öffentlichrechtlichen Gläubiger darlegen. Sie haben

---

[1]   Im August 1982 erklärte der mexikanische Finanzminister, Mexiko könne seine Zahlungen nicht wie vertraglich vereinbart leisten.

- die Lösung der Schuldenkrise verzögert
- Schuldenerleichterungen unstatthaft mit Vorteilen für sich in anderen, damit nicht zusammenhängenden Bereichen verknüpft
- als Richter, Geschworene, Gerichtsvollzieher und Experten in eigener Sache entschieden, ein Vorgehen, das jegliche Rechtsstaatlichkeit verhöhnt
- die Anwendung grundlegender Rechtsprinzipien verhindert, wenn diese EL schützen, sogar unter Druck „anerkannte" Schulden geschützt
- wesentlichste Eigentums- und Verfahrensrechte privater Gläubiger zum Nutzen des öffentlichen Sektors verletzt
- Menschenrechte Gläubigerinteressen untergeordnet
- den Bruch der Statuten durch die Internationalen Finanzinstitutionen (IFI) zu Lasten der EL unterstützt, gebilligt und ermöglicht.

Dieser Beitrag diskutiert auch die Mär vom bevorrangten Gläubiger *(preferred creditor)*, die in EL noch immer große Schäden anrichtet und die Folgen des Verhinderns von Haftung, Rechtsstaatlichkeit und marktwirtschaftlicher Prinzipien, ein Verhalten, das nur im Falle der EL beobachtbar ist. Die öffentlichen Gläubiger etablierten ein System globaler Ungleichbehandlung und halten dieses unbeirrt aufrecht. Kritischere Menschen als ich mögen durch die Fakten sogar dazu verleitet werden von globaler Apartheid zu sprechen. Dieses System fügt aber nicht nur den EL und insbesondere den Armen im Süden schwerste Schäden zu, es benachteiligt auch rechtswidrig private Gläubiger, die gezwungen werden, durch die Hinnahme höherer Verluste den öffentlichen Sektor zu subventionieren.

2 Die Mär vom „bevorrangten Gläubiger"

Obwohl Internationale Finanzinstitutionen (IFI) mit Unterstützung des Pariser Clubs stets und lauthals versichern, den Status eines bevorzugten Gläubigers zu haben, wissen sie nachweislich, dass dies nicht der Wahrheit entspricht.

So ist auf der eigenen, offiziellen Homepage des IWF nachzulesen, dass der Fonds keinerlei *preferred creditor* Status hat. Bei der Buchprüfung 1986 wurde der IWF gewarnt, dass – so der Fonds nicht klare Schritte setze die schlechte Bonität einiger seiner Forderungen darzustellen – die nächste Prüfung warnend darauf werde hinweisen müssen, dass der wahre Wert der Buchforderungen nicht den Buchwerten entspräche, mit negativen Konsequenzen auf die Bewertung des IWF da dieser keinerlei Risikovorsorge getroffen hatte (Boughton 2001: 814; selbe Paginierung auf IWF-Homepage). Gezwungen durch externe Buchprüfer begann der IWF Risikovorsorge zu betreiben. Diese Rücklagen und Rückstellungen werden jedoch nicht „loan loss reserves" genannt, sondern „precautionary reserves", vielleicht weil der IWF fürchtet, dass die gängige und korrekte Bezeichnung die Schlussfolgerung ermutigen könne, Verluste seien letztlich unvermeidlich. Selbstverständlich wurde sofort geprüft ob der IWF legal oder vertraglich bevorrangt wäre. Die Prüfung ergab, dass der Fonds in keiner Weise Vorrang genießt, also *kein* preferred creditor ist (Boughton 2001: 820). Seine eigenen „Exekutivdirektoren betonten die […] Notwendigkeit […] in der Praxis […] den Fonds als bevorrangten Gläubiger zu behandeln" (Boughton 2001: 820). Im September 1988 unterstützte das Interim Komitee diese Meinung und „drängte alle Mitglieder den Fond, *innerhalb der Grenzen ihrer Rechtsordnung*, als bevorrangten Gläubiger zu behandeln" (Boughton 2001: 821, eigene Hervorh.). Selbst die Organe des IWF konnten sich nicht dazu durchringen jene unbedingte Bevorrangung zu behaupten bzw. von den eigenen Mitgliedsstaaten zu verlangen, die der IWF mit Unterstützung der OECD-Staaten geltend macht – eine Korrektheit, die bald verloren gehen sollte. Im Gegensatz zu den Behauptungen des öffentlichen Sektors gibt es keinerlei Rechtsgrundlage für eine Bevorrangung des IWF. Dies mag auch den Versuch des Fonds erklären, durch seinen äußerst eigennützigen Vorschlag einer eingeschränkten Insolvenz für Staaten – den sogenannten Sovereign Debt Rescheduling Mechanism (SDRM) – doch noch klammheimlich den so begehrten Status eines Gläubigers mit Vorrang zu erlangen und sich die wider besseres Wissen behauptete rechtliche Bevorzugung endlich und insbesondere zu Lasten des privaten Sektors zu erschleichen (vgl. Raffer 2006; 2008).

Martha (1990) publizierte eine sehr eingehende Untersuchung der Frage einer allfälligen Bevorrangung des IWF. Er argumentiert überzeugend, dass die Gründer(innen) des Fonds dessen Forderungen nicht nur nicht bevorzugten, sondern sogar Nachrangigkeit stipulierten. Explizit war dies im Schedule B, §3 vorgesehen, einer Bestimmung über die Berechnung der Geldreserven zur Bestimmung der *repurchase obligations*, also der Verpflichtung IWF-Kredite zu tilgen. Diese legte die vorrangige Befriedigung von „Rückzahlungen an andere Gläubiger als den Fonds" fest, indem Gelder „transferiert oder bereitgestellt für Kreditrückzahlungen während des nächsten Jahres" nicht eingerechnet werden durften. Dies bedeutet – wie auch der Autor ausführt – eine klare Bevorrangung anderer Gläubiger, eine Entscheidung, die mit den öffentlichen Aufgaben einer IFI leicht begründbar ist. Die Zweite Änderung der IWF-Statuten eliminierte diese Bestimmung. Martha argumentiert, es sei nicht intendiert gewesen, „den zugrunde liegenden Gedanken abzulehnen, dass es von Vorteil ist Bankkredite zu ermuntern indem Banken und andere bezüglich der Rückzahlungen Vorrang genießen" (Martha 1990: 814). Wie noch gezeigt wird, lässt sich diese Argumentation auch durch den Vergleich mit anderen IFI erhärten. Zwei Tatsachen lassen sich jedenfalls nicht verneinen:

(1) die Gründer(innen) versahen die IWF-Forderungen explizit mit Nachrang, wohl wegen der öffentlichen Aufgaben des IWF

(2) die heutige Fassung enthält keinerlei Formulierung, die sich hinlänglich biegen ließe um ein Recht auf vorrangige Befriedigung konstruieren zu können. Während eine IWF-freundliche Argumentation Marthas Folgerung einer weiter bestehenden Nachrangigkeit möglicherweise in Frage stellen könnte, kann selbst diese keinen Vorrang darlegen. Die den ärmsten Ländern unter Hinweis auf die wissentlich falsch geltend gemachte Bevorrangung des IWFs auferlegten Opfer waren sowohl unnötig als auch rechtswidrig.

Leider wurde bei der Zweiten Statutenänderung nicht nur die klare Nachrangigkeitsbestimmung gestrichen, es wurde auch verabsäumt, im Zusammenhang mit der Einführung der Konditionalität (die allerdings schon vorher statutenwidrig ausgeübt worden war) auch klare Haftungsbestimmungen einzuführen. Da der IWF mit der Konditionalität auch die Macht erhielt, wirtschaftliche Entscheidungen mit Auswirkungen auf die EL zu treffen und diese den EL aufzuzwingen, widerspricht dies jeder Form zivilisierten Rechtsgefühls – offenbar einer der ersten Schritte zur Einführung globaler Diskriminierung.

Es lässt sich leicht erklären, warum Haftungsbestimmungen bei Gründung des Fonds für unnötig erachtet wurden. Ursprünglich sollte er Mitglieder mit ohne jedwede Bedingung vergebenen kurzfristigen Krediten in den Stand setzen, die in Bretton Woods festgelegten Währungsparitäten zu halten. Bei einer „Feuerwehr", die schnell und ohne Auflagen hilft, sind Gründe für Haftung und Schadenersatz nur äußerst schwer denkbar. Einem Diktator über viele Jahre Kredite zu gewähren, wissend dass er und sein Clan sich im Schnitt 25 bis 33 Prozent aller Kredite „aneignen" – wie es die IBWE im Falle Suhartos tat (Winters 2004) – wäre wohl ein solcher Ausnahmefall. Ebenso das Verhalten des IWF gegenüber Zaires Diktator Mobutu. Hierfür wurde offenbar vorgesorgt. Artikel IX, Absatz 3 gewährt dem Fonds zwar vollständige Immunität, ergänzt aber explizit: „außer insoweit als er ausdrücklich auf seine Immunität im Hinblick auf jegliches Verfahren oder durch jegliche vertragliche Bedingung verzichtet". Rechtsstaatlichkeit ohne Diskriminierung war ursprünglich intendiert und gesichert – historisch ist es eine Tatsache, dass damals auch und insbesondere europäische Staaten Kunden des IWF waren.

In den Statuten der IBWE und ihrer Tochter IDA (International Development Association) ist die Frage des Vorrangs klar geregelt. Artikel IV, Abs.4, lit. c der Statuten der IBWE stipuliert über die Verpflichtungen anderer Gläubiger hinausgehende Pflichten. Im Falle von Zahlungsschwierigkeiten, ist Hilfe vorgesehen:

> Wenn ein Mitglied unter einer akuten Devisenknappheit leidet, sodass die Bedienung von diesem Mitglied aufgenommener oder von ihm oder einer seiner Behörden garantierter Kredite nicht in vertraglich vereinbarter Form erfolgen kann, kann das betroffene Mitglied sich an die Bank wenden um eine Lockerung der Zahlungsbedingungen zu erreichen. Wird der Bank hinreichend klar, dass eine Lockerung im Interesse des betroffenen Mitglieds und der Bankaktivitäten, sowie ihrer Mitglieder insgesamt

ist, so kann die Bank „die Amortisationsbedingungen modifizieren oder die Fälligkeit des Kredits verlängern oder beides." Es ist besonders hervorzuheben: das EL hat ein Recht Erleichterungen zu verlangen, außer „akuter Devisenknappheit" gibt es keinerlei Bedingungen, die Interessen des Mitgliedslandes – auch wenn es ein EL sein sollte – sind zu berücksichtigen. Dies sind Verpflichtungen, die über jene aller anderen Gläubiger hinausgehen und ökonomisch sowie juridisch einen Nachrang der Bankforderungen festlegen. Natürlich verpflichtet dieser Passus die Bank nicht in jedem Fall auch eine Erleichterung zu gewähren. Betrachtet man jedoch die Geschichte der Verschuldung und berücksichtigt den Umstand, dass die Bank nicht nur niemals Erleichterung gewährte sondern im Gegenteil wahrheits- und statutenwidrig durchsetzte als „bevorrangter Gläubiger" stets vorab und – soweit möglich – voll befriedigt zu werden, so kann nur geschlossen werden, dass die Bank ihre eigenen Statuten in eklatantester Weise gebrochen hat. Insbesondere legt das Verhalten der Bank nahe, dass Schuldner so unter Druck gesetzt wurden, dass sie ihr Recht gar nicht erst auszuüben wagten. Außerdem verursachte die unwahre und statutenwidrige Behauptung, die Bank müsse – wie andere IFI – auf pünktlicher und vollständiger Leistung bestehen, großes Leid, insbesondere bei den Armen in EL. Die Kindersterblichkeit hätte sich beispielsweise bei Befolgung des Art. IV entweder nicht oder deutlich weniger erhöht.

Obwohl etwas vager, spiegelt Artikel V, Abs. 3 der IDA-Statuten diese Verpflichtung ebenfalls wider. Unter dem Titel „Modifizierung der Zahlungsbedingungen" bestimmt dieser, IDA „kann einer Erleichterung oder anderen Modifizierung der Bedingungen zustimmen", wobei wiederum „die finanzielle und wirtschaftliche Situation und die Aussichten des betroffenen Mitglieds" in Betracht zu ziehen sind. Bei Fälligkeiten von 35, 40 oder auch 20 Jahren mit zehn tilgungsfreien Jahren, sowie keinen Zinsen (die IDA zieht es vor ihre jährliche Gebühr von 0,75 Prozent Servicegebühr zu nennen, offenbar in Einklang mit islamischen Bankgrundsätzen), bleibt abgesehen von Schuldenreduktionen keine realistische Alternative. Wie die Mutter, gewährte auch IDA nie irgendwelche der statutarisch vorgesehenen Erleichterungen.

Im Unterschied zum IWF, der dies nun gezwungenermaßen de facto tut, sind alle multilateralen Entwicklungsbanken statutarisch zur Risikovorsorge verpflichtet. Außerdem sind sie verpflichtet, im Falle von Zahlungsverzug *(default)* ihre Forderungen zu korrigieren. Am stärksten ausgeprägt und am klarsten ist dies wieder bei der IBWE formuliert, deren Statuten offenbar zu einer Zeit geschrieben wurden, als auch EL als ganz normale Rechtssubjekte angesehen wurden. In abgeschwächter Form, vor allem bei der Afrikanischen Entwicklungsbank, deren Statuten vor einigen Jahren unter Druck der Industrieländer novelliert wurden, findet sich dies jedoch bei allen multilateralen Entwicklungsbanken (vgl. Raffer 2004: 69). Bei der letzten Statutenänderung 2002 – nach langer Verzögerung mittlerweile auch auf der Homepage der Afrikanischen Entwicklungsbank abrufbar – wurde Art.20 (Spezielle Vorsorge) abgesehen von der noch aufscheinenden Überschrift völlig gestrichen, und es findet sich nun keinerlei explizite Verpflichtung zur Schuldenreduktion mehr. Diese Änderung erfolgte nach dem *downgrading* der Bank durch Standard & Poors und der Reform, die die OECD-Länder nutzen, ihre Vorstellungen durchzusetzen. Offenbar war auch das Verringern des Schuldnerschutzes, den jedes zivilisierte Rechtssystem gewährt, im Falle der Afrikaner eine der Prioritäten der Industrieländer.

Risikovorsorge, verschämt „precautionary reserves" statt „loan loss reserves" genannt, wurde und wird von allen IFI betrieben. Dies ist eine wirtschaftlich richtige und gesunde Entscheidung. Allerdings weigerten sich alle bei Zahlungsverzug korrekt vorzugehen. Alle IFI verrechneten ihren Kunden die Kosten der Risikovorsorge indem sie einen entsprechenden Aufschlag für den Fall der Zahlungsunfähigkeit in ihre Zinsspanne einrechneten, und alle weigerten sich, die schon bezahlte Versicherungsleistung auch tatsächlich bei Eintreten des Versicherungsfalls auszuzahlen. Dies ist so als würde eine Versicherung nach Jahren des Prämienkassierens bei Schadenseintritt plötzlich behaupten, sie hätte keine Verpflichtung zu zahlen, ja sie könne gar nicht zahlen ohne ihre Versicherungsaufgabe zu gefährden. In jedem Rechtsstaat wäre dies selbstverständlich absurd und undenkbar – für EL ist dies Alltag.

Die Statuten der IBWE sehen sowohl die Bildung der Risikovorsorge wie auch die Verwendung dieser Ressourcen im Detail vor. Art. IV, Abs. 6 verlangt eine spezielle Vorsorge, die für die Zwecke des folgenden Absatzes 7 („Methoden die Verbindlichkeiten der Bank im Falle von Zahlungsverzug abzudecken") zu verwenden ist. Da die Bank Kredite statutarisch nur an Mitgliedsländer oder an andere Schuldner mit voller Garantie der Mitgliedsstaaten vergeben darf (Art.III, Abs.4) ergibt sich logisch, dass Zahlungsausfälle von Staaten als möglich und vielleicht gelegentlich sogar als notwendig angesehen wurden. Die

Gründer(innen) der IBWE wollten die Bank offensichtlich einer gewissen Marktdisziplin unterwerfen und formulierten Wege wie sie ihren fairen Anteil am Risiko tragen kann. Im Gegensatz hierzu haben andere Gläubiger, insbesondere der Privatsektor, keinerlei vergleichbare Verpflichtung auf ihre Reserven zurückzugreifen. Logischerweise wird von IFI erwartet, dass sie Schuldenerleichterung früher als andere gewähren. Ihre Aufgabe Entwicklung voranzutreiben erklärt offenbar diese Entscheidung der Gründer(innen).

Das Mäntelchen, das die Bank wählte um den Bruch ihrer statutarischen Verpflichtungen notdürftig zu „bedecken" ist rundweg absurd. Sie weigert sich einfach, die Nichtzahlung zur Kenntnis zu nehmen, auch wenn Länder schon sechs oder sieben Jahre keinerlei Zahlung geleistet haben. Caufield (1998: 319) ging dieser Frage nach und erfuhr, dass die Bank Nichtzahlung einfach nicht zur Kenntnis nähme solange Schuldnerländer mit ihr in „gegenseitig respektvollem Kontakt" stünden. Offen darf die Bank alle akzeptablen Buchhaltungsregeln, sowie jedwede Vorstellung guter Verwaltungsführung (good governance[2]) verhöhnen.

3   Vom zugefügten Schaden profitieren: der bislang erfolgreiche IFI-Kampf gegen Statuten, Markt, Rechtsstaatlichkeit und Wirtschaftsethik

Selbstverständlich sehen die Statuten fast aller IFI die Möglichkeit Schadenersatz zu erlangen vor. Wie bereits gesagt ist der IWF insofern eine Ausnahme als er sich einem Gerichts- oder Schiedsverfahren stellen kann aber nicht muss. Auch in diesem Bereich lassen sich Verschlechterungen zu Lasten der EL gegenüber den IBWE-Statuten feststellen. Als Daumenregel kann gesagt werden, je später die Statuten verfasst bzw. novelliert wurden, desto schlechter wurden grundlegende Rechtsprinzipien gewahrt. Dies mag auch dadurch erklärbar sein, dass Industrieländer seit Jahrzehnten nicht mehr auf IFI-Kredite zurückgreifen, die Statuten somit ausschließlich EL als Schuldner betreffen; eine Erklärung die wiederum die These globaler Doppelstandards stützt. Bemerkenswerterweise funktioniert die Europäische Bank für Wiederaufbau und Entwicklung, die Osteuropa und nicht Drittweltstaaten betreut, gerade in dieser Hinsicht völlig anders.

Art.VII, Abs.3 der IBWE-Statuten erlaubt nicht nur die Bank zu klagen, sonder auch bei Erfolg vor Gericht Exekution gegen sie zu führen. Art.VIII, Abs.3 der IDA-Statuten tut dies ebenso. Allerdings dürfen Mitglieder (auch bzw. heute de facto aufgrund der Kreditbeziehungen nur mehr EL) Gerichte nicht

---

[2]   Good Governance (gute Regierungs- bzw. Verwaltungsführung) wird EL von den Industriestaaten und den IFI abverlangt. Siehe auch den Beitrag von Sebastian Gehart zu Good Financial Governance in diesem Band.

anrufen, sonder für sie ist ein Schiedsverfahren vorgesehen. Die *General Conditions for Loans* der IBWE vom 1. Juli 2005, § 8.04 (vorher war dies im §10.04 stipuliert) legt das Verfahren fest, IDAs *General Conditions for Credits and Grants* wiederholt diese Bestimmungen fast im Wortlaut. „Finanzabkommen" statt „Kreditabkommen" ist beispielsweise ein Unterschied. Laut §8.04 muss „Jede Kontroverse zwischen den Parteien des Kreditabkommens [...] und jeder Anspruch einer solchen Partei gegen eine andere" wenn es zu keiner Einigung kommt „der Schiedsgerichtsbarkeit durch ein Schiedstribunal unterworfen werden." Beide Seiten nominieren je eine Person und gemeinsam eine weitere Person. Einigen sie sich nicht auf diese dritte Person, so hat der Präsident des Internationalen Gerichtshofs oder der Generalsekretär der Vereinten Nationen diese Person zu bestellen. Interessanterweise ist dies verblüffend ähnlich dem Verfahren, das ich für die Bildung der Schiedsinstanz in meinem fairen und transparenten Insolvenzverfahren für Staaten vorschlage (Raffer 2004).

Im Laufe ihrer Geschichte haben die IFI allerdings eingewirkt, die ursprünglich vorgesehene Rechtsstaatlichkeit, Haftung und somit auch marktwirtschaftliche Prinzipien zurückzudrängen bzw. de facto abzuschaffen. So hat etwa die IBWE auf Mitgliedsländer Druck ausgeübt, durch nationale Gesetze Klagen gegen die Bank unmöglich zu machen und über diese „nationale" Schiene die eigenen Statuten auszuschalten.

Die Folgen der gleichzeitigen Abschaffung der Rechtsstaatlichkeit und wirtschaftlicher Lenkungsmechanismen sind katastrophal. Es entstand ein ökonomisch perverses Anreizsystem, das nicht nur gröbste Fahrlässigkeit sondern selbst EL absichtlich zugefügte Schäden belohnt und das leider nur mit den Worten „IFI-Flops sichern IFI-Jobs" (Raffer 1993: 158) beschrieben werden kann. Brasiliens Polonoeste Projekt illustriert das Problem perfekt. *Time* berichtete in der Ausgabe vom 12. Dezember 1988, dass ein IBWE-Kredit von 240 Millionen US-Dollar beträchtliche Umweltschäden angerichtet hätte. Die Bank gestand schließlich ein, Fehler gemacht zu haben. Auch hatten ihre eigenen Umweltexpert(inn)en vorher vor Umweltfolgen gewarnt. Danach vergab die Bank einen weiteren Kredit von 200 Millionen US-Dollar, mit dem der Schaden repariert werden sollte, den der erste Kredit angerichtet hatte. Fazit: Brasiliens Verschuldung erhöhte sich um fast eine halbe Milliarde und mit Glück (Reparatur aller Schäden) konnte man auch die Ausgangssituation wieder herstellen. Die IBWE verdiente fast doppelt so viel als ein erfolgreiches Projekt abgeworfen hätte, denn im Erfolgsfall hätte sie nur Zinsen und Gebühren für 240 Millionen US-Dollar erhalten, so aber für 440 Millionen US-Dollar. Wenn auch Brasilien Fehler gemacht haben mag, wie die Bank behauptete, so ist dieses Resultat doch außergewöhnlich. Ein aufgrund sehr mangelhafter Vorbereitung fehlgeschlagenes Programm führt naturgemäß zu einem neuen Programm, das die durch das erste angerichteten Schäden beheben soll. Dies führt logischerweise zu einer steigenden Verschuldung der EL, was wiederum das „Schuldenmanagement" erheblich erschwert, aber Einkommen der IFI und ihre Bedeutung erhöht. In Marktwirtschaften müssen Akteure die Konsequenzen ihrer Handlungen und Entscheidungen tragen. Konsulenten und Berater, die fahrlässig handeln oder professionelle Mindeststandards nicht einhalten, können erfolgreich geklagt werden und müssen den von ihnen angerichteten Schaden bezahlen. Auch für Kreditgeber gibt es Sorgfaltspflichten. Nationale Haftungsrechte dienen dazu, Opfer für rechtswidrig durch fahrlässiges oder ungebührlich riskantes Verhalten erlittene Schäden zu entschädigen. Aber sie dienen auch dazu, solches Verhalten von vorn herein zu verhindern. Weiß jemand, dass durch nachlässige Arbeit oder vermeidbar falschen Rat entstandene Schäden, die bei Einhaltung der beruflichen Sorgfaltspflicht und fachlicher Mindeststandards vermieden worden wären, finanzielle Konsequenzen haben, so gibt es starke Anreize auch korrekt und gut zu arbeiten. Der Erfolg der Marktwirtschaft beruht auf diesem Zusammenhang, vor allem darauf, dass man nicht durch schuldhaftes Schadenzufügen reich werden kann, sondern ärmer wird, da diese Schäden wieder gutzumachen sind. Der systemisch wichtige Punkt ist nicht Schadenersatz zu erhalten – was gut und richtig ist – sondern dass das Haftungsrecht die Anbieter von Gütern und Dienstleistungen sorgsam arbeiten lässt. Daher endet auch nur eine kleine Minderheit aller Markttransaktionen vor Gericht. In der ehemaligen DDR war das anders: Wie die IFI wussten deren Institutionen, dass sie niemals wirtschaftlich zur Verantwortung gezogen würden. Im Glauben, dass die Planer(innen) sowieso stets im besten Interesse der Partei und somit des Volkes arbeiten, hielten die Gründer der Planwirtschaften ein annehmbares Haftungsrecht, insbesondere gegenüber Institutionen, für überflüssig. Mit einem Wort, sie dachten so wie die IFI heute arbeiten, wenngleich extreme Fehlentscheidungen in Planwirtschaften bestraft wurden (Stichwort: Sibirien), während sie bei IFI Beförderungen zumindest nicht verhindern. Der Erfolg dieses Wirtschaftssystems spricht für sich.

Entwicklungspolitisch ist naturgemäß die Haftung juristischer Personen gegenüber ihren Vertragspartner(inne)n wichtig, nicht allfällige Forderungen einer Firma oder Institution gegenüber ihren eigenen Angestellten. Alle rechtswidrig Geschädigten können Firmen oder Regierungen auf Schadenersatz klagen, außer wenn sie EL sind. Daher sprechen wir auch hier von der Haftung der IFI, nicht von der Möglichkeit einen Unterabteilungsleiter im IWF zu belangen.

Aufgrund der Wichtigkeit dieser Eckpfeiler erfolgreicher Volkswirtschaften war rechtlicher Schutz der Mitgliedsländer vor rechtswidrigem Schaden den Gründer(inne)n wichtig. Deshalb sahen sie rechtliche Abhilfe in geeigneter Form statutarisch vor. Es wäre daher auch zu erwarten gewesen, dass Entwicklungshilfegeber und IFI diese Haftungsbestimmungen und die Befolgung der Statuten ebenso akzeptierten, wie dies in jeder anderen Wirtschaftsbeziehung außer gegenüber EL ganz selbstverständlich der Fall ist. Leider ist genau das Gegenteil der Fall: EL wurden zu Freiwild gemacht, ohne Anrecht auf grundlegende, rechtliche Schutzmechanismen, die allen anderen Akteuren automatisch zustehen. Dies erleichtert natürlich die Ausübung politischen Drucks durch den Norden um sich unstatthaft ökonomische oder politische Vorteile zu verschaffen. Naturgemäß leidet darunter die Effizienz der Entwicklungszusammenarbeit, da schnelles, fahrlässiges Verhalten belohnt wird, etwa wenn eine IBWE-Abteilung um ihr „Länderziel" zu erreichen schnell Geld in ein Land pumpt, obwohl ihr klar ist, dass diese Ressourcen gar nicht mehr absorbiert werden können, also im Rahmen einer „Kreditvergabekultur" dem „Druck Kredite zu vergeben" nachgegeben wird, wie IBWE-Dokumente selbst diesen groben Missstand beschönigend umschreiben. Leider gibt es viele Beispiele, die den derzeitigen, perversen Anreizmechanismus klarer illustrieren als abstrakte, rechtliche Abhandlungen. Eine sehr kleine Auswahl folgt hier:

„Maßgeschneiderte" Krisenprogramme

J. Stiglitz (2000) berichtet er habe davon gehört, dass der IWF das Krisenprogramm eines Landes A erstellt habe indem umfangreiche Textpassagen eines anderen Länderprogramms einfach in das offiziell für Land A „erarbeitete" Programm kopiert wurden, wobei die Namen der Länder einfach ausgetauscht worden wären. Aber man habe nicht mit den Tücken der Textverarbeitung gerechnet: an einigen Stellen sei der ursprüngliche Ländername erhalten geblieben. Im Falle privater Konsulenten wären die zivil- und strafrechtlichen Konsequenzen klar. Im Falle des IWF darf angenommen werden, dass dies zu einem neuen Programm, erhöhter Verschuldung des EL, zu erhöhtem Einkommen des Fonds geführt haben wird, sowie dass das EL aufgrund der nun verschlechterten Situation politischem Druck offizieller Gläubiger noch schutzloser ausgeliefert gewesen sein muss.

Der Blumenthal-Bericht

Im Jahre 1982 wurde der deutsche Experte Erwin Blumenthal von den Bretton Woods-Institutionen der Zentralbank Zaires zugeteilt. Geschockt vom dort Erlebten verfasste er den Blumenthal Bericht, in dem er sehr klar und deutlich warnte, es dürfe aufgrund der Korruption im Lande kein Geld mehr nach Zaire fließen. 1983 – sozusagen als postwendende Antwort – erlaubte der IWF Zaire die größte Ziehung (vergab den größten Kredit), den bislang eine afrikanische Regierung erhalten hatte. Es überrascht wenig, dass das Geld verschwand. Bis

1989 verdreifachte der Fonds seine Außenstände in Zaire, die Bevölkerung musste für Mobutu, dessen Vermögen in dieser Zeit beträchtlich wuchs, die Rechnung begleichen.

„Criminal Debts" in Indonesien

In seiner Analyse des Verhaltens der IBWE in Indonesien, prägte Jeffrey Winters (2004: 1) den Ausdruck „criminal debts". Darunter versteht er multilaterale Schulden, die aus Krediten stammen, die die Bank an die korrupte Regierung Suharto zahlte, wissend, dass große Teile der Kredite unterschlagen werden würden. Vor dem Senatskomitee über Außenbeziehungen erklärte Winters „es war ein Verbrechen zuzulassen, dass Entwicklungsgelder gestohlen wurden". Er stellte klar, dass er sich auf „einen Aufsichts- und Prüfungsfehler der Weltbank" (Winters 2004: 1) beziehe. Die Unterschlagungen sind enorm und werden mit 33 Prozent bzw. seitens IBWE-Angestellten mit 20 bis maximal 25 Prozent beziffert. Die Bank vergab über Jahrzehnte weiter Kredite in vollem Wissen dass ein Viertel, vielleicht auch ein Drittel im Schnitt unterschlagen wurde (vgl. Raffer 2007). Sie traf keinerlei Maßnahmen um dies abzustellen. Sie darf erfolgreich darauf bestehen auch die unterschlagenen Beträge inklusive Zinsen vom indonesischen Volk zurückbezahlt zu bekommen, ein Verhalten, das in jeder anderen Kreditbeziehung völlig undenkbar wäre. Die Möglichkeit solchen Verhaltens, oder das Beispiel Zaires, scheint der Grund gewesen sein, warum die IWF-Statuten den Verzicht auf die Immunität und rechtliche Abhilfe ermöglichen.

Die Asienkrise

Die Asienkrise 1997 zeigt einen noch bedenklicheren Aspekt. Bis zum Ausbruch der Krise ermunterten und propagierten die Bretton Woods Institutionen die unangebracht schnelle Liberalisierung des Kapitalverkehrs, obwohl zumindest die IBWE nachweislich seit langem offizielle Dokumente besaß, die vor genau dieser Art schneller Liberalisierung und einer dadurch ausgelösten Katastrophe warnten. Der IWF wollte sogar seine Statuten ändern um legal tun zu können, was er in offenem Bruch seiner Statuten schon getan hatte, Mitgliedsländer zur Öffnung des Kapitalverkehrs zwingen. Warnungen wurden ignoriert, wie bei einem Besuch Wolfensohns in Indonesien im Herbst 1997, als der IBWE-Präsident persönlich eine warnende Passage der *resident mission* durch noch größeres Lob für die aufgrund des genauen Befolgens des Rats der Bretton Woods Institutionen so erfolgreiche Politik des Landes ersetzte.

Nach der Krise (IBRD 1999: 2; vgl. auch Raffer & Singer 2001: 61-62, 151) gab die Bank offiziell und offen zu, „die relevanten, institutionellen Lehren" seit den frühen 1990er Jahren gekannt zu haben. Unter Bezug auf einen Evaluierungsbericht des hauseigenen Prüforgans, des Operations Evaluation Department (OED), identifizierte die IBWE „vorzeitige Finanzliberalisierung und schwache Finanzdisziplin im inländischen Banksystem" als Ursachen für Verletzlichkeit. Sie verweist auf die Krise 1982 in Lateinamerikas Cono Sur und Mexikos Krise 1994-95. Der Bericht des OED aus 1990 über die Strukturanpassungskredite Chiles „hob den Mangel umsichtiger Supervision finanzieller Institutionen als Grund für die Steigerung der Verwundbarkeit der Wirtschaft bis zum Kollaps hervor". Angespornt von Bank und Fonds und unbehindert durch demokratische Opposition hatte die chilenische Militärjunta im Eilzugtempo liberalisiert und dereguliert. Der Direktor für die Westliche Hemisphäre des IWF, E. Walter Robichek, hatte den Chilenen versichert, dass es sehr unwahrscheinlich sei dass private Kapitalmarktteilnehmer – im Unterschied zu Regierungen – zu viel Kredit aufnehmen würden, selbst dann nicht wenn die Regierung sie durch Garantien dazu verleiten wolle. Kurz, private Marktteilnehmer seien stets absolut rational und krisenfest. Diese Ansicht wurde manchmal die Robichek Doktrin genannt. Wie später in Asien, wurde auch in Chile der Großteil der boomenden Kreditexpansion zur Spekulation verwendet. Der Crash verringerte Chiles BIP um 14 Prozent.

Die „grundlegende Lehre" des OED, dass „umsichtige Regeln und Überwachung notwendige Sicherheitsmaßnahmen für das Funktionieren inländischer Finanzmärkte sind, nicht aber eine unnötige Einschränkung" (IBRD 1999: 2) führte jedoch keinesfalls dazu dass „Politikmacher und internationale Finanzinstitutionen diesen Schwächen angemessene Bedeutung" zugemessen oder gar die Asiaten gewarnt hätten.

Obwohl zumindest die IBWE wusste was geschehen würde, ermunterten die Bretton Woods Institutionen genau diese Politik in Asien. Die Vernachlässigung eines angemessenen, schrittweisen Vorgehens *(sequencing)* und des Aufbaus von Institutionen „waren herausragende Charakteristika in Chile und der Krise Mexikos" 1994-95. Heute warnt man wegen der Asienkrise davor, die Kapitalverkehrsbilanz dermaßen schnell zu liberalisieren und unterstreicht die Notwendigkeit eines schrittweisen Vorgehens sowie des vorhergehenden Aufbaus funktionierender regulatorischer Institutionen, als ob man mit der Krise nie etwas zu tun gehabt hätte und diese nicht durch Rat und Propaganda mitverursacht hätte. Kurz, das Problem war Jahre vor der Asienkrise bekannt und man konnte die Entwicklung der Krise beobachten wie einen Film, dessen Skript man mitliest. Das einzige, was die Bank nicht erklären kann oder will, ist warum man die Asiaten denn nicht gewarnt hätte. Man hatte sie im Gegenteil noch ermuntert den Weg in die Katastrophe zu gehen. Jeder Konsulent wäre in einem solchen Falle schadenersatzpflichtig.

Der IWF und Argentinien

Die Evaluierung der Rolle des IWF in Argentinien durch das interne IEO (Independent Evaluation Office), eine Abteilung des Fonds, dokumentiert viele, klare Fälle von zumindest grober Fahrlässigkeit wenn nicht Schlimmerem (IMF-IEO 2004). Das IEO stellte fest, dass ein „Programm auch auf Politiken basierte von denen entweder bekannt war, dass sie konterproduktiv waren [...] oder die sich als ‚ineffektiv und nicht durchhaltbar' erwiesen haben, wo immer sie versucht worden waren' [...] wie es das FAD [Fiscal Affairs Department des IWF] damals ausdrückte" (IMF-IEO 2004: 91). 2001 war es beispielsweise ein weiterer „kritischer Irrtum" (IMF-IEO 2004: 75), dass man nicht hinlänglich klar wusste was im Falle des Scheiterns des Ansatzes zu tun wäre. Das Exekutivdirektorium des IWF unterstützte „ein Programm, das die Direktoren als zutiefst fehlerhaft betrachteten" (IMF-IEO 2004: 81-82). Die „Erhöhung der Mittel im September 2001 litt unter einer Anzahl von Schwächen im Programmdesign, die damals evident waren. Wenn die Schulden tatsächlich nicht tragbar wären, was spätestens damals von der Belegschaft des IWF deutlich erkannt wurde, *dann bot das Programm keine Lösung* für jenes Problem" (IMF-IEO 2004: 89, Hervorh. KR). Der IWF „verabsäumte es, die besten analytischen Instrumente zu verwenden" (IMF-IEO 2004: 109), selbst „Vorhandene analytische Instrumente wurden nicht angewandt um mögliche Verwundbarkeiten in ausreichender Weise zu erkunden" (IMF-IEO 2004: 110). Es braucht nicht gesagt zu werden, dass der IWF wieder unangebracht „optimistisch" mit seinen Vorhersagen war, ein altes Problem das vielen EL schon beträchtlichen Schaden zugefügt hat. So hat konstanter Überoptimismus bezüglich der Wachstumsraten der Wirtschaften und der Exporteinnahmen bei überschuldeten Ländern zu nicht ausreichenden Schuldenreduktionen geführt und damit die Krise prolongiert, wodurch erfreulicherweise wiederum weitere „Hilfe" der IFI „notwendig" wurde.

Das ist nur eine kleine Auswahl aus einer Teilperiode der insgesamt für ein Land evaluierten Zeit, doch genügt dies wohl um zu zeigen, dass – wäre der IWF ein Marktwirtschaft und Rechtsstaatlichkeit unterworfenes Unternehmen – die Rechtslage völlig unstrittig wäre. Aber der IWF ist keine private Firma und Argentinien musste auch jene Programme bezahlen, die – wie der IWF laut seiner eigenen Dokumente ganz genau im Voraus gewusst hatte – zum Ruin des Landes beitragen würden. Der IWF erhält mehr Zinseinkommen von Argentinien als wenn er korrekt gehandelt und solche Programme nicht durchgeführt hätte. Man muss dem Statement des argentinischen IWF-Gouverneurs zustimmen: „Fehler zu erkennen ist jedoch nur der erste Schritt im Rahmen einer gesunden Selbstkritik. Der zweite Schritt ist es die Verantwortung für Fehler zu übernehmen, nämlich die Last der Bürde die Konsequenzen zu korrigieren zu teilen" (IMF-IEO

2004: Annex). Grundlegende Rechtsgrundsätze wären dann eingehalten. Davon wollen natürlich weder der IWF noch jene OECD-Hauptaktionäre etwas wissen, die den EL bei anderer Gelegenheit stets Rechtsstaatlichkeit und effiziente und gute Regierungsführung predigen.

4 Wirtschaftliche Auswirkungen des Fehlens von Rechtsstaatlichkeit und Marktwirtschaft

Tabelle 1 zeigt die Auswirkungen des Fehlens von Rechtsstaatlichkeit und marktwirtschaftlichen Prinzipien auf die EL-Schuldner und Gläubiger mit *bona fides*. Angenommen Land A hätte einen Schuldenstand von 100, kann aber nur einen Schuldenstand von 50 bedienen (50 sind somit uneinbringlich), sowie dass A tatsächlich den Schutz eines Insolvenzverfahrens zugestanden erhält, aufgrund der gängigen Doppelstandards zweifellos eine heroische Annahme bei einem EL. Der Einfachheit halber wird nur mit Verringerungen des Schuldenstands argumentiert und nicht auf äquivalente Zinsreduktionen eingegangen – das Ergebnis wäre letztlich das gleiche, nur etwas umständlicher darzustellen.

Tab. 1: Verluste privater und korrekter *(bona fide)* Gläubiger

EL hat Gesamtschuldenbestand von 100 – bedienbar sind 50

Gläubigerdifferenzierung	Verluste des korrekten Privatsektors
Keine	
Alle gleich, alle Forderungen anerkannt	50%
Forderungen von 40 nichtig	16,67%
IFI bedingungslos (rechtswidrig!) immun	
Alle Schulden anerkannt	83,33%
40 nichtig, 40 (IFI) voll zu zahlen	50 %
IFI rechtsstaatlich/korrekt behandelt	
40 plus 10 IFI-Forderungen nichtig	0%
40 plus alle IFI-Forderungen nichtig*	0%

* *dem Schuldnerland bleibt noch genug Geld übrig, um damit (theoretisch) einen Schuldenstock von 30 zu bedienen.*

Quelle: Eigene Darstellung.

Je nachdem ob allen Schulden rechtlich die gleiche Qualität zukommt, oder es bspw. nichtige Forderungen gibt, oder sich im Falle eines Schadenersatzes durch IFI deren Nettoposition verringert, erhalten völlig korrekte private Gläubiger in beachtlicher Weise unterschiedliche Quoten. Öffentlichrechtliche Gläubiger, die Rechtsverletzungen erlauben oder unterstützen, verursachen erhebliche negative

Effekte. Nicht nur die Rechte der EL sondern auch die der korrekt handelnden Gläubiger werden aufs schwerste verletzt. Letztere müssen aufgrund der rechtswidrigen „Bevorrangung" der IFI größere Verluste hinnehmen als bei einem korrekten und rechtsstaatlich gebotenen Verfahren.

5 Conclusio

Das Verhalten der öffentlichen Gläubiger, unserer Regierungen und der IFI, ist untragbar und widerspricht fundamentalsten juridischen, ökonomischen und ethischen Grundprinzipien. Es ist bemerkenswert, dass unseren Regierungen bei den von ihnen kontrollierten IFI das sonst überall eingemahnte „good governance" und die Grundsteine jeglicher Rechtsstaatlichkeit nicht durch zu setzen versuchen, sondern deren gröblichste Missachtung dulden und fördern. Dies zu ändern ist dringend notwendig. Es gibt keine Entschuldigung dafür, dass IFI ihre eigenen Statuten nicht befolgen, selbst wenn dies armen EL nützt und nicht im Interesse der großen Aktionäre liegt, sofern man von der Gleichheit aller Menschen und Staaten ausgeht. Korrektes Vorgehen war bei der Gründung aller IFI vorgesehen, findet sich nach wie vor in den Statuten, es wurde aber im Laufe der Zeit unter Beihilfe der OECD-Regierungen in der Praxis abgeschafft. Der offene Rechtsbruch wurde „business as ususal". Ein nicht rechtfertigbarer, juridischer Doppelstandard auf globaler Ebene wurde etabliert, den kritischere Menschen als ich als juridische Apartheid bezeichnen mögen.

Wie ursprünglich statutarisch vorgesehen muss es sowohl aus Gründen der Rechtsstaatlichkeit wie aus Gründen ökonomischer Effizienz und ethischer Grundprinzipien Haftung und Schadenswiedergutmachung für rechtswidrig zugefügte Schäden geben. Diese Rückkehr zu den Intentionen bei Vertragsunterzeichnung ist leicht zu bewerkstelligen. Die IFI müssen die eigenen Statuten einfach nur befolgen statt sie zu brechen. Dies würde die jeder Rechtsstaatlichkeit Hohn sprechende Diskriminierung der EL beenden und die Ärmsten der Welt in jener Weise schützen wie es die Gründer(innen) der IFI wollten.

Hierdurch würden aber auch die legitimen Interessen privater Gläubiger(innen) geschützt, die von unsere Regierungen bislang gezwungen wurden für die Fahrlässigkeit der IFI, sogar für deren wissentlich und absichtlich verursachte Schäden zu zahlen, indem sie höhere Verluste hinnehmen müssen. Die von den IFI und unseren Regierungen so eifrig gepredigten Grundsätze ordentliche Regierungsführung und Rechtsstaatlichkeit – wie statutarisch vorgesehen und ohne weiteres anwendbar – auch auf die IFI anzuwenden würde auch diesen ökonomisch nutzen. Sie würden effizienter werden und sie wären glaubwürdiger wenn sie selbst derzeit von ihnen so grob missachteten Prinzipien anderen lauthals predigen. Jedenfalls sind alle „Reformvorschläge" für IFI – gerade für den IWF gibt es zur Zeit viele – reine Makulatur solange die Befolgung der eigenen Statuten nicht durchsetzbar ist. Schließlich kann eine Version der Statuten so einfach gebrochen werden wie eine andere solange mächtige Staaten dazu de facto ermutigen. Eine grundlegende Umorientierung der öffentlichen Gläubiger ist notwendig, damit der gleiche Rechtsstandard weltweit angewandt wird.

Literatur

Boughton, J. (2001). *Silent Revolution: The International Monetary Fund 1979–1989.* Washington: IMF; oder (Kapitel 16 „Digging a Hole, Filling It In: Payments Arrears to the Fund"). www.imf.org/external/pubs/ft/history/ 2001/ch16.pdf (27.2.2009).

Caufield, C. (1998). Masters of Illusion, The World Bank and the Poverty of Nations. London: Pan.

IBRD. (1992). *World Debt Tables 1992/93*, vol. 1. Washington (DC): IBRD.

IBRD. (1999). *1998 Annual Review of Development Effectiveness.* OED. Washington: IBRD.

IMF-IEO. (2004). *The IMF and Argentina, 1991–2001. Evaluation Report.* Washington: Independent Evaluation Office, IMF.

Martha, R.-S. (1990). Preferred Creditor Status under International Law: The Case of the International Monetary Fund. *International and Comparative Law Quarterly, 39(4),* 801- 826.

Raffer, K. (1993). International Financial Institutions and Accountability: The Need for Drastic Change. In: S. Murshed & K. Raffer (Hrsg.), *Trade, Transfers, and Development. Problems and Prospects for the Twenty First Century* (S. 151-166). Aldershot: Elgar.

Raffer, K. (2004). International Financial Institutions and Financial Accountability. *Ethics & International Affairs, 18(2),* 61-78.

Raffer, K. (2006). The IMF's SDRM – Simply Disastrous Rescheduling Management? In C. Jochnick & F. Preston (Hrsg.), *Sovereign Debt at the Crossroads, Challenges and Proposals for Resolving the Third World Debt Crisis* (S. 246-267). Oxford: Oxford University Press.

Raffer, K. (2007). „Structured International Debt Settlements (SIDS): Insolvency vs. Contested Claims". Vortrag auf der Sixth UNCTAD Inter-Regional Debt Management Conference. Genf, 19-21 November.

Raffer, K. (2008). Bretton Woods Institutions and the Rule of Law. *Economic & Political Weekly, XLIII/38,* 49-56; oder: http://homepage.univie.ac.at/kunibert.raffer/KR-acc.pdf (27.2.2009).

Raffer, K. & Singer, H. (2001). *The Economic North-South Divide: Six Decades of Unequal Development.* Cheltenham/Northampton: Elgar.

Stiglitz, J. (2000). What I learned at the world economic crisis: The Insider. *New Republic, 17 April.*

Winters, J. (2004). „Criminal Debt". Written statement for Combating Corruption in the Multilateral Development Banks, Hearing before the Committee on Foreign Relations, U.S. Senate, 108th Congress, 2nd session, May 13.

Johannes Thema

Kohärenz der Entwicklungspolitik. Prozesse und Herausforderungen der *Policy Coherence for Development*

1 Einleitung

In den Beiträgen dieses Bandes werden einige strukturelle Probleme der Entwicklungszusammenarbeit dargestellt: Steffen Bauer beschreibt, wie der anthropogene Klimawandel Entwicklungsregionen besonders betrifft und wie dies ein stark erhöhtes Konfliktpotenzial birgt. Kunibert Raffer zeigt das aus rechtsstaatlicher Sicht illegitime Verhalten öffentlich-rechtlicher Gläubiger (bi- und multilateraler) und fordert, auch international die rechtlichen Standards anzuwenden, die innerhalb der Organisation für wirtschaftliche Zusammenarbeit und Entwicklung (OECD) gelten. Jürgen Wiemann stellt die besondere Rolle des globalen Handels- und Finanzsystems heraus. Andere Beiträge beschreiben weitere konkrete Herausforderungen bei der Umsetzung von Entwicklungspolitik wie die Bedeutung von *Good Financial Governance* oder das in den letzten Jahren verstärkte Auftreten der Volksrepublik China als entwicklungspolitischer Akteur mit völlig anderen Standards und Herangehensweisen.

Dies sind Felder, die die Entwicklungspolitiken aller Akteure betreffen: von NGOs, privaten Akteuren, Nationalstaaten, multinationalen Institutionen. Wenn diese Politiken zu einer nachhaltigen Entwicklung führen und sich nicht teilweise zuwiderlaufen sollen, dann ist eine weitaus engere Abstimmung zwischen allen Akteuren und Ebenen gefragt. Dies wird von fast allen Entwicklungsinstitutionen wahrgenommen und von einigen besonders fokussiert. Besonders geeignet für eine Analyse der Kohärenzbemühungen sind die teilweise widersprüchlichen Politiken in den Bereichen Entwicklung, Handel und Finanzen. Daher werden sie exemplarisch herangezogen, was wegen ihrer besonders hohen Relevanz jedoch auch Schlüsse auf die Zustände in anderen Sektorpolitiken zulässt.

Im vorliegenden Beitrag wird zunächst versucht, sich über die Politikansätze verschiedener entwicklungspolitischer Akteure (Bundesministerien, EU, UN-Institutionen) einer Definition von entwicklungspolitischer Kohärenz zu nähern. Dabei wird ersichtlich, dass eine umfassende Kohärenz aller Sektorpolitiken in

Bezug auf Entwicklungspolitik geradezu utopisch ist. Im Folgenden werden die
Ansätze der wichtigsten Akteure vorgestellt, ihre Politiken abzustimmen oder zu
integrieren. Auf den verschiedenen Politikebenen werden solche Bemühungen
mit unterschiedlichem Einsatz und Ergebnis verfolgt. Insbesondere internationale Institutionen sind hier wichtig. Auf EU-Ebene wird seit einigen Jahren der
Policy Coherence for Development-Diskurs verstärkt geführt, mit einigen wichtigen aber beschränkten Ergebnissen. Auch die multinationalen Institutionen wie
Weltbank und Internationaler Währungsfonds (IWF) bemühen sich um eine
stärkere Abstimmung ihrer Politiken, ob dies für eine nachhaltige Entwicklung
förderlich ist, bleibt jedoch fraglich.

Es folgt eine Evaluation des Kohärenzbegriffs. Auf Basis der vorhergehenden Analyse der Kohärenzdiskussionen und Abstimmungsprozesse, wird zu
diskutieren sein, inwiefern unter dem Begriff *Kohärenz* tatsächlich ein vollstän-
diges *development mainstreaming* im Sinne einer vollständigen Abstimmung
aller Politiken mit der Entwicklungspolitik gemeint ist bzw. empirisch verfolgt
wird. Abschließend wird geklärt in welchem Ausmaß die Bemühungen der verschiedenen Institutionen ihre Ansprüche erfüllen.

2   Der Kohärenzbegriff – Eine Annäherung über die Politikimplementierung

Der Begriff *Kohärenz* wird im europäischen Entwicklungsdiskurs bereits seit den
1990er Jahren verwendet, nachdem sich 1992 die Europäische Gemeinschaft
(EG) im Vertrag von Maastricht verpflichtete, ihre entwicklungspolitischen Ziele
auch jenseits der Entwicklungspolitik „bei den von ihr verfolgten Politiken, welche die Entwicklungsländer berühren können", zu berücksichtigen (Art. 130)[1].
Damit erkannte die EG an, dass Entwicklungschancen nicht allein von einer
erfolgreichen Entwicklungspolitik abhängig sind. Vielmehr muss dafür auch in
anderen Politikfeldern wie der internationalen Handels- und Finanzpolitik, die
direkte und indirekte Folgen für die Entwicklungsländer haben, auf entwicklungspolitische Ziele Rücksicht genommen werden. Aus Sicht der EG (bzw.
heute der EU) betraf dies insbesondere jene Politikfelder, die von den einzelnen
Mitgliedsstaaten in die Zuständigkeit der EG übergegangen waren wie unter
anderem die Handels-, Agrar- und Fischereipolitik. Jedoch verpflichteten sich
auch die Mitgliedsstaaten bereits durch den Vertrag von Maastricht, die dort
genannten entwicklungspolitischen Ziele in ihren nationalen Politiken zu über-
denken. Der Maastricht-Vertrag, der in den nachfolgenden EU-Verträgen von
Amsterdam 1997, Nizza 2001 und Lissabon 2007 fortgeschrieben wurde, gilt

---

[1]   Seit dem Vertrag von Amsterdam 1997 Artikel 178.

seitdem als die rechtliche Grundsteinlegung einer kohärenten europäischen Entwicklungspolitik. Was ist unter kohärenter Entwicklungspolitik zu verstehen? Mit Guido Ashoff (2005) lässt sich der Begriff von verschiedenen Seiten erschließen. Über die negative Definition wie jener des Bundesministeriums für wirtschaftliche Zusammenarbeit und Entwicklung (BMZ), derzufolge „entwicklungspolitische Kohärenz [ist,] zunächst einander widersprechende Maßnahmen zu vermeiden. Darüber hinaus erfordert sie, aktiv und ressortübergreifend auf gemeinsame Politikziele hinzuarbeiten" (BMZ 2005a: 18). Entwicklungspolitische Kohärenz ist also die Abwesenheit entwicklungsschädigender Inkohärenz. Positiv gewendet hingegen, ist entwicklungspolitische Kohärenz die Unterstützung von Entwicklungszielen gerade auch auf Politikfeldern jenseits der Entwicklungspolitik.[2]

Für die Entwicklungspolitik in Deutschland ergibt sich daraus die Anforderung, die verschiedenen öffentlichen entwicklungspolitischen Instrumente und Institutionen auf nationaler Ebene zu einem stimmigen Konzept zusammenzuführen. Dies mag zwar zunächst banal klingen, ist aber angesichts der Vielzahl von eigenständigen Projekten und Institutionen keineswegs automatisch gegeben. Ein wesentlicher Teil der Debatte um entwicklungspolitische Kohärenz in der Bundesrepublik dreht sich daher um die Kohärenz der verschiedenen nationalen Entwicklungsinstitutionen wie dem federführenden BMZ, der Kreditanstalt für Wiederaufbau (KfW) und den Durchführungsorganisationen wie der Gesellschaft für technische Zusammenarbeit (GTZ) oder dem Deutschen Entwicklungsdienst (DED) (siehe dazu A1 in Tab. 1). Aufgrund der politischen Richtlinienkompetenz des BMZ handelt es sich dabei primär um einen Vorgang der Abgleichung und der praktischen Koordination.

Tab. 1: Entwicklungspolitische Kohärenz (EK) auf verschiedenen Ebenen

	A: Nationale Ebene	B: Europäische Ebene	C: Globale Ebene
1. Politikfeld Entwicklung	EK der deutschen entwicklungspolitischen Programme und Institutionen	EK der entwicklungspolitischen Programme und Institutionen der EU-Mitgliedsländer und der EU-Institutionen	EK der Entwicklungspolitik der Nationalstaaten und der internationalen Institutionen
2. Zusammenwirken aller Politikfelder	EK der deutschen Außen-, Wirtschafts-, Finanz-, Sicherheits-, Umwelt-, Migrationspolitik etc.	EK der europäischen Außen-, Wirtschafts-, Finanz-, Sicherheits-, Umwelt-, Migrationspolitik etc.	EK sämtlicher nationalen Politiken und internationalen Organisationen

Quelle: Thema & Hersel (2007: 3).

---

[2] Zur Definition siehe auch Obrovsky (2007: 5); OECD (2005: 23); Ashoff (2005: 11).

Da jede nationale Regierung ihre eigene Entwicklungspolitik mit eigenen Interessen verfolgt, wird es noch schwieriger, diese auf multinationaler Ebene (z.B. EU) zu koordinieren. Neben den vielen Regierungsinstitutionen treten diverse internationale Institutionen wie etwa die EU-Kommission, das UN-Entwicklungsprogramm (UNDP), die Weltbank oder regionale Entwicklungsbanken hinzu, die ihrerseits wiederum stark vom Zusammenwirken nationaler Regierungen abhängig sind (B1 und C1 in Tab. 1). Bei Bemühungen um internationale Kohärenz gibt es natürlich aufgrund unterschiedlicher nationaler Politikansätze zunächst politische Widersprüche zu bearbeiten. Selbst wenn es in einzelnen Fällen gelingt, solche Widersprüche zu lösen, so verbleibt immer noch eine Vielzahl nationaler und internationaler Aktivitäten, deren praktische Abstimmung sehr schwierig ist. Ein gewisses Minimum an Koordination ist zwar unumgänglich, dies bleibt jedoch oft dem einzelnen Entwicklungsland überlassen. So ist der Aufwand vorstellbar, wenn ein mittelgroßes Entwicklungsland mit zwei bis drei Institutionen (z.B. im Falle der Bundesrepublik Deutschland mit der deutschen Botschaft, der KfW und der GTZ) aus jedem seiner 10 bis 20 Geberländer und dazu noch mit zwei bis sechs internationalen Entwicklungsorganisationen Einzelverhandlungen führen muss (Deutscher 2009).

Echte und vollständige entwicklungspolitische Kohärenz erfordert jedoch weit mehr. Wie das BMZ oben definiert, ist entwicklungspolitische Kohärenz nicht nur von der Entwicklungspolitik abhängig (Zeile 1 in Tab. 1). Auch alle anderen Politikfelder, die Auswirkungen auf Entwicklung haben, müssen mit einbezogen werden. Dies gilt sowohl für die nationale als auch für die europäische und die globale Ebene (Zeile 2). Für das Erreichen entwicklungspolitischer Kohärenz muss also auch die Politik der anderen nationalen Ressorts (Außen-, Wirtschafts-, Finanz-, Sicherheits-, Umwelt-, Migrationspolitik etc.) und der entsprechenden internationalen Organisationen wie der Welthandelsorganisation (WTO), des IWF, der OECD oder der NATO entwicklungspolitisch stimmig sein. Zusätzlich müssen die Politiken anderer Länder berücksichtigt und abgestimmt werden, auch wenn sie in die regulären Institutionen nicht eingebunden sind. Beispiele wären das chinesische Engagement in Afrika oder die Interessen deutscher Zuckerrübenbauern.

Wird die oben genannte Definition entwicklungspolitischer Kohärenz des BMZ auf die verschiedenen Ebenen heruntergebrochen, so wird die damit verbundene Herkulesaufgabe deutlich. Zusätzlich existieren divergierende Ansichten darüber, wie verschiedene Politikfelder entwicklungspolitisch zusammenwirken; in manchen Bereichen liegen die häufig ideologisch aufgeladenen Positionen weit auseinander. So gibt es z.B. auch nach Jahrhunderten wissenschaftlicher Debatte keinen Konsens bezüglich der Frage, ob nun Freihandel, Protektionismus oder selektive Weltmarktintegration die richtige Handelspolitik zum Zwecke von Entwicklung ist.[3]

Selbst wenn diese Fragen eindeutig zu klären wären, verbliebe immer noch ein fundamentales Problem, das durch den Begriff der entwicklungspolitischen Kohärenz bagatellisiert wird: Zwischen unterschiedlichen Politikfeldern können grundlegende Zielkonflikte liegen. Wenn beispielsweise das Bundesministerium für Wirtschaft (BMWi) den Status Deutschlands als „Exportweltmeister" durch Außenwirtschaftsförderung abzusichern versucht, geht dies zu Lasten des Auslands, insbesondere jener Entwicklungsländer, die ein Außenhandelsdefizit mit Deutschland aufweisen.[4]

Der Begriff Kohärenz umfasst somit zwei wichtige Elemente: (1) Die Analyse der Strukturen sowohl in der Entwicklungsregion, im „Geberland" als auch global sowie die Ableitung von Politikansätzen, die für die betroffene Region zu einer nachhaltigen (im ökonomischen, sozialen und ökologischen Sinne) Entwicklung führen, (2) die Abstimmung aller in diese Politik eingebundenen Akteure, so dass diese Politik konsistent verfolgt werden kann.

Die dargestellten Facetten und Herausforderungen an die Entwicklungspolitik, die hier unter dem Begriff „Kohärenz" fallen, lassen sich auch unter den Ansprüchen an eine „nachhaltige" Politik subsumieren. Wenn auch beide Konzepte nicht gleichzusetzen sind, schon allein weil der Kohärenzbegriff oft als „Koordination" oder „Nicht-Widerspruch" verwandt wird, so ist eine umfassend kohärente Politik auch nachhaltig.

Kohärente und damit nachhaltige Politik ist damit mehr als die bessere Koordination von Institutionen, Projekten und Politikfeldern. Bisweilen sind sehr grundsätzliche Prioritäten zu setzen. Zwar werden diese in der Praxis auch gesetzt, meist allerdings zulasten entwicklungspolitischer Ziele. Natürlich sind etwa für die Bundesregierung und einen großen Teil der WählerInnen Arbeitsplätze und die wirtschaftliche Entwicklung in Deutschland von höherer Priorität als jene in Brasilien. Um eine vollständig kohärente Entwicklungspolitik verfolgen zu können, müsste eine Regierung also nach Möglichkeiten suchen, grundlegende Zielkonflikte zwischen ihren Politikfeldern zu vermeiden und im Zweifelsfall schmerzhafte Prioritätensetzungen zugunsten entwicklungspolitischer

---

[3] Zur theoretischen Debatte in der Entwicklungspolitik siehe den Beitrag von John Akude in diesem Band.

[4] In den Theorien gibt es auch hier keine Einigkeit in der Bewertung einer solchen Situation. Deutsche „Außenwirtschaftsförderung", die nur die deutschen Exporte fördert, nicht aber zum Ausgleich auch eine Förderung von Importen beinhaltet, bürdet dem Ausland ggf. einen deutschen Exportüberschuss (eine negative Handelsbilanz der Handelspartner) auf. Während dies in einer Argumentationslinie als Grund für steigende Verschuldung und damit Abhängigkeit von den Gläubigern gesehen wird, sehen andere darin legitime Präferenzen auch der Defizitländer (Importüberschuss etwa zum Zweck der Investition in Entwicklung).

Ziele vornehmen, auch wenn diese gegen andere (ebenfalls legitime) Interessen gerichtet sind. Ashoff plädiert daher und angesichts der vielfältigen Ursachen für Inkohärenzen für einen „realistischen Kohärenzbegriff" (Ashoff 2005: 39).[5] Als besonders geeignetes Beispiel bietet sich hier die (Außen-)Wirtschafts- und Handelspolitik an, da sie besonders oft der Entwicklungszusammenarbeit (EZ) zuwiderlaufende Interessen vertritt. Sie wird daher wiederholt zur Analyse und Illustration verwandt.

3   Die Kohärenz-Agenden der Institutionen

Im Folgenden werden die wichtigsten offiziellen Diskussionen und Prozesse zum Thema *Kohärenz* analysiert und der Versuch einer kurzen Evaluation unternommen. Dabei liegt der Fokus auf (1) der Bundesregierung („Aktionsprogramm 2015"), (2) der EU („Policy Coherence for Development") und (3) den Kohärenzbemühungen des IWF, der Weltbank, der WTO sowie einiger UN-Gremien im Rahmen des Programms „Aid for Trade" und des „Integrated Framework". Dabei wird vor allem zu bewerten sein, ob in den genannten Prozessen tatsächlich ein höherer Grad entwicklungspolitischer Kohärenz erreicht wird und ob dabei über technische Koordination hinaus auch grundlegende Zielkonflikte zugunsten entwicklungspolitischer Ziele aufgelöst werden.[6] Die Analyse zahlreicher weiterer interessanter und relevanter Akteure und Programme wie UN-Organisationen, OECD, sonstige internationale Abstimmungen oder NGOs unterbleibt vor dem Hintergrund des limitierten Umfangs der Arbeit an dieser Stelle.

3.1   Einordnung der Kohärenz-Diskussion

Nach der Selbstverpflichtung zu entwicklungspolitischer Kohärenz im Maastricht-Vertrag in den 1990er Jahren hat das Thema vor allem wieder durch die Millennium-Entwicklungsziele (MDGs)[7] an Bedeutung gewonnen, mit denen zur Jahrtausendwende zum Teil sehr konkrete und überprüfbare Ziele für die weltweite Armutsbekämpfung gesetzt wurden. Zusätzlich haben die Zunahme von

---

[5]   Ich werde hier trotzdem das zugegeben utopische Ideal vollständiger Kohärenz zugrunde legen.

[6]   Für über die Analyse der PCD-Anstrengungen hinausgehende Analyse des Handels- und Finanzsystems siehe Wiemann in diesem Band; für Vorschläge, wie ein nachhaltiges Handels- und Finanzsystem aussehen könnte, siehe Thema & Hersel (2007).

[7]   Neben sieben konkreten Zielen der Armutsreduzierung (z.B. Ziel 1: Reduzierung der Zahl der absolut Armen auf die Hälfte bis 2015) umfassen die MDGs ein achtes Ziel, nämlich den Aufbau einer weltweiten Entwicklungspartnerschaft. Dieses Ziel schließt die Verbesserung des Marktzugangs, Entschuldung und mehr Entwicklungshilfe für die ärmsten Länder ein.

Flüchtlingsströmen von Afrika in die EU und die gestiegene Salienz des Themas Klimawandel-Betroffenheit, nicht zuletzt durch den gescheiterten Gipfel in Kopenhagen, den Handlungsdruck auf die Industrieländer in entwicklungspolitischen Fragen zweifellos erhöht. Insbesondere mit dem achten Millenniumsziel einer internationalen Entwicklungspartnerschaft haben die Industrieländer formal anerkannt, dass neben einer Erhöhung der *Official Development Assistance* (ODA) auf 0,7 Prozent ihres BIPs bis 2015 auch strukturelle Änderungen der internationalen Wirtschaftsbeziehungen (mehr entwicklungspolitische Kohärenz insbesondere im internationalen Handels- und Finanzsystem) nötig sind, wenn die MDGs erreicht werden sollen. Die bislang mageren Fortschritte bei der Verwirklichung der MDGs und gerade die unzureichende Umsetzung der finanziellen und handelspolitischen Zusagen der Industrieländer haben seitdem insbesondere in Europa das Schlagwort Kohärenz wieder auf die Tagesordnung gesetzt.

Vor diesem Hintergrund rief die deutsche Bundesregierung 2001 ein „Aktionsprogramm 2015" ins Leben, das die relevanten Akteure in Deutschland zur Erreichung der MDGs besser vernetzen sollte (BMZ 2001). 2005 beschloss der EU-Ministerrat den Prozess „Policy Coherence for Development" (PCD), der die Selbstverpflichtung des Maastricht-Vertrags endlich in konkrete Politik überführen soll. Teil dieses Prozesses ist ein PCD-Arbeitsprogramm, das im Rahmen der Offenen Methode der Koordinierung die Veröffentlichung jährlicher Fortschrittsberichte zum Thema entwicklungspolitische Kohärenz vorsieht.

Jenseits der nationalen und europäischen Ebene existieren auch auf globaler Ebene diverse Ansätze, die Politiken kohärenter zu machen *(mainstreaming).* Als Beispiel wird unten das schon 1996 von der WTO-Ministerkonferenz in Singapur initiierte so genannte „Integrated Framework" (IF)[8] vorgestellt. Dem IF gehören neben der WTO der IWF, die Weltbank,[9] die UN-Handels- und Entwicklungskonferenz (UNCTAD), das UNDP und das Internationale Handelszentrum an. Durch technische Hilfe, Beratung und Koordination soll das IF die ärmsten Entwicklungsländer (Least Developed Countries, LDCs) in der exportorientierten Handelspolitik unterstützen.

Da sich dieser Beitrag auf die offizielle Entwicklungszusammenarbeit (ODA) – wie Raffer in diesem Band sagt: „öffentlich-rechtliche" – bezieht, unterlasse ich die Präsentation, Analyse und Evaluation der privaten bzw. zivilgesellschaftlichen Akteure, die natürlich für eine kohärente Politik ebenfalls mit

---

[8]   Die EU übersetzt diesen sonst ausschließlich englischen Begriff mit „Integrierter Entwicklungsrahmen" oder „Integrierter Rahmenplan".

[9]   Unter dem Begriff „Weltbank" wird die International Bank for Reconstruction and Development (IBRD) und die International Development Association (IDA) zusammengefasst.

eingebunden werden müssen. Auch dazu gibt es etwa auf EU-Ebene Anstrengungen,[10] die bisher jedoch nicht zu wirklicher Kohärenz geführt haben.

3.2 Die Bundesministerien

Innerhalb der Bundesregierung ist insbesondere das BMZ mit Fragen der Entwicklungszusammenarbeit betraut. Hier liegt auch die Verantwortung für die deutsche Position bezüglich des Erreichens der MDGs. Da Inkohärenzen zwischen den Positionen anderer Ministerien und diesem Ressort oft besonders offensichtlich zu Tage treten, hat das BMZ gemeinsam mit dem Kanzleramt 2001 das Aktionsprogramm 2015 initiiert.[11] Ziel dieses Programms ist es, den gesamten Gesetzgebungsprozess mit den MDGs in Einklang zu bringen. So wurde laut des 12. Entwicklungsberichts der Bundesregierung die „entwicklungspolitische Prüfung aller neuen Gesetze, die Mitgliedschaft des BMZ im Bundessicherheitsrat und regelmäßige Kohärenzgespräche des BMZ mit anderen Ministerien eingeführt" (BMZ 2005b: XVIII). Dies bedeutet formal eine enorme institutionelle Aufwertung des BMZ und des Konzepts entwicklungspolitischer Kohärenz.

Weiter sollten im Zuge dessen die Entwicklungsländer in Entscheidungsprozesse (v.a. in den internationalen Institutionen wie WTO, Weltbank etc.) stärker eingebunden werden sowie ein Nationales Dialogforum 2015 mit allen relevanten Akteuren mit der Erarbeitung eines Aktionsumsetzungsplans betraut werden. 2004 erschien mit dem „2. Zwischenbericht zur Umsetzung des AP 2015" eine Zwischenbilanz (BMZ 2004): Bei den Bemühungen um Kohärenz sei man vorangekommen. Neben ressortübergreifenden Kohärenzgesprächen gebe es nun interministerielle Länder- und Thementeams und auch ein zweites Treffen des Dialogforums 2015 zu den Themen Handel, Erneuerbare Energien und Wasser habe stattgefunden. In diesem Dialogforum waren Repräsentanten aus verschiedenen Ebenen der Politik, der Privatwirtschaft, den Medien und der Zivilgesellschaft vertreten. Als Vertreter der Zivilgesellschaft sahen sich NGOs allerdings nur unzureichend einbezogen (vgl. ECDPM 2007).

Weiterhin plante das BMZ laut Zwischenbericht, den Entwicklungsländern „faire Handelschancen" zu gewähren. Dazu gehören seiner Auffassung nach eine stärkere Rückführung von Zöllen, ein langfristiger Abbau der europäischen Exportsubventionen, eine bessere Integration der ärmsten Entwicklungsländer in

---

[10] Ein Beispiel hierfür wäre das Projekt Role of Civil Society in European Crisis Management (RoCS), vgl. dazu Hegener (2009).

[11] Laut Ashoff (2005: 89) hatte Bundesentwicklungsministerin Wieczorek-Zeul Bundeskanzler Schröder die Idee eines Aktionsprogramms auf der Reise zum Millenniumsgipfel in New York vorgeschlagen.

die Verhandlungen zu Handelsliberalisierungen (GATS und GATT) und eine zügige Bearbeitung strittiger Fragen geistiger Eigentumsrechte (TRIPS). Außerdem sollte eine Förderung von 6,48 Millionen Euro (2003-2005) dazu beitragen, den Umsatz des „Fairen Handels" in Deutschland zu verdoppeln. Dieses Geld wurde zur Förderung der Öffentlichkeitsarbeit von Fairhandels-Initiativen und für die Entwicklung und Markteinführung neuer Produkte bereitgestellt. In diesem Zusammenhang fanden auch konkrete Kooperationen mit dem Bundesministerium für Ernährung, Landwirtschaft und Verbraucherschutz (BMELV) und mit dem Bundesumweltministerium (BMU) statt, eine Kooperation mit dem Bundeswirtschaftsministerium (BMWi) hingegen nicht.

Die für die Entwicklungsländer zweifellos sehr wichtige Finanzpolitik, z.B. innerhalb der G7-Länder, im Internationalen Währungsfonds und im Pariser Club[12], wird seitens der Bundesregierung federführend vom Bundesfinanzministerium (BMF) bestimmt. Das BMF scheint aber nur sehr eingeschränkt bereit, seine Politik mit dem BMZ abzustimmen. So wurden zum Beispiel die entwicklungspolitisch bedeutsamen Forderungen nach der Einführung einer Tobin-Steuer (und internationaler Steuern im Allgemeinen) und nach einer Neuordnung des internationalen Schuldenmanagements im Sinne eines Insolvenzrechts für Staaten vom BMZ deutlich unterstützt. Das inhaltlich zuständige BMF hat es an einer solchen Unterstützung hingegen mangeln lassen oder, wie im Fall der Tobin-Steuer, solche Vorschläge international und offen torpediert.[13] Dem BMZ verbleibt daher international nur die Federführung in der Weltbank und den regionalen Entwicklungsbanken und auch das nur unter starker Einflussnahme des BMF.

Das BMWi fungiert als Koordinationszentrum der Bundesregierung für viele wirtschaftsbezogene Politikfelder wie Industrie-, Außenwirtschafts- und Handelspolitik. Der Außenwirtschaftsbeirat des BMWi besteht ausschließlich aus Vertretern der Wirtschaft. Themen wie Entwicklung oder PCD stehen nicht auf der Liste seiner Schwerpunkte, wohl aber „Technologietransfer" und „industrielle Kooperation" (BMWi 2010). Das Referat V (Außenwirtschaftspolitik) des BMWi ist am AP 2015 beteiligt. Nach Aussagen des BMWi existiert zwar kein spezielles Gremium mit dem Titel „Kohärenz", alle einschlägigen Referate würden aber konsultiert und so mit dem BMZ abgestimmt. Zusätzlich existieren so genannte „Spiegelreferate", die sich in beiden Ministerien mit ähnlichen Themen beschäftigen und sich so miteinander abstimmen können. Ob der Inhalt des AP 2015 auch in der täglichen Praxis von Bedeutung ist, ist zweifelhaft. Auch auf

---

[12] Im Pariser Club sind die Gläubigerregierungen der Industriestaaten zusammengefasst.

[13] Der ehemalige SPD-Finanzminister Peer Steinbrück stellte sich wiederholt gegen die Tobin-Steuer (vgl. Steinbrück 2009), allerdings hat hier im Zuge der Finanzkrise ab 2008 ein leichtes Umdenken eingesetzt.

Nachfrage stellt das BMWi keine Publikationen oder sonstige Aufzeichnungen über Abstimmungen zum Thema Kohärenz öffentlich zur Verfügung.

Seit 2004 ist kein weiterer Bericht zum AP 2015 erschienen, das BMZ scheint es eingestellt zu haben, und das „Weißbuch Entwicklungspolitik" geht auf das Thema Kohärenz nur oberflächlich in den Kapiteln „Die Arbeitsteilung verbessern" und „Europas Stärke nutzen" ein (BMZ 2009). Zur Aufwertung der nationalen Entwicklungspolitik und zur Förderung der Kohärenz durch Prioritätensetzung, erwähnt Ashoff die Erstellung einer eigenen, bisher nicht existenten Gesetzesgrundlage mit klaren Aufgaben und Kompetenzen – z.B. einer „Entwicklungsverträglichkeitsprüfung" aller Politiken –, wichtiger sei jedoch die konkrete Umsetzung der Politik (Ashoff 2005: 90-92).

3.3 Europäische Union

Die EU-Institutionen sind für Außenhandel, -wirtschaft und Zollpolitik für den Euroraum zuständig, der zu einem der weltweit wichtigsten Finanzmärkte geworden ist. Gleichzeitig leisten die europäischen Regierungen mit knapp 60 Prozent den größten Anteil der offiziellen Entwicklungshilfe.[14]

Gerade in diesen Bereichen existieren besonders eklatante Beispiele inkohärenter Politik: So gibt die EU einerseits jährlich rund 54 Milliarden Euro (Statista.com 2010) für landwirtschaftliche Subventionen aus und macht den europäischen Binnenmarkt damit für vergleichbare Produkte vieler Entwicklungsländer quasi unzugänglich. Andererseits wird die EU nicht müde zu betonen, dass Möglichkeiten quoten- und zollfreier Importe in die EU für die ärmsten Entwicklungsländer ein zentraler Bestandteil ihrer eigenen Entwicklungszusammenarbeit seien. Gleichzeitig unterhält die EU nicht selten konkrete Entwicklungsprojekte im Süden, die die ärmsten Länder dazu befähigen sollen, gegen die Agrarsubventionen der EU ökonomisch bestehen zu können. Entwicklungspolitisch besonders verheerend sind die Exportzuschüsse, die häufig Dumpingpreise in Entwicklungsländern ermöglichen. Allein zur Subventionierung des Exports von Milch und Milchprodukten gibt die EU jährlich 1,43 Milliarden Euro aus (Oxfam 2007).[15]

---

[14] Laut dem Development Assistance Committee (DAC) der OECD verdoppelte sich die OECD-ODA (inkl. Schuldenerlassen) im neuen Jahrtausend auf fast 120 Mrd. US-Dollar im Jahr 2008 (OECD 2009).

[15] Ein Beispiel aus den 1990er Jahren illustriert diese Inkohärenz: Die EU unterstützte namibische Farmer bei der Rinderzucht. Das Projekt war auf die Exportproduktion von Rindfleisch nach Südafrika ausgerichtet. Parallel begann die EU, hoch subventioniertes Rindfleisch europäischer Produktion nach Südafrika zu exportieren. In der Folge fand namibisches Rindfleisch keinen Absatz in Südafrika (vgl. Wellmer 2004).

Ein weiteres Problem für Exporte der Entwicklungsländer stellt die Zolleskalation dar, die in der EU deutlich höher als in ärmeren Regionen ausfällt (Langhammer 2009). Zolleskalation meint einen mit der Verarbeitungsstufe der Produkte steigenden Zolltarif. So darf etwa Rohkakao zollfrei in die EU importiert werden, für Kakaobutter (1. Verarbeitungsstufe) werden bereits 9 Prozent Zoll fällig, für Kakaomasse (2. Verarbeitungsstufe) sogar 21 Prozent (Windfuhr 2002). Bei Kaffee und vielen anderen Produkten ist die Lage ähnlich. Baumwolle etwa wird zollfrei eingeführt, auf Textilien wird ein durchschnittlicher Tarif von 6,5 Prozent, auf Kleidung von 11,5 Prozent erhoben (UNCTAD & WTO 2008). Da die USA und Japan vergleichbare Regeln haben, ist das Ergebnis nicht überraschend: zwar wird 90 Prozent des weltweit verbrauchten Rohkakaos in Entwicklungsländern angebaut, aber nur vier Prozent der globalen Schokoladenerzeugung findet in den Ländern des Südens statt (WTO 2000). Die entwicklungspolitisch negativen Folgen der Zolleskalation sind unbestritten und werden auch vom BMZ zur Sprache gebracht: „Die Zolleskalation konterkariert alle Entwicklungsanstrengungen", so die ehemalige Entwicklungsministerin Heidemarie Wieczorek-Zeul (Stern.de 2003).

Gleichzeitig nutzt die EU alle Möglichkeiten, andere Länder in der WTO wegen unrechtmäßiger Exportförderung anzuklagen. Über Verhandlungen für Freihandelsabkommen, verkleidet als Entwicklungspartnerschaften (Economic Partnership Agreements, EPA),[16] drängt die EU die Entwicklungsländer zu Privatisierungen und Liberalisierungen. Eigene Schlüsselindustrien wie Luft- und Raumfahrt aber auch der Primärgütersektor werden in der EU hingegen mit massiven Subventionen geschützt und begünstigt.

Erst das drohende Scheitern der MDGs führte in der EU zu einer gewissen Rückbesinnung auf die Selbstverpflichtung zur entwicklungspolitischen Kohärenz. Mit dem Ziel wichtige andere Politikbereiche für entwicklungspolitische Kohärenz zu sensibilisieren, beschloss beispielsweise der EU-Ministerrat 2005 zwölf Kohärenz-Verpflichtungen zu den folgenden Themen (Auswahl):

1. Handel: Bekenntnis zur Sicherstellung eines entwicklungsfreundlichen Ergebnisses der Doha-Runde und der EPA-Verhandlungen; Verbesserungen der Zollpolitik zur Steigerung der Importe aus Entwicklungsländern; Integration des Handels in Entwicklungsstrategien.

5. Landwirtschaft: Anstrengungen zur Minimierung der Handelsverzerrungen, die durch die EU-Subventionspolitik entstehen; Unterstützung der Landwirtschaftsentwicklung der Entwicklungsländer.

---

[16] Die EPAs lösen auf Drängen der WTO als Freihandelszonen mit gegenseitigem Zollabbau frühere Abkommen (Lomé, Cotonou) ab, die den AKP-Staaten (Afrika-Karibik-Pazifik) privilegierten Zugang zum europäischen Markt eingeräumt hatten. Vgl. hierzu Wellmer (2003) und Perez (2006).

6. Fischerei: Fortgesetzte Berücksichtigung der Entwicklungsabsichten der Länder, mit denen die EU Fischereiabkommen verhandelt; Beförderung bilateraler Fischereiabkommen zur rationellen und nachhaltigen Ausbeutung mariner Ressourcen zu beiderseitigem Vorteil (EU-Ministerrat 2005).

Zur Verwirklichung der zwölf „PCD-Commitments" beschloss der Rat ein Monitoring-Programm: Die Mitglieder und die EU-Kommission sollen alle zwei Jahre Berichte in Form der Beantwortung eines umfangreichen Fragebogens über ihre Fortschritte bei der Kohärenzsteigerung einreichen. Diese Berichte haben die Schaffung von mehr Vergleichbarkeit zum Ziel, sind de facto jedoch als unverbindliche Institution ohne Sanktionsmöglichkeiten wenig durchsetzungskräftig.

Die ersten Untersuchungen zeigten, dass bis 2005 sechs EU-Länder PCD gar nicht berücksichtigt hatten, elf EU-Länder hatten Initiativen begonnen oder grundsätzliche PCD-Erklärungen abgegeben und acht EU-Länder hatten institutionelle oder administrative PCD-Mechanismen entwickelt und eingerichtet (ECDPM 2006). Eine weitere Studie im Jahr 2007 beurteilt die Auswirkungen der PCD-Programme zwar positiv, aber als nicht sehr effektiv:

> The biggest impediment to effectiveness which was cited in all cases was the question of the degree of political support. This was particularly associated with the regularly held view that development was not a politically strong department within government (ECDPM 2007: 48).

Es ist unbestreitbar und nicht verwunderlich, dass sich die EU und ihre Mitgliedsstaaten den außenwirtschaftlichen Interessen europäischer Unternehmen und dem Schutz inländischer Branchen und Arbeitsplätze stark verpflichtet fühlen. Zielkonflikte zwischen dem Feld der Entwicklungspolitik und anderen Politikfeldern sind daher zu erwarten. Das findet seinen Niederschlag darin, dass die Kohärenz-Verpflichtungen des Maastricht-Vertrags und des jüngst angelaufenen PCD-Programms nur selten eingelöst und von Nicht-Entwicklungspolitikern oft ignoriert werden.

Die PCD-Reports der EU

In zweijährigem Rhythmus führt die EU-Kommission Befragungen sowohl der Mitgliedsstaaten als auch der EU-Institutionen durch, um Daten zur Veröffentlichung eines offiziellen Fortschrittsberichts zu sammeln. Der erste Report erschien 2007 (EU-Kommission 2007), der zweite Report 2009, dessen Methodologie geändert wurde hin zu einem „increased focus on the impact on developing countries" (EU-Kommission 2009). Beide Reports werden hier kurz vorgestellt.

Da die Antworten der Mitgliedsländer und der EU-Kommission im ersten Report von 2007 erstens weitgehend auf Selbsteinschätzungen und -darstellungen beruhen und zweitens tatsächlich einige Ansätze für PCD gemacht wurden, überrascht es nicht, dass hier aus der Befragung ein durchweg positives Fazit gezogen wird. So ist laut des Berichts die politische Wahrnehmung von PCD stark gestiegen. Angemessene Instrumente und Mechanismen seien geschaffen worden, die nur noch konsequenter angewendet und etwas verbessert werden müssten. Internationaler Handel ist demnach ein starker Motor für Wirtschaftswachstum und Freihandel und deshalb ein wichtiger Teil kohärenter Entwicklungspolitik. Um den marginalen Anteil der LDCs am Welthandel zu erhöhen, soll Entwicklung das Schlüsselthema der aktuellen WTO-Verhandlungen sein. Die Kommission bemerkt hier allerdings selbstkritisch, „the EU is still at an early stage of PCD development. Capacity is often lacking and awareness amongst non-development departments remains low" (EU-Kommission 2007: 4). Als nächstes müssten nun die Prozeduren im Rat verbessert, PCD auf nationaler Ebene gestärkt und der Informationsaustausch verbessert werden.

Die Aussagekraft des Berichts ist allerdings fragwürdig. Zum einen bleibt er in seiner Formulierung höchst vage und zitiert keine genaueren Antworten aus den unveröffentlichten Fragebögen. Ferner luden die Fragen dazu ein, die jeweiligen nationalen Fortschritte beschönigend darzustellen, denn Indikatoren und Belege für konkrete Fortschritte werden nicht gefordert. Mit dem Bericht werden nur die Bemühungen um die Koordination der Politikfelder untersucht, eine Prüfung der Zielkohärenz und eine tief gehende Wirkungsanalyse, ob die getroffenen Maßnahmen überhaupt zu einer nachhaltigen und gerechten Entwicklungspolitik beitragen, werden 2007 noch nicht unternommen.[17] Ungeachtet dessen lassen sich interessante Erkenntnisse insbesondere aus dem Fragebogen ziehen. Obwohl die beantworteten Fragebögen nicht veröffentlicht werden müssen, hat die niederländische Regierung als einzige 2007 und 2009 ihre Antworten publiziert, mit interessanten Details.

So beantwortet sie 2007 z.B. eine Frage, die laut Fragebogen nur von der Kommission selbst zu beantworten ist, nämlich welche Aktivitäten der Kommission hinsichtlich PCD besonders oder besonders wenig erfolgreich gewesen wären. Das Hauptproblem von PCD sei demnach, dass die Entwicklungspolitik im internationalen Machtgefüge nur eine geringe Bedeutung habe und dass ferner die administrativen Kapazitäten innerhalb der EU-Kommission zur Umsetzung von PCD unzureichend seien (Niederländische Regierung 2007: Frage 11). Obwohl die EU die entwicklungspolitischen Auswirkungen ihrer Handelspolitik durch regelmäßige „Trade Sustainability Impact Assessments" untersuche, wür-

---

[17] Frage 5 behandelt als einzige das Thema der Verwertung von „Impact Assessments".

den aus den Schlussfolgerungen dieser Untersuchungen nur unzureichende Konsequenzen gezogen. Außerdem solle man in Zukunft die möglichen Auswirkungen der EU-Handelspolitik im Voraus prüfen lassen und entsprechend berücksichtigen, statt negative Folgen im Nachhinein nur bedauernd feststellen zu müssen (Niederländische Regierung 2007: Frage 16).

Bereits im Erstellungsprozess des Reports 2009 hat die niederländische Regierung ihre Antworten erneut veröffentlicht. Auch hier zeichnet sich ein ernüchterndes Bild ab. Seit 2007 wurden relativ wenige Fortschritte gemacht, die Probleme bleiben bestehen (Niederländische Regierung 2009: Frage 10). So ist selbst in den traditionell entwicklungspolitisch stark engagierten Niederlanden die Politikanpassung nach Impact Assessments erst geplant (Niederländische Regierung 2009: Frage 5). National ist PCD zwar sichtbarer und die Zivilgesellschaft besser eingebunden worden, im Europäischen Rat habe sich jedoch kaum etwas ausreichend verbessert (Fragen 7 und 8). Während sich weder im *trade-* noch im *environment*-Bereich bezüglich PCD viel verbessert hat, wurde der Bereich Sicherheit hinsichtlich eines auf *human security* auch in Entwicklungsländern erweiterten Sicherheitsbegriffs stärker integriert. Das Außenministerium, dort zuständig für Entwicklungszusammenarbeit, und das Verteidigungsministerium kooperieren in den Niederlanden stärker und leiten teilweise integrierte Operationen (Fragen 42-48). Im Agrar- und Fischereibereich hingegen sind jedoch kaum Fortschritte erzielt worden (Fragen 53-71). Zwar wurden soziale Aspekte stärker in die EZ integriert, auf EU-Ebene jedoch wird der Fortschritt lediglich als mäßig angesehen. Echte Fortschritte wurden demnach lediglich in den Bereichen Transport, Forschung, Energie und Migration erzielt. Insgesamt entsteht der Eindruck, dass zwar zunächst höchste Regierungsebenen mit PCD befasst wurden, später aber lediglich die für Entwicklungspolitik zuständigen Institutionen sich für Fortschritte im PCD zuständig fühlten (vgl. ECDPM 2007).

Der neue Report von 2009 beruht nun nicht mehr nur auf den Auswertungen der Fragebögen der Mitgliedsstaaten und EU-Organe. Er nimmt weitere (auch quantitative) Indikatoren hinzu, bei einem insgesamt stark reduzierten Umfang. Er kommt zu einem etwas positiveren Ergebnis als die niederländische Regierung, bleibt jedoch sehr vage. „Viele" Mitgliedsstaaten hätten „Fortschritte" gemacht, es wird jedoch bekannt, dass insbesondere auf nationaler Ebene die Koordination zwischen Ministerien kaum vorhanden ist. Dies sei vor allem den schwer messbaren Auswirkungen anderer Politiken auf die Entwicklung der Nicht-OECD-Länder und widerstreitenden Interessen geschuldet (EU-Kommission 2009: 4). Die Kommission schlägt daher eine neue Strategie vor: statt reinen Monitorings solle eine mehr pro-aktive und fokussierte Herangehensweise gewählt werden.

Der Bericht behandelt 11 wichtige Politikfelder jeweils in wenigen Absätzen. Während in den Bereichen „Handel" und „Umwelt" wenig geschehen sei, seien im Bereich „Klimawandel" bessere Fortschritte erzielt worden. Hier wird insbesondere der Clean Development Mechanism (CDM) genannt. Für „Sicherheit" engagiere sich die EU zunehmend finanziell, personell und auch militärisch, v.a. das „Africa-EU Strategic Partnership on Peace and Security" sei ein Meilenstein. Bei der „Landwirtschaft" bleibt die Kommission sehr allgemein, betont die Relevanz des Themas für die internationale Ernährungssicherheit und einige Fortschritte im Rahmen der EPAs. Sowohl bei der „Fischerei" als auch in den Bereichen „Soziales" und „Migration" bewegte sich nicht viel und bleibt noch viel zu tun. EU-Projekte im Feld „Research" wurden aufgrund mangelhafter Forschungsinfrastruktur und -kapazitäten in den Partnerländern nur wenig angenommen. Bei der Förderung einer „Informationsgesellschaft" kooperiere man zunehmend mit der Afrikanischen Union, um dort Wissen und Forschung durch Aufbau der entsprechenden Infrastruktur zu fördern. Auch der „Transport"-Sektor wird als wichtig angesehen, aber auch hier bleibt der Report wenig konkret was die Entwicklungen betrifft (EU-Kommission 2009: 6-12).

Der Schlussteil stellt einige konkrete Auswirkungen von EU-Politiken auf MDGs dar. Hierzu werden einige Fallstudien aus dem Afrikanischen Raum herangezogen. Die Beispiele sind jedoch weder repräsentativ noch umfassend. Der Report wird damit dem Anspruch nicht gerecht, ein detailliertes Bild der Situation und der Fortschritte zu zeichnen. Er bleibt in weiten Teilen eine Darstellung unklarer Entwicklungen und politischer Intentionen.

3.4 IWF, Weltbank, WTO und UN

Auch die internationalen Finanz- und Handelsinstitutionen bemühen sich offiziell um eine Stärkung der Kohärenz ihrer Politiken. Mit Abschluss der GATT-Uruguay-Runde wurde nicht nur 1995 die Welthandelsorganisation gegründet, sondern u.a. auch die Kooperation der damals neuen WTO mit den Bretton Woods-Institutionen (BWI) beschlossen, um „größere Kohärenz globaler Wirtschaftspolitik zu erreichen" (WTO 2009).[18] Zwei Jahre später forderte der UN-Sozialgipfel die Koordinierung der BWI und der WTO mit den Vereinten Nationen. Seit 1998 existiert darüber hinaus eine enge Kooperation mit dem Wirtschafts- und Sozialrat der UN (ECOSOC) und der UNCTAD. In regelmäßigen

---

[18]   In dieser Zeit wurde auch der Begriff der *Unholy Trinity* („Unheilige Dreifaltigkeit") geprägt, der die drei mächtigsten und von den Ländern des Südens oft als Geißel gesehenen Institutionen IWF, Weltbank und WTO als Triumvirat einer gegen die Interessen der Entwicklungsländer gerichteten Weltordnung auffasst (vgl. Peet 2003).

formellen und informellen Konsultationen werden Themen wie etwa Entwicklungsfinanzierung und Sektorpolitiken behandelt.

Mit der Formulierung der Millennium-Entwicklungsziele im Jahr 2000 wurde auch die Rolle eines fairen und entwicklungsförderlichen Handels- und Finanzsystems herausgestellt (MDG 8) und die ökonomisch mächtigen Länder in die Pflicht genommen, die formulierten Ziele zu erreichen. Bei der Konferenz zur Entwicklungsfinanzierung 2002 in Monterrey (Financing for Developement, FFD) wurde die Notwendigkeit entsprechender Reformen in Richtung mehr entwicklungspolitischer Kohärenz des Handels- und Finanzsystems nochmals von allen Teilnehmern, auch von den Industrieländern, explizit anerkannt:

> 4. Zur Verwirklichung der international vereinbarten Entwicklungsziele, namentlich der in der Millenniums-Erklärung enthaltenen Ziele, bedarf es einer neuen Partnerschaft zwischen den entwickelten Ländern und den Entwicklungsländern. [...] Wir verpflichten uns [...] zur Förderung der Kohärenz und Stimmigkeit des internationalen Währungs-, Finanz- und Handelssystems. [...]
>
> 52. Wir erkennen an, dass es zur Ergänzung der nationalen Entwicklungsanstrengungen dringend einer verbesserten Kohärenz, Lenkung und Stimmigkeit des internationalen Währungs-, Finanz- und Handelssystems bedarf. [...] Parallel dazu sollten wir die Politik- und Programmkoordinierung der internationalen Institutionen sowie die Kohärenz auf der operativen und internationalen Ebene fördern, um die Entwicklungsziele der Millenniums-Erklärung – dauerhaftes Wirtschaftswachstum, Armutsbeseitigung und nachhaltige Entwicklung – zu verwirklichen. [...]
>
> 54. Eine intensive Abstimmung der makroökonomischen Politiken unter den führenden Industrieländern ist ausschlaggebend für größere weltweite Stabilität und geringere Wechselkursschwankungen. Diese sind wesentliche Voraussetzungen für wirtschaftliches Wachstum und erhöhte und verlässliche Zuflüsse von Finanzmitteln in die Entwicklungs- und Übergangsländer (Konsens von Monterrey 2002).

Dabei unterstrichen die Entwicklungsländer ihre Forderungen nach stärkerer Beteiligung bei Entscheidungen sowohl internationaler Finanzinstitutionen und der WTO als auch bei anderen relevanten Institutionen und Akteuren.

Wie in den bereits beschriebenen Kohärenz-Absichten von Bundesregierung und EU wurde auch in Monterrey an keiner Stelle spezifiziert, wie ein den Kohärenz-Anforderungen entsprechendes internationales Finanz- und Handelssystem ausgestaltet sein müsste und auf welchem Wege es Entwicklung fördern sollte. Deshalb blieb das Kohärenz-Konzept, abgesehen vom formalen Anspruch der Stimmigkeit verschiedener Politikfelder, inhaltlich leer. Denn es ist zweifellos ein Beitrag zu mehr Kohärenz, wenn einer bereits bestehenden liberalen Handelspolitik durch Öffnung der Finanzmärkte auch ein liberales Finanzsystem an die Seite gestellt wird. Ob eine derart erhöhte Kohärenz dazu beiträgt, Entwicklung zu befördern, ist die älteste Debatte der Ökonomik und die Antwort damit primär vom wissenschaftlichen, politischen und ideologischen Standpunkt abhängig.[19] IWF und Weltbank sahen sich durch den Konsens von Monterrey in ihrer wirtschaftsliberalen Entwicklungsstrategie bestätigt und betrachteten die in Monterrey verabschiedeten Strategien, Prioritäten und Aktionen als Fortschreibung ihrer bisherigen Politik (IWF & Weltbank 2002).

Das Integrated Framework

Ein Beispiel für „Kohärenz"-Bemühungen internationaler Institutionen im Bereich Handel bieten IWF, Weltbank und WTO mit dem so genannten *Integrated Framework* (IF). Dem IF gehören daneben noch die UNCTAD, das UNDP und das Internationale Handelszentrum an. In den beteiligten Institutionen ist freier Handel als Entwicklungsstrategie Paradigma. Die Institutionen des Integrated Framework selbst beschreiben es demnach als Dienstleister, der die LDCs, im IF-Programm vornehmlich Subsahara-Afrika, bei der Integration von Handelspolitiken in deren nationale Entwicklungs- und Armutsbekämpfungsstrategien unterstützt. Gemäß der Kohärenzdefinition sollen Handelspolitiken und -interessen in allen Politikfeldern beachtet werden („to ‚mainstream' trade") (IF 2009). Konkret will das IF die Handelspolitik durch den Aufbau von Koordinationsstellen unterstützen, die bei allen staatlichen Stellen und privaten Akteuren Handel fördern soll.[20] Gleichzeitig soll das IF bei der Koordination der handelsbezogenen Unterstützungsmaßnahmen von Geberländern und internationalen Institutionen helfen. In der Praxis bedeutet das, dass sich die genannten Institutionen im IF abstimmen, welche handelspolitischen Empfehlungen sie den LDCs geben, bzw. welche Bedingungen sie an diese Länder etwa bei der Vergabe von Krediten stellen.

Als Koordinationsstelle hilft das IF dabei, die in der Praxis auftretenden Widersprüchlichkeiten zwischen den im Handelsbereich aktiven internationalen Institutionen aufzulösen. Denn obwohl insbesondere IWF, Weltbank und WTO in Handelsfragen grundsätzlich eine ähnliche Liberalisierungsstrategie verfolgen, so kann es dennoch im Einzelfall zu Konflikten kommen, wenn z.B. der IWF prioritär auf die Freigabe von Nahrungsmittelpreisen drängt, während die WTO als dringlichsten Schritt das Ende von Brennstoffsubventionen fordert. Der Um-

---

[19] Die Debatte, ob mehr Staat oder mehr Markt für Entwicklung besser sei, wird ausführlich von John Akude in diesem Band diskutiert.

[20] Diese parallel zum Staat aufgebauten, so genannten „National Implementation Units" (NIUs) werden nur auf „official request" eingerichtet. Dieser folgt eine „Diagnostic Trade Integration Study" (DTIS) und dann ggf. die Förderung solcher parastaatlicher NIUs oder Unterstützung anderer konkreter Handelsprojekte. Mehr Informationen finden sich bei IF (2009).

gang mit solchen Widersprüchen kostet ein einzelnes Entwicklungsland viel Aufwand, den es durch das IF sparen kann.

Umgekehrt beraubt das IF gerade die kleineren Entwicklungsländer aber auch eines wichtigen Spielraums. Während es ihnen bisher möglich war, die Unstimmigkeiten innerhalb der vermeintlich geschlossenen Front von IWF, Weltbank, WTO und Geberländern zu nutzen, und ihnen im Einzelfall sogar Zugeständnisse abzuringen, fällt diese Option nunmehr weg.[21]

Auch wenn dies nicht offiziell „Kohärenz" genannt wird – Abstimmung, Anstrengungen bündeln und *mainstreaming* werden synonym benutzt – schreitet damit ein Monopolisierungsprozess voran, der den Entwicklungsländern immer weniger Wahlmöglichkeiten lässt. Konnten sie sich bis Ende der 1980er Jahre noch in ihrer wirtschaftlichen Entwicklungsstrategie an die eine oder andere Seite des Kalten Krieges anlehnen und Unterstützung erhalten, steht ihnen eine so grundsätzliche Richtungswahl nicht mehr offen. Während der 1990er Jahre hatten sie aber immerhin noch die Möglichkeit, sich zwischen verschiedenen nationalen Gläubiger- und Geberregierungen zu entscheiden, die, obschon grundsätzlich auf Liberalisierung ausgerichtet, den Entwicklungsländern unterschiedlich hohe Freiheitsgrade, z.B. hinsichtlich Umfang und Geschwindigkeit von Liberalisierung, ließen. Das IF schließt wohl die letzten Lücken zwischen den „westlichen" Akteuren. Ausgeweitet werden die Optionen seit einigen Jahren jedoch durch neue Akteure wie regionale Schwellenländer, wie Südafrika in Afrika, Brasilien und Venezuela in Süd- und Mittelamerika oder China bereits global, mit teilweise ebenfalls bedenklichen Resultaten (vgl. Hütz-Adams in diesem Band).

Zusammenfassend ist festzuhalten, dass das IF für die teilnehmenden Entwicklungsländer eine Strategie für mehr Kohärenz in der Handelspolitik bietet, indem die verschiedenen Politikfelder der Entwicklungsländer unter dem Primat Handel zusammengeführt werden *(trade mainstreaming)*. Auch die Vorgehensweise der international mit Handel und Handelspolitik befassten Institutionen wird durch Koordination und Reduzierung technischer Reibungsverluste kohärenter. Keinen Beitrag hingegen leistet das IF bei der Sicherstellung von Kohärenz in der Handelspolitik der Industrieländer, denn dies liegt außerhalb des IF-Mandats: So können z.b. IWF und Weltbank nur auf die Politik solcher Länder einwirken, die durch Verschuldung gegenüber den beiden Institutionen in einer

---

[21] Für große Länder mit interessanten Binnenmärkten und Investitionsstandorten wie China, Indien und Brasilien gilt dies nicht in vergleichbarem Maße, da die Industrieländer und die Transnationalen Unternehmen deren Interessen berücksichtigen müssen. China kann z.B. seine hohen Auflagen für ausländische Direktinvestoren nicht primär wegen seiner kommunistischen Prägung, sondern vielmehr wegen seiner wirtschaftlichen und militärischen Stärke und strategischen Unentbehrlichkeit durchsetzen.

Abhängigkeit stehen. Die EU und deren protektionistische Agrarpolitik und Zolleskalation hingegen kann das IF nicht einmal thematisieren, geschweige denn verändern. Auch ob die verfolgten Politiken *first-best*-Ansätze sind bzw. ob sie nicht sogar schädlich sind, wird ebenso wenig untersucht wie die Interaktion mit anderen Politikfeldern. Es trägt zur *Konsistenz* eines Politikbereichs (Handel) bei, wird einem umfassenden Kohärenzbegriff somit aber nicht gerecht.

4 Kohärenz von was und für wen?

Die geschilderten Prozesse haben verdeutlicht, dass Kohärenz als Schlagwort zwar an Relevanz gewonnen hat, dass damit aber im Einzelnen sehr verschiedene Sachverhalte angesprochen werden:

(1) Kohärenz meint nicht unbedingt Kohärenz im Interesse von Entwicklung. Es besteht kein Zweifel, dass die weltwirtschaftlichen Bedingungen und die sie prägenden internationalen Institutionen wie IWF, Weltbank und WTO von zentraler Bedeutung für die Entwicklungschancen der Länder des Südens sind. Aber nicht überall, wo diese Institutionen von Kohärenz sprechen, ist entwicklungspolitische Kohärenz gemeint. So dient z.B. die Unterstützung von mehr Kohärenz in der Handelspolitik der Entwicklungsländer durch das Integrated Framework eben einer aktiveren und besser integrierten Öffnung der Gütermärkte im Süden. Ob aber ein freierer Handel *per se* mehr Entwicklungschancen birgt, ist eine vom Ziel „gemainstreamten" Handels streng zu unterscheidende Frage. Während die Anhänger des Freihandels dies als eminenten Beitrag zu entwicklungspolitischer Kohärenz ansehen würden, werden die Befürworter einer eher interventionistischen oder binnenmarktorientierten Entwicklungsstrategie das Gegenteil behaupten. Kohärenz ist also eine Methode, der aber die inhaltliche Füllung fehlt. Wäre der Kohärenzbegriff nicht bereits derart verbreitet, wäre ihm der Begriff der bloßen „Konsistenz" vorzuziehen.

(2) Kohärenz ist nichts anderes als die Frage nach Zielkonflikten und Setzung von Prioritäten. Wenn Kohärenz mehr sein soll als die bessere technische Koordination innerhalb eines Politikfeldes und als politikfeldübergreifende Kohärenz in der Zielverfolgung verstanden wird, stellt sie sich primär als Herausforderung der Prioritätensetzung dar. Entwicklungspolitische Kohärenz wäre dann ein Prozess, bei dem man *alle* anderen Politiken, die Auswirkungen auf die Länder des Südens haben, dem Primat der Entwicklung unterwirft. Das wirft natürlich innerhalb der Sektorpolitiken einmal mehr die vorstehende Frage auf, wie Entwicklung am besten befördert wird (in der Handelspolitik: durch Freihandel, strategische Handelspolitik oder Binnenmarktorientierung) und wie die anderen Politikfelder (hier z.B. die Außen-

wirtschafts-, Außen- und Agrarpolitik) dazu beitragen können. Selbst wenn man sich auf eine gemeinsame Entwicklungsstrategie einigen könnte, dass etwa Freihandel die beste Entwicklungsstrategie sei, ist es unter den gegebenen Bedingungen fraglich, ob sie gegen die Interessen der Europäischen Agrarlobby ein Ende der EU-Agrarpolitik (Export- und andere Subventionen) und der Zolleskalation auf verarbeitete Produkte herbeiführen könnten. Das wäre aber bei Verfolgen des Freihandels als Entwicklungsstrategie zwingende Voraussetzung einer kohärenten Entwicklungspolitik.

Wäre Einigkeit über strategische Handelspolitik als Entwicklungsstrategie vorhanden, würde eine kohärente Entwicklungspolitik erfordern, dass den Entwicklungsländern strategische und industriepolitische Interventionen zugestanden werden und sie dabei gefördert werden, um auch in den ärmsten Entwicklungsländern nachholend eine wettbewerbsfähige verarbeitende Industrie etwa zur Weiterverarbeitung landwirtschaftlicher Produkte aufzubauen, wie dies beispielsweise in Ostasien erreicht wurde. Nicht nur die Zolleskalation der EU müsste also im Sinne entwicklungspolitischer Kohärenz überwunden werden. Auch das gesamte „Wirtschaftsmodell Deutschlands" als „Exportweltmeister" und Export-Überschussland müsste wohl beendet oder stark eingeschränkt werden.

Ungeachtet einer Einigung über den strategischen Entwicklungsansatz, bleibt auf nationaler wie europäischer Ebene die mangelnde Durchsetzungsfähigkeit des Politikfelds Entwicklung das größte Hindernis für entwicklungspolitische Kohärenz. Wie es Michael Obrovsky von der Österreichischen Forschungsstiftung für Entwicklungshilfe ausdrückt:

> Entgegen den PCD-Verpflichtungen im Rahmen der Entwicklungspolitik liegen jedoch vielfach die Interessen und Zielsetzungen anderer Politikbereiche, die sich offensichtlich nicht an die Ratsbeschlüsse aus dem Bereich der Entwicklungspolitik gebunden fühlen und diese als Einmischung in ihr Ressort verstehen und ihre Klientel bei der Vertretung ihrer Interessen und Ziele hinter sich wissen (Obrovsky 2007: 17).

Anders ausgedrückt: Die Kohärenzdebatte ist gewissermaßen nur ein Euphemismus für das Eingeständnis, dass sich die Entwicklungsinstitutionen untereinander und mit den anderen relevanten Politikbereichen nicht auf gemeinsame entwicklungspolitische Ziele und Methoden einigen können. Viele Fortschritte wurden erzielt, von umfassender entwicklungspolitischer Kohärenz sind Deutschland und die OECD-Länder jedoch weit entfernt.

5   Fazit

Ausgehend von der BMZ-Definition entwicklungspolitischer Kohärenz wurde die Dimension des Anspruches dieses umfassenden Begriffs dargestellt: Für echte Kohärenz in der Entwicklungszusammenarbeit müssten alle Sektorpolitiken mit Auswirkungen auf Entwicklungsländer aller beteiligten Akteure Rücksicht nehmen auf dieses Politikfeld und die für Entwicklung zuträglichste Strategie müsste frei gewählt werden. Diese enorme Herausforderung wird sowohl von der Bundesrepublik im Rahmen des „AP 2015" als auch von der EU mit dem „PCD-Prozess" angenommen, beide aber mit nur dürftigen Fortschritten und einer ernüchternden Bilanz. Als Beispiel für einen globalen Kohärenzansatz im Sinne konsistenter Politik im Bereich Handel zeigt das Integrated Framework, wie andere Sektorpolitiken einer exogen gesetzten Entwicklungsstrategie (Freihandel) untergeordnet werden. Damit wird bisher keiner der dargestellten Ansätze dem umfassenden Kohärenzbegriff gerecht.

Nachhaltige Entwicklungspolitik fordert die Wahrnehmung und Einbeziehung aller Politikfelder mit Auswirkungen auf die Entwicklungspolitik – Kohärenz. Selbst wenn das utopische Ziel vollständiger Kohärenz, das den Primat bzw. Gleichrang der Entwicklungspolitik erfordert, aufgegeben wird, so ist die Tendenz klar. Sollen Politik- und Projektansätze eine nachhaltige Entwicklung befördern, ist eine Koordination aller relevanten Politiken unabdingbar. Dieser Band diskutiert einige der wichtigen Felder. Die Koordination und Prioritätensetzung selbst bleibt damit auch weiterhin eine zu lösende Herausforderung, die für eine nachhaltige Entwicklung von herausragender Bedeutung ist.

Literatur

Ashoff, G. (2005). *Der entwicklungspolitische Kohärenzanspruch: Begründung, Anerkennung und Wege zu seiner Umsetzung.* DIE Studies. Bonn.
BMZ (2001). *Aktionsprogramm 2015. Armut bekämpfen. Gemeinsam handeln. Der Beitrag der Bundesregierung zur weltweiten Halbierung extremer Armut.* BMZ: Bonn.
BMZ (2004). *2. Zwischenbericht zum AP 2015.* BMZ: Bonn.
BMZ (2005a). *Mehr Wirkung erzielen: Die Ausrichtung der deutschen Entwicklungszusammenarbeit auf die Millenniums-Entwicklungsziele. Die Umsetzung der Paris Declaration on Aid Effectiveness.* Bonn. http://www.bmz.de/de/service/infothek/fach/spezial/spezial130pdf. (20.02.2010).
BMZ (2005b). *Zwölfter Bericht zur Entwicklungspolitik der Bundesregierung.* Bonn.
BMZ (2008). *Auf dem Weg in die Eine Welt. Weißbuch zur Entwicklungspolitik.* BMZ. Bonn.
BMWi (2010). *Außenwirtschaftsbeirat.* http://www.bmwi.de/BMWi/Navigation/ Ministerium/ beiraete,did=161986.html (10.2.2010).

Deutscher, E. (2009). Überwindung der Entwicklungspolitik? Ein Paradigma zwischen Bestandssicherung und neuen Aufgaben. *Zeitschrift für Außen- und Sicherheitspolitik, 4/2009,* 415-425.

ECDPM. (2006). *EU mechanisms that promote policy coherence for development – A scoping study.* ECDPM: Maastricht.

ECDPM. (2007). *Evaluation Study on the EU Institutions & Member States' Mechanisms for Promoting Policy Coherence for Development.* ECDPM: Maastricht.

EU-Kommission. (2007). *EU-Report on Policy Coherence for Development.* EU Commission Working Paper SEC 1202. Brüssel.

EU-Kommission. (2009). *EU-Report on Policy Coherence for Development.*

EU-Ministerrat. (2005). The 12 PCD Commitments, 24 May, General Affairs and External Relations Council Conclusions. Brüssel.

Hegener, U. (2009). Auf dem Weg zu einer neuen Dialogkultur. Der Beitrag zivilgesellschaftlicher Akteure zum Krisenmanagement der EU. *Zeitschrift für Außen- und Sicherheitspolitik, 4/2009,* 437-447.

IF. (2009). About Integrated Framework. http://www.integratedframework.org/ about.htm (20.2.2010).

IWF. (2007). Direction of Trade Statistics. Washington.

IWF & Weltbank. (2002). *Financing for Development, Implementing the Monterrey Consensus.* Paper Prepared by the Staff of the World Bank and the IMF for the Spring 2002 Development Committee Meeting. http://www.imf.org/external/ np/pdr/FfD/2002/imp.htm (20.2.2010).

Konsens von Monterrey. (2002). *Konsens von Monterrey der Internationalen Konferenz über Entwicklungsfinanzierung.* New York: Vereinte Nationen.

Langhammer, R. (2009). *Gibt es einen Trend zu mehr Protektionismus? Einige Thesen.* IfW-Fokus 63. http://www.ifw-kiel.de/medien/fokus/2009/fokus63 (30.8.2009).

Niederländische Regierung. (2007). Response of the Netherlands to the questionnaire. http://eucoherence.org/renderer.do/clearState/false/menuId/31337 5/returnPage/227304/itemId/381340/instanceId/313389/pageId/313375/ (20.2.2010).

Obrovsky, M. (2007). *Entwicklungspolitische Kohärenz. Zu den erweiterten politischen Rahmenbedingungen für mehr Wirksamkeit in der Entwicklungszusammenarbeit.* Wien.

OECD. (2005). *Making Poverty Reduction Work: OECD's Role in Development Partnership.* Paris.

OECD. (2009). Net ODA. Reference DAC Statistical Tables. http://www.oecd. org/document/11/0,3343,en_2649_34447_1894347_1_1_1_1,00.html. (30.8.2009).

Perez, R. (2006): Are the Economic Partnership Agreements a First-best Optimum for the African Caribbean Pacific Countries? *Journal of World Trade, 40(6),* 999-1019.

Statista.com. (2010). Empfänger von EU-Agrarsubventionen. http://de.statista.com/ statistik/daten/studie/12777/umfrage/empfaenger-von-agrarsubventionen-in-der-eu/ (10.2.2010).

Steinbrück, P. (2009). Perspektiven für die Regulierung der Finanzmärkte. http://www. bundesfinanzministeri- um.de/DE/Presse/Reden_20und_20Interviews/01072009__DGB-Fachkongress.html (10.2.2010).

Stern.de (2003, 4. Nov.). Scharfer Krieg um süße Ware. http://www.stern.de/wirtschaft/news/maerkte/welthandel-scharfer-krieg-um-suesse-ware-512423.html (10.2.2010).

Thema, J. & Hersel, P. (2007). *Kohärenz statt Dependenz? Die entwicklungspolitische Kohärenzdebatte und die Anforderungen an ein entwicklungsgerechtes Handels- und Finanzsystem.* Berlin: BLUE 21.

UNCTAD & WTO. (2008). *World Tariff Profiles 2008.* Genf: WTO-Sekretariat.

Wellmer, G. (2006). *Polarisierung durch Freihandel - Eine Zwischenbilanz des Handelsabkommens der EU mit Südafrika.* Bielefeld: Koordination Südliches Afrika.

Wellmer, G. (2004). Kohärenz zwischen Außen- & Sicherheits-, Handels- und Entwicklungspolitik der Europäischen Kommission und der EU-Mitgliedsstaaten. In: Dokumentation der Entwicklungspolitischen Diskussionstage 2004 des Seminars für ländliche Entwicklung. http://www.berlinerseminar.de/bs/files/_SLE_Downloads/EPDT/2004/kohaerenz.pdf (20.2.2010).

Windfuhr, M. (2002). Everything but Farms. Die Agrarexporte der Entwicklungsländer sind blockiert. *E+Z - Entwicklung und Zusammenarbeit, 3.*

WTO. (2000). Statement by Australia on behalf of the Cairns Group, Fourth Special Session of the Committee on Agriculture, 15-17 Nov., G/AG/NG/W/60. WTO.

WTO. (2009). Development: Aid for Trade. http://www.wto.org /English/tratop_e/devel_e/a4t_e/a4t_factsheet_e.htm (20.2.2010).

Teil III
Nachhaltigkeit in der praktischen Umsetzung der Entwicklungszusammenarbeit?

Friedel Hütz-Adams

Die Rolle Chinas in der Entwicklungszusammenarbeit. Das Beispiel Demokratische Republik Kongo

1 Chinas Afrikapolitik

1.1 Von der Ideologie zum Geschäft

Die Beziehungen der Volksrepublik China zu Afrika haben eine wechselvolle Geschichte. Zu Beginn der 1950er Jahre bestimmten politische Kriterien die Entwicklungshilfe. Neben ideologischen Motiven (antiimperialistisch, antikolonialistisch) spielten auch machtpolitische Erwägungen eine Rolle: Die Volksrepublik China brauchte Unterstützung, um in den Vereinten Nationen als einzige legitime Vertretung des Landes anerkannt zu werden und Taiwan zu verdrängen – was 1971 gelang. Bekanntestes Projekt dieser frühen Zusammenarbeit war die Tansania-Sambia-Eisenbahn („Tazara"). Nach dem Ende der Kulturrevolution (1976) folgte ein eher pragmatischer Ansatz. Ab 1989 verstärkte die chinesische Regierung auf der Suche nach Unterstützung gegen die internationale Isolierung nach dem Tiananmen-Massaker die Bemühungen um gute Beziehungen zu afrikanischen Regierungen (Yu 2009: 9-16; Davies 2007: 36-39).

Seit einigen Jahren machen weder staatliche Stellen noch die chinesischen Unternehmen einen Hehl daraus, dass wirtschaftliche Erwägungen im Mittelpunkt der Gespräche mit afrikanischen Regierungen stehen. Entwicklungszusammenarbeit dient dabei als Türöffner für Geschäfte und Investitionen (Yu 2009: 15).

Der steigende Rohstoffbedarf Chinas ist die Triebfeder vieler Initiativen. Dieser Bedarf kann bei den meisten Produkten nicht mehr aus eigenen Quellen gedeckt werden und die Rohstoffimporte haben sich in den vergangenen 20 Jahren auf mehr als 200 Milliarden US-Dollar pro Jahr (2006) verzwanzigfacht. Obwohl das Land in den Medien oft für den Preisanstieg von Rohöl mitverantwortlich gemacht wird, hatte es im Jahr 2006 lediglich einen Anteil von 6 Prozent an den weltweiten Ölimporten. Bei Chrom dagegen nahm China mehr als 50 Prozent des Welthandels auf, gefolgt von Mangan und Eisenerz (40%), Blei (30%) und Kupfer (knapp 20%). Vor der derzeitigen Krise der Weltwirtschaft wurde geschätzt, dass die Einfuhr der wichtigsten Metalle, von Öl, Fleisch und

Holz bis 2020 jährlich um 10 bis 20 Prozent weiter wachsen wird (Trinh 2006: 2-4). Die Rohstoffvorkommen in den meisten Regionen der Erde haben die Industrienationen unter sich aufgeteilt. Doch Großinvestitionen in einer Reihe von afrikanischen Ländern waren den westlichen Firmen zu riskant. In diese Lücke stieß China.

1.2 „No-Strings-Attached"

Chinesische Analysten sehen Afrika als aufstrebenden Kontinent und wollen teilhaben am prognostizierten Aufschwung. Die Regierung hatte das Jahr 2006 zum „Jahr Afrikas" erklärt, hochrangige Regierungsdelegationen mit dem Premierminister und dem Ministerpräsidenten besuchten den afrikanischen Kontinent und schlossen neue Handelsverträge. Schluss- und Höhepunkt des Ausbaus der Beziehungen war ein „China-Afrika-Forum" mit 1.700 Delegierten, das im November 2006 in Peking stattfand. Ein großer Teil der Delegationen aus 48 afrikanischen Staaten wurde von den Regierungschefs angeführt. Am Rande des Treffens wurden viele neue Verträge abgeschlossen. Die Reisediplomatie wurde nach dem Gipfel fortgesetzt.

Flankiert wurde die politische Offensive durch Strategiepapiere, in denen ein partnerschaftlicher Umgang miteinander ins Zentrum der afrikanisch-chinesischen Zusammenarbeit gestellt wird. Im Januar 2006 verfasste die chinesische Regierung *China's African Policy*, die ihre Afrikapolitik erläutert. Dort wird ein „new type of strategic partnership with Africa which features political equality and mutual trust, economic win-win cooperation and cultural exchange" zum Ziel der Politik erklärt. Grundprinzip sei „non-interferences in each other's political affairs" (Chinese Government 2006).

Der Begriff *non-interference* ist dabei ein zentraler Punkt des Werbens um Sympathie. Die chinesische Regierung ist ebenso wenig wie die Unternehmen des Landes bereit, politische Bedingungen für Geschäfte zu stellen. In vielen Presseberichten sowie in Interviews von Regierungsmitgliedern wird betont, China vergebe seine Entwicklungshilfe ohne politische Auflagen *(no-strings-attached)*. Damit verschweigt die chinesische Regierung allerdings, dass der Abbruch diplomatischer Beziehungen zu Taiwan lange Zeit die Voraussetzung der Zusammenarbeit bildete: Von 53 afrikanischen Staaten erkennen nur noch vier Taiwan an. Mittlerweile steht aber selbst diese Anerkennung guten Beziehungen zu China nicht mehr im Wege.

Entwicklungspolitische Unterstützung, neue Kredite sowie der Ausbau von Handelsbeziehungen ohne politische Bedingungen stehen in einem starken Kontrast zum Verhalten der klassischen Industrienationen. Angesichts der oft verheerenden Wirkungen der vom Internationalen Währungsfonds (IWF), den die Industrienationen dominieren, durchgesetzten Strukturanpassungsprogramme vergangener Jahrzehnte ist es wenig verwunderlich, dass diese Politik eine große Anziehungskraft für viele afrikanische Staaten ausübt (Thompson 2005). Selbst Schuldenerlasse für 31 afrikanische Staaten in Höhe von 1,3 Milliarden US-Dollar sind nicht mit Bedingungen verbunden (Davies 2007: 53-54).

Doch auch Chinas Widerstand gegen eine reine Marktorthodoxie gewinnt immer mehr Sympathien in Entwicklungsländern. Der Versuch, einen Entwicklungsstaat mit straffer staatlicher Lenkung aufzubauen, wird zunehmend als Gegenmodell zum „Washington Consensus" interpretiert und der Begriff „Beijing Consensus" macht die Runde (Ramo 2004). Interessanterweise verwenden chinesische Stellen teilweise Argumente, die sehr an die deutsche Argumentation „Wandel durch Handel" erinnern. Führend in der Kreditvergabe ist die China Exim Bank. In einer Studie über Chinas Afrikapolitik wird deren Präsident mit folgender Aussage zitiert:

> Interference into the internal affairs of African countries and the African continent must be avoided. [...] By doing so, risks such as the local political and security risks can be avoided. As under-development is the major cause of these risks, if sustainable development is made possible, the cause for all these risks or turbulences will disappear (zit. n. 2007: 78).

Wie kontrovers die Aussagen von Menschen aus den Empfängerländern der chinesischen Hilfe sind, zeigen die beiden folgenden Zitate. Äthiopiens Botschafter in China sagte:

> The Chinese are doing more than the G8 to make poverty history [...]. If a G8 country had wanted to rebuild the stadium, we'd still be holding meetings! The Chinese just come and do it. They don't hold meetings about environmental impact assessment, human rights, bad governance and good governance. I'm not saying it's right, just that Chinese investment is succeeding because they don't set high benchmarks (zit. n. Davies 2007: 74).

Ein Sprecher der National Accountability Group in Sierra Leone hält dagegen:

> We've spent 15 years working on conventions against corruption, and now the Chinese come in and they haven't signed up to any of it. They're secretive and they only deal with governments – they don't consult civil society or anyone. (zit. n. Davies 2007: 77).

1.3 Effektivität der Hilfe

Die verstärkten Bemühungen Chinas um eine engere Zusammenarbeit mit afrikanischen Regierungen geschehen vor dem Hintergrund einer laufenden Debatte
über Effektivität der Entwicklungshilfe. Die verschiedenen Gebernationen und
teilweise sogar die verschiedenen Institutionen innerhalb der Gebernationen
stimmen ihre Projekte teilweise nur unzulänglich ab.[1] Um dies zu verbessern
haben sich die Gebernationen gemeinsam mit wichtigen Entwicklungsländern im
März 2005 auf die „Paris Declaration on Aid Effectiveness" geeinigt. Dieses
Vorhaben kommt allerdings derzeit nicht voran (Morazán 2008). China ist zudem bisher nicht Teil dieses Prozesses.

Viele Probleme der chinesischen Entwicklungszusammenarbeit ähneln je-
nen anderer Gebernationen. Die Kompetenzen sind auf verschiedene Institutionen und Ministerien verteilt (State Council, Ministry of Commerce, Ministry of
Foreign Affairs, Ministry of Finance, China Exim Bank etc.). Über den Umfang
der Hilfe gibt es keine offiziellen Zahlen. Die Abgrenzungen zwischen Hilfe,
vergünstigten Krediten und Handelskrediten sind ebenso unklar wie die Grundlagen für die Berechnung des Wertes von Projekten. Da es in China keine starken Nichtregierungsorganisationen gibt, die eine unabhängige Überwachung der
staatlichen Entwicklungszusammenarbeit leisten können, gibt es auch von dieser
Seite keine verlässlichen Zahlen. Entsprechend stark schwanken die Angaben
über die Höhe der chinesischen Entwicklungszusammenarbeit zwischen 1 und
2,7 Milliarden US-Dollar jährlich (Wang 2007: 8-9; Davies 2007: 43-48).

1.4 Projektgebundenheit der Hilfe

China vergibt Pakete aus Krediten, Lieferungen, Arbeitskräften und Abwicklung
und konzentriert sich dabei auf Infrastrukturprojekte. Diese wiederum unterstützen den Ausbau der Wirtschaft und des Handels. Die chinesische Regierung
betont bei Anfragen, ein großer Teil der Probleme der Entwicklungszusammenarbeit der klassischen Geberländer betreffe die eigene Hilfe nicht. Korruption
und Missbrauch von Überweisungen würden umgangen, da das Land keine Bud-
gethilfen bewillige und den größten Teil der Kredite an die Lieferung in Natura-
lien koppele (Wang 2007: 21; Davies 2007: 64).

Chinesische Firmen bauen Straßen, Eisenbahntrassen, Häfen, Staudämme,
Fußballstadien, Wohnviertel und Hotelanlagen, errichten neue Telefonanlagen
und schossen den ersten Satelliten Nigerias in die Umlaufbahn. Nach eigenen
Angaben beendeten chinesische Firmen im Jahre 2006 auf dem afrikanischen

---

[1]   Vgl. den Beitrag zu *Kohärenz der Entwicklungspolitik* von Johannes Thema in diesem Band.

Kontinent Projekte im Wert von 9,5 Milliarden US-Dollar. In der Regel liefern die chinesischen Unternehmen schlüsselfertige Anlagen ab, die teilweise von Arbeitskräften aus China errichtet werden. Der Preis ihrer Bauten liegt bei einem Viertel bis zur Hälfte dessen, was die Konkurrenz aus Industriestaaten berechnet, die Qualität ist meist akzeptabel, und das Projekt wird wesentlich schneller abgewickelt, als es die meisten Konkurrenten können (Hütz-Adams 2007: 49-53).

1.5 Handelsvolumen China – Afrika

Die Zusammenarbeit Chinas mit dem afrikanischen Kontinent sollte nicht bewertet werden, ohne auf die Handelsbeziehungen einzugehen. Wie rasant die Beziehungen zwischen China und Afrika ausgebaut worden sind, zeigt die Handelsstatistik. Binnen 10 Jahren hat sich das Handelsvolumen von 4 Milliarden (1995) auf 40 Milliarden US-Dollar (2005) verzehnfacht. Im Jahr 2008 wurde die Grenze von 100 Milliarden US-Dollar überschritten – geplant war diese Marke für das Jahr 2010 (Tab. 1).

Tab. 1: Handelsvolumen China – Afrika

Jahr	Handelsvolumen in Mrd. US$
1995	4
2005	40
2006	55
2007	73
2008	106

Quelle: Ministry of Commerce of the People's Republic of China (o.J.).

Dabei ist allerdings zu berücksichtigen, dass dieses Wachstum von einem relativ geringen Niveau aus begann. Der Außenhandel der EU mit afrikanischen Staaten lag im Jahr 2007 bei rund 300 Milliarden US-Dollar und damit immer noch weit über dem chinesischen Wert.[2] Zugleich lag der Umsatz Chinas allerdings weit über den Ausfuhren des Exportweltmeisters Deutschland auf dem afrikanischen Kontinent.

Hauptriebfeder des gestiegenen Handelsvolumens ist der Ausbau des Handels mit Öl und anderen Rohstoffen. Das Land kaufte 2008 14 Prozent der afri-

---

[2] Quelle: Die 300 Milliarden US-Dollar beziehen sich ausschließlich auf den Güterhandel, da regional aufgeschlüsselte Zahlen für die Dienstleitungen für das Jahr 2007 von der Welthandelsorganisation nicht vorgelegt wurden (WTO 2008: 18). Die Angaben über den Wert des Handels zwischen Europa und Afrika schwanken je nach Quelle stark. Vermutlich liegt dies daran, wie der Umrechnungskurs des Euro in US-Dollar angesetzt wird.

kanischen Ölexporte. Die USA und Europa erwarben zwar mit 57 Prozent wesentlich mehr (Yu 2009: 21), doch einzelne Staaten haben eine große Bedeutung
für China. Wichtigster Rohöllieferant ist mittlerweile Angola, das im Jahr 2008
allein einen Anteil 25,3 Milliarden US-Dollar am Handelsvolumen mit Afrika
hatte. Der Warenaustausch mit Südafrika, das hauptsächlich mineralische Rohstoffe liefert, lag bei 17,8 Milliarden US-Dollar (Ministry of Commerce of the
People's Republic of China o.J.).

Ein Blick auf die Zusammensetzung des Außenhandels zeigt, dass im Jahr
2006 die Exporte Afrikas nach China zu 62 Prozent aus Öl bestanden, gefolgt
von anderen Rohstoffen (13%). Lediglich 8 Prozent der Exporte waren Fertiggü-
ter. Umgekehrt beziehen die afrikanischen Staaten hauptsächlich Fertigprodukte
(45%) sowie Maschinen und Transportausrüstungen (31%) (Wang 2007: 7).

1.6 Handelserleichterungen und Kredite

Um die Handelsbeziehungen auszubauen, hat die chinesische Regierung im
November 2006 beschlossen, dass auf den Import von 440 Produkten (zuvor:
190) aus 30 afrikanischen Staaten keine Importsteuern mehr anfallen. Zudem
erließ China Schulden in Höhe von 1,3 Milliarden US-Dollar und kündigte weitere Erlasse an. Der Umsatz bei der Errichtung von Projekten soll weiter steigen
und drei bis fünf Freihandelszonen sind geplant. Flankiert wird der Ausbau der
Beziehungen durch Kredite. Auf der bereits erwähnten Konferenz Ende 2006
wurde für den Zeitraum von 2006 bis 2009 die Vergabe von vergünstigten Krediten in Höhe von 5 Milliarden US-Dollar angekündigt. Zudem sollten für zusätzliche Handelskredite weitere 5 Milliarden US-Dollar zur Verfügung gestellt
werden. Darüber hinaus gab die China Exim Bank im Mai 2007 bekannt, sie
werde in den kommenden drei Jahren Kredite in Höhe von 20 Milliarden US-
Dollar bereitstellen. Über Handel und Finanzen hinaus wuchsen die Verbindungen noch in anderen Bereichen. Chinesen machen Urlaub in afrikanischen Staaten, Afrikaner werden in China zu Fachkräften ausgebildet und mehr als 1.000
Ärzte aus dem Reich der Mitte arbeiten auf dem afrikanischen Kontinent (Hütz-
Adams 2007: 49). Die Zahl der Afrikaner, die in China leben, ist auf mehr als
100.000 gestiegen. Sie studieren dort oder wickeln Geschäfte ab (Bodoma 2009:
4-6).

Ende 2009 gab die chinesische Regierung bei einem weiteren Gipfeltreffen
mit afrikanischen Staaten bekannt, man werde in den nächsten Jahren die Entwicklungshilfe verdoppeln und zudem einen Entwicklungsfonds mit Einlagen
von 5 Milliarden US-Dollar auflegen sowie zusätzlich nochmals die gleiche
Summe in Form von verbilligten Krediten bereitstellen. Auch die Programme zur

Ausbildung von Afrikanern und Stipendien sollen ausgebaut werden (Rockefeller Foundation 2009: 3).

1.7 Auswirkungen des verstärkten Handels

Viele afrikanische Staaten begrüßen das verstärkte Auftreten Chinas. Der neue Kunde erhöht die Nachfrage nach Rohstoffen und dies führt tendenziell zu höheren (Rohstoff-) Preisen. Dadurch steigen die Exporteinnahmen und damit verbunden auch die Steuereinnahmen in all den Staaten, die die plötzlich wieder begehrten Rohstoffe fördern. Dies wiederum vereinfacht den Schuldendienst und erwirtschaftet Mittel für umfangreiche Investitionen in die Infrastruktur. Staaten wie Nigeria, Angola und der Sudan verzeichnen hohe Wirtschaftswachstumsraten, die zu einem erheblichen Teil auf Chinas Rohstoffimporte und Investitionen zurückzuführen sind.

Zugleich steigt der Zustrom von Gütern aus China drastisch an. In der afrikanischen Presse sind im Zusammenhang mit den Waren aus China die Begriffe „Tsunami" und „Flood" zu lesen, von einem „Second Scramble for Africa" ist die Rede, China sei „Jekyll and Hyde", und es handele sich um „Neo-Kolonialismus". Chinesische Motorräder, Bekleidung, Küchengeräte, Klimaanlagen, Medikamente etc. beherrschen die Märkte vieler afrikanischer Staaten. Doch so negativ dies für die lokale Produktion oder die früheren Lieferanten aus Industrienationen sein kann: Für die Konsumentinnen und Konsumenten sanken die Preise vieler Produkte des täglichen Bedarfs deutlich. Neben der Lieferung übernehmen chinesische Händler zunehmend den Vertrieb der Waren, so dass die Handelsstrukturen massiv verändert werden und viele Afrikaner ihre Arbeitsplätze verlieren (Hütz-Adams 2007: 52-53).

Lokale Hersteller werden zu Hause und auf Exportmärkten verdrängt. Selbst das industriell am weitesten entwickelte Südafrika ist von dieser Entwicklung massiv betroffen, was die Zusammensetzung der Exporte nach China belegt: 1993 waren rund 50 Prozent der Ausfuhren nach China Industriegüter, 2003 waren es nur noch 8 Prozent, der Rest bestand aus Zwischenprodukten oder Rohstoffen. Dieser Tausch von Mineralien gegen billige Industriegüter kann zu sich verschlechternden *terms of trade*[3] und zu steigenden Handelsdefiziten führen. Damit droht eine neue Schuldenfalle (Draper 2006; Kappel & Schneidenbach 2006: 5).

Nicht nur der Absatzmarkt, sondern auch die chinesische Kreditvergabe schafft eine Alternative zu den Geldgebern in den klassischen Industrienationen.

---

[3]   Als *terms of trade* wird eine Kennzahl für die Handelsstruktur bezeichnet: eigene Exportpreise dividiert durch die Importpreise.

Dies stärkt die Verhandlungsposition afrikanischer Länder bei Gesprächen mit der Weltbank, dem Internationalen Währungsfonds oder in den Gremien der staatlichen Entwicklungszusammenarbeit in den Geberländern. Die Entwicklung in der Demokratischen Republik Kongo zeigt, wie massiv China auftreten kann.

2 Demokratische Republik Kongo

2.1 Rahmendaten

Die Demokratische Republik Kongo (DR Kongo) hatte neben ökonomischen Anreizen noch einen weiteren Grund, China als neuen Spieler auf der internationalen Bühne zu begrüßen: Die Erfahrungen mit den klassischen Industrienationen waren sehr schlecht: Im 15. und 16. Jahrhundert wurden Millionen von Menschen aus dem Gebiet des heutigen Kongo als Sklaven nach Amerika gebracht oder sie starben bei der Jagd nach Sklaven. In der Region bestehende staatliche Strukturen wurden zerstört.

Die Grenzen des Staates entstanden bei der Berliner Konferenz im Jahr 1885. Das heutige Staatsgebiet der Demokratischen Republik Kongo wurde in den Privatbesitz des belgischen Königs Leopold II. übergeben. Dieser plünderte das Land bis 1908 aus. In dieser Zeit starben zwischen drei und zehn Millionen Menschen. Nach internationalen Protesten gegen die Zustände in der Kolonie übernahm 1908 die belgische Regierung das Gebiet und beutete es – wenn auch weniger brutal als zuvor Leopold II. – weiter aus. Nach dem chaotischen Ende der Kolonialherrschaft (1960) und der Ermordung des ersten Regierungschefs, Patrice Lumumba, durch Rebellentruppen und ausländische Geheimdienste kam mit massiver Unterstützung westlicher Staaten im Jahr 1965 General Mobutu Sese Seko an die Macht. Dieser nutzte die Reichtümer des Landes zur Sicherung seiner Macht und zur Füllung seiner Privatschatulle. Mit dem Ende des Kalten Krieges ließen die westlichen Unterstützerstaaten Mobutu fallen. Mobutus Unterstützung der Milizen und Truppen, die 1994 den Völkermord in Ruanda verübt hatten und anschließend in den Ostkongo geflohen waren, sowie die Hilfe für Rebellengruppen diverser Nachbarstaaten wurden ihm zum Verhängnis. 1996 marschierten Rebellen mit massiver Hilfe mehrerer östlicher Nachbarstaaten in den Ostkongo ein, im Mai 1997 übernahm Rebellenführer Laurent Kabila die Macht in Kinshasa – Mobutu war geflohen. 1998 brach ein weiterer Krieg aus, in den mehrere Nachbarstaaten mit eigenen Truppen eingriffen. Ab 2003 regierte eine Übergangsregierung, seit 2007 eine im Vorjahr gewählte Regierung unter Joseph Kabila, der seinen Vater nach dessen Ermordung im Januar 2001 beerbt hatte. Rebellengruppen und Armeen aus Nachbarstaaten profitierten davon, dass viele der Rohstoffe an der Erdoberfläche lagern und mit einfachsten Mitteln ohne

Abb. 1: Demokratische Republik Kongo

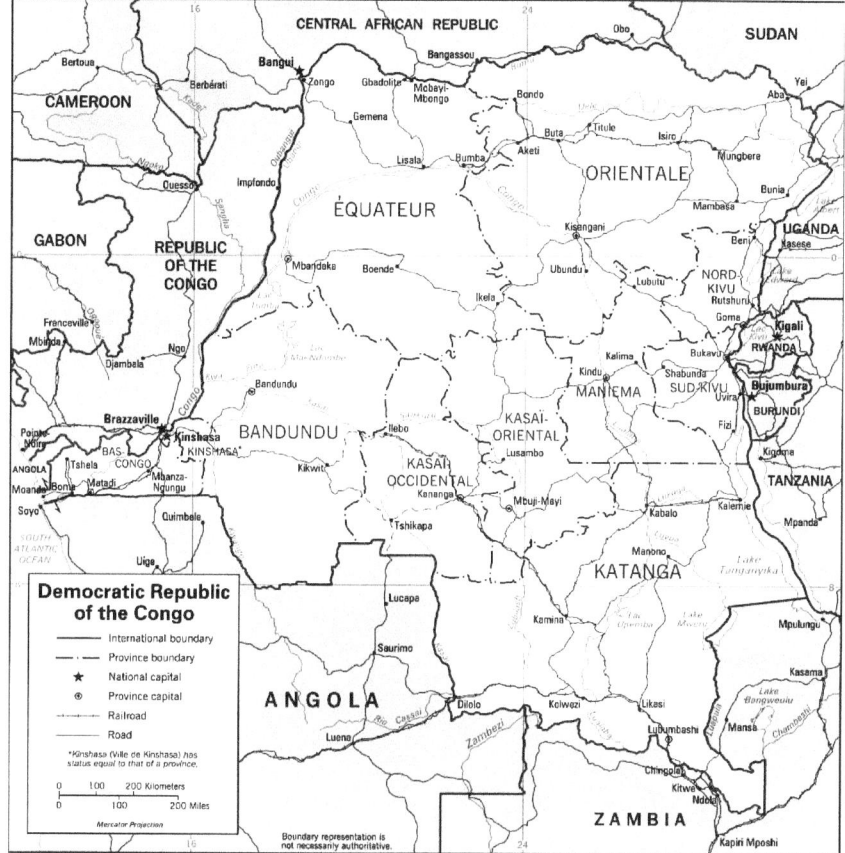

Quelle: InWEnt, Landesinformationsseiten

umfangreiche Investitionen abgebaut werden können. Sie konnten so durch die Beherrschung relativ kleiner Gebiete große Geldmittel für die Fortsetzung des Kampfes und den Kauf von Waffen erwirtschaften (Hütz-Adams 2003; Johnson 2008).

Die direkten und indirekten Folgen des Krieges haben rund 5,4 Millionen Menschen das Leben gekostet (IRC 2008). Die Infrastruktur des Landes ist in weiten Teilen nicht mehr vorhanden, Regierungsstrukturen haben sich aufgelöst und die Lebenssituation der Menschen ist äußerst schlecht (Tab. 2).

Tab. 2: Daten der DR Kongo

	Zeitraum	
Einwohnerzahl	2008	64 Mio.
Davon jünger als 15 Jahre	2005	47 %
Lebenserwartung	2007	47,6 Jahre
Kindersterblichkeit je 1000 bis Alter 5 Jahre		205
Alphabetisierungsrate Erwachsene	2007	67 %
Einschulungsraten in Grundschulen	2007	48 %
Besuch weiterführender Schulen		
Jungen		18 %
Mädchen		15 %
HDI* (Weltrang von 182 Staaten)	2007	0,389 (176)
BIP pro Kopf	2008	150 US$
BIP	2008	9,8 Mrd. US$
BIP-Wachstum pro Kopf	1975-2005	-4,9 %
BIP-Wachstum	2008	6,2 %
Exporte	2007	2,8 Mrd. US$
Importe	2007	3,8 Mrd. US$

* HDI *(Human Development Index): Menschlicher Entwicklungsindex, berechnet aus Pro-Kopf-Einkommen, Lebenserwartung und Bildungsstand.*
Quellen: UNDP, World Bank.

2.2 China baut Handel aus

Noch vor wenigen Jahren spielten chinesische Unternehmen auf dem kongolesischen Markt nahezu keine Rolle. Der Anteil Chinas an den Exporten des Landes
lag 1996 bei lediglich 0,1 Prozent. Bis 2005 stieg der Anteil auf 8,5 Prozent.
Wichtigste Produkte waren Kupfer und Kobalt (Holslag et al. 2007: 66). In den
folgenden Jahren stieg die Bedeutung chinesischer Unternehmen weiter massiv
an. Sie bauten beispielsweise in der Rohstoffprovinz Katanga allein mindestens
40 kleine Betriebe zur Verarbeitung von Kupfer auf, die erst für Schlagzeilen
sorgten, als sie im Rahmen der Wirtschaftskrise Anfang 2009 kurzfristig geschlossen wurden (Jopson 2009).

In der Hauptstadt Kinshasa sind heute Waren aus China auf allen Märkten
zu kaufen. Das Angebot reicht von Stoffen, Fernsehgeräten, Kochplatten und
Klimaanlagen bis hin zu Stromgeneratoren und Mopeds. Chinesische Unterneh-
men kaufen zudem marode Betriebe auf, darunter einen der größten Stoffherstel-
ler des Landes oder gründen Mobiltelefonunternehmen.[4] Trotz der gewachsenen
Bedeutung Chinas und anderer asiatischer Staaten als Aufkäufer kongolesischer
Rohstoffe bleiben Europa und die USA allerdings die wichtigsten Abnehmer
(Tab. 3).

---

[4]   Beobachtungen des Autors Ende 2007 in Kinshasa.

Tab. 3: Handelsstrukturen (Anteil am Export in Prozent)

Region	1990	2000	2006
Europa	65,4	76,3	45,6
USA	17,8	19,1	4,9*
Amerika (Entwicklungs-länder)	0,2	0	20,2*
Afrika	7,7	2,2	6,8
Süd- und Ostasien	4,8	0,4	21,8

* Hier liegt vermutlich ein Zahlendreher bei der UNCTAD vor!

Quelle: UNCTAD (2008: 54)

In den Jahren 2002 bis 2006 dominierten kleine Unternehmen aus China den Ausbau der wirtschaftlichen Beziehungen. Neben dem Aufkauf von Rohstoffen und dem Verkauf von Produkten aus China gab es erste kleine Projekte beim Ausbau von Straßen. Flankiert wurde dies durch die chinesische Regierung. Diese schickte unter anderem 200 Soldaten für die Friedensmission der Vereinten Nationen (MONUC), lieferte Waffen und kooperierte mit dem kongolesischen Militär (Holslag et al. 2007: 66).

2.3 Massiver Ausbau ab 2007

Nachdem der Boden bereitet war, zogen die größeren Unternehmen nach. Bemerkenswert ist dabei der Umfang der Projekte. Im Dezember 2006 unterzeichnete der kongolesische Strommonopolist SNEL einen Liefervertrag mit der China National Machinery and Equipment Import and Export Corporation (CMEC). Stromleitungen sollten repariert und Ausrüstung geliefert werden, um die Hauptstadt Kinshasa besser mit Strom zu versorgen. 85 Prozent des Vertrages über 604 Millionen US-Dollar soll durch Kredite von chinesischen Banken finanziert werden. Im Januar 2007 folgte ein ähnlicher Vertrag über 304 Millionen US-Dollar mit der China National Electric Wire and Cable Import/Export Corporation (CCC). Das Unternehmen soll unter anderem Stromleitungen und eine Reihe kleinerer Wasserkraftwerke bauen (RDC – Ministère des Finances 2007).

Werden diese Projekte umgesetzt, wäre dies ein großer Fortschritt, da die Versorgung mit Strom in weiten Teilen des Landes entweder nicht vorhanden oder vollkommen unzureichend ist. Die Bedeutung dieses chinesischen Engagements zeigt sich in einem Vergleich mit der Weltbank. Diese hat ebenfalls ein Projekt zur Verbesserung der Grundversorgung geplant, will aber bis zum Jahr 2013 lediglich 500 Millionen US-Dollar aus eigenen Mitteln sowie gemeinsam mit Partnern aufbringen (Hütz-Adams 2008: 26).

Ab Mitte 2007 mehrten sich in der kongolesischen und in der weltweiten Presse Berichte über ein noch weit größeres Geschäft. Zuerst war von 2 Milliarden US-Dollar die Rede, später von 4 oder 7, dann von bis zu 12 Milliarden US-Dollar. Nach und nach wurden Einzelheiten des Projekts bekannt. Chinesische Unternehmen sollen in großem Umfang Infrastrukturprojekte bauen. Geplant sind unter anderem (Beltrade 2008: 17):

- 3.200 Kilometer Eisenbahntrassen (darunter eine Verbindung zwischen Katanga und Matadi);
- 3.400 Kilometer Autobahnen;
- 3.500 Kilometer kleinere Straßen;
- 31 Krankenhäuser und 145 Gesundheitsstationen;
- 2 Universitäten;
- 5.000 Sozialwohnungen.

Das Gesamtvolumen der Projekte liegt bei rund 6,6 Milliarden US-Dollar. Auch hier erschließt sich die Bedeutung in einem Vergleich mit den Planungen des bislang größten Gebers, der Weltbank. Diese sagte für die Jahre 2002 bis 2008 rund 2,2 Milliarden US-Dollar zu, von denen rund 50 Prozent ausgegeben wurden (Beltrade 2008: 18).

Die Bedeutung dieses Vorhabens für die DR Kongo kann kaum überschätzt werden. Derzeit gibt es keine Straßen, die das Land von Ost nach West oder von Nord nach Süd durchqueren. Auch die wenigen noch vorhandenen Eisenbahnlinien funktionieren größtenteils nicht mehr. Die Wege über die Flüsse sind teilweise versandet, die notwendigen Schiffe nicht vorhanden oder in einem sehr schlechten Zustand. Das Budget des Landes reicht bei weitem nicht aus, um diese Herausforderungen zu meistern. Im Jahr 2007 verfügte die Regierung lediglich über knapp 2,5 Milliarden US-Dollar. Auch durch steigende Einnahmen aus dem Export von Rohstoffen wird die Regierung nicht dazu in der Lage sein, die notwendigen Mittel aufzubringen (Hütz-Adams 2008: 14-20).

Tab. 4: Infrastruktur

Straßennetz	157.000 km
davon befestigt	2.794 km
Zugang zu Strom – Gesamtbevölkerung	6,0 %
Stadt	30,0 %
Land	1,0 %
Zugang zur Wasserversorgung – Gesamtbevölkerung	27,2 %
Stadt	77,9 %
Land	9,8 %

Quelle: Hütz-Adams (2008).

Die derzeitige Wirtschaftskrise führt zu einbrechenden Exporten von Rohstoffen und viele Investitionsprojekte werden verschoben. Damit sinken die Steuereinnahmen. Ursprünglich sollte der Staatshaushalt des Landes im Jahr 2009 auf 4,9 Milliarden US-Dollar steigen. Doch seit Anfang des Jahres 2009 ist die kongolesische Regierung faktisch zahlungsunfähig und muss bei den Gebern nach Krediten fragen. Die Weltbank stellt 100 Millionen US-Dollar zur Verfügung, um zumindest die Löhne für Staatsangestellte zahlen zu können, darunter Lehrer und Soldaten. Diese Probleme der kongolesischen Regierung zeigen, wie lukrativ eine chinesische Finanzspritze ist, zumal die Höhe der Zusagen weit über das hinausgeht, was westliche Geber zu leisten bereit sind.

2.4 Gegenleistungen gefordert

Das Geschäft zwischen China und der DR Kongo sieht vor, dass die China Exim Bank die Kredite für die Infrastrukturprojekte vergibt. Im Gegenzug erhalten chinesische Firmen zumindest einen erheblichen Teil der Aufträge für den Bau der Projekte. In Angola waren dies bei ähnlichen Krediten 70 Prozent der Vertragssummen (Hütz-Adams 2007: 50).

Gekoppelt an die Finanzierung der Infrastruktur sind umfangreiche Verträge rund um die Rohstoffförderung. Chinesische Unternehmen erhalten im großen Stil Förderrechte und investieren rund 3,25 Milliarden US-Dollar in den Neuaufbau bzw. den Ausbau von Minen. Die Unternehmen sollen erhebliche Anteile an der unter dem Dach der staatlichen Gecamines zusammengeschlossenen Kupfer-, Kobalt-, Zink- und Uranförderung zuerkannt bekommen. 68 Prozent des Joint Ventures werden an chinesische Firmen (Sinohydro und China Railway Group) vergeben, der Rest bleibt bei der kongolesischen Regierung. Das Ziel ist unter anderem der Ausbau der Förderung auf jährlich 400.000 Tonnen Kupfer bis 2012 (derzeit 23.000 Tonnen). Die Vorverarbeitung des Erzes muss in der DR Kongo stattfinden (Edinger 2008: 4-5). Der Gesamtumfang der Planungen sowie die Verträge sind erst in Teilen bekannt. Diese Intransparenz ist in der kongolesischen Presse und bei der Opposition auf massive Kritik gestoßen.

2.5 Erwartungen der kongolesischen Regierung

Die kongolesische Regierung erhofft sich einen Entwicklungsschub für das Land. Aus eigenen Mitteln würde sie die notwendigen Investitionen in die Infrastruktur nicht bezahlen können. Kreditgeber aus den Industrienationen sind sehr zurückhaltend im Umgang mit der instabilen und korrupten Regierung in Kinshasa. Das Geld aus China schafft somit neue Spielräume. Neben der Infrastruktur würde in einem Zuge auch der Minensektor zumindest in Teilen modernisiert.

Der Ausbau der Infrastruktur hätte große Auswirkungen auf weite Teile der Wirtschaft. So erhielten beispielsweise Bauern und das Kleingewerbe aus abgelegenen Gebieten die Möglichkeit, ihre Waren leichter als bisher und damit auch wesentlich billiger auf die Märkte in den Städten zu transportieren. Doch die politischen Effekte sind nicht zu unterschätzen. Die kongolesische Regierung verhandelt seit vielen Jahren über einen Schuldenerlass. Westliche Staaten haben Mobutu viele Milliarden US-Dollar geliehen. Die Schulden belaufen sich derzeit auf rund 11,5 Milliarden US-Dollar und allen Beteiligten ist klar, dass das Land diese nicht zurückzahlen kann (IMF 2007a 2007b).

Die westlichen Geber verzögern den Erlass. Dies hängt sicherlich mit der schlechten Regierungsführung in Kinshasa zusammen. Darüber hinaus sind die Schulden ein willkommenes Druckmittel. Der Internationale Währungsfonds verlangt Änderungen in den Verträgen zwischen China und der DR Kongo als Voraussetzung für weitere Gespräche über einen Schuldenerlass in Höhe von bis zu 10 Milliarden US-Dollar. Auch weitere Unterstützungszahlungen zur Verhinderung eines Staatsbankrotts wurden Mitte 2009 an Vertragsänderungen geknüpft.[5] Zugleich ist unklar, wie die DR Kongo die 2009 fälligen Zinszahlungen von 360 Millionen US-Dollar auf die alten Schulden aufbringen soll (Bavier 2009; Wild 2009).

Zwar ist verständlich, dass der Schuldenerlass nicht dazu führen darf, dass eine entschuldete Regierung Spielraum für neue Kredite gewinnt und diese Gelder in die eigene Tasche wirtschaftete. Doch gerade das Beispiel Kongo zeigt die Zwiespältigkeit einer solchen Argumentation: Westliche Regierungen und westliche Institutionen haben dem Kongo zu Zeiten der Diktatur Mobutus Milliarden geliehen, obwohl sie wussten, dass Mobutu das Geld nicht zum Wohle seines Volkes einsetzte. Mobutu sollte in Zeiten des Kalten Krieges unbedingt an der Macht und auf der Seite des Westens gehalten werden. Jetzt werden diese Schulden zur Verbesserung der Verhandlungsposition gegenüber China missbraucht. Dennoch wirft die Diskussion um die chinesischen Kredite an die DR Kongo die Grundsatzfrage auf, ob die neuen Kredite an Entwicklungsländer erneut zu einer Schuldenspirale führen.

---

[5]   Zur Rolle und dem Verhalten der Internationalen Finanzinstitutionen im Falle einer Zahlungsunfähigkeit von Entwicklungsländern siehe den Beitrag von Kunibert Raffer in diesem Band.

3 Fehlende Transparenz und Widerstand

3.1 *Herausforderungen an West und Ost*

International erregt Chinas Kooperation mit umstrittenen Regierungen die Gemüter. Die Geschäfte zwischen der aufgrund zweifelhafter Wahlergebnisse, Korruption und massiven Menschenrechtsverletzungen umstrittenen kongolesischen Regierung und China zeigen, wie breit gefächert die Probleme auf beiden Seiten sind. Dies ist kein Einzelfall. Die chinesische Regierung stützt seit Jahren eine Reihe von afrikanischen Diktaturen diplomatisch und verhindert mit einem Veto im Sicherheitsrat der Vereinten Nationen Verurteilungen oder Sanktionen. Zudem liefert das Land Waffen an geächtete Regierungen und schickt Militärberater. Chinesische Unternehmen übernahmen im Sudan Ölförderanlagen, nachdem westliche Unternehmen sich aus den Beteiligungen zurückzogen, oder werden in Simbabwe aktiv. Eben diese Konzerne schneiden beim Vergleich, welche Unternehmen bereit sind Bestechungsgelder zu zahlen, sehr schlecht ab (Transparency International 2008: 6).

Die Kritik der westlichen Nationen könnte allerdings wesentlich stärker und glaubwürdiger vorgetragen werden, wenn diese nicht ähnlich agieren würden wie China. Die westliche Unterstützung von Mobutu, Apartheid-Südafrika, der Unita (Angola) oder der Renamo (Mosambik) ist vielen Menschen noch sehr gut in Erinnerung. Im Ausland gezahlte Schmiergelder waren in Deutschland bis 1998 steuerlich absetzbar.

Auch in der aktuellen Politik sind westliche Regierungen keineswegs konsequenter als die chinesische: Präsident Kabila wird im Kongo trotz massiver Verstöße gegen die Menschenrechte weiterhin unterstützt. Gleiches gilt für die Regierungen in Äquatorial-Guinea, Angola, der Elfenbeinküste oder Ägypten. Bei Korruptionsskandalen in afrikanischen Staaten fallen die Namen renommierter Konzerne wie Total, Shell, Siemens, Lahmeyer etc. Auffallend ist, dass französische und italienische Unternehmen bei Geschäften in Afrika den chinesischen Unternehmen bei Korruptionszahlungen kaum nachstehen – und Südafrika und Indien noch schlechter abschneiden als China (Transparency International 2008: 6).

Die derzeit laufenden Verhandlungen über neue Wirtschaftsabkommen zwischen der EU und afrikanischen Staaten sind ebenfalls nicht dazu geeignet, selbst in einem besseren Licht dazustehen als China. Viele afrikanische Regierungen empfinden die Verhandlungtaktik der EU als Erpressung. Zugleich ruinieren subventionierte Agrarprodukte aus der EU afrikanische Märkte und europäische Zölle erschweren einen Ausbau der Exporte von verarbeiteten Produkten aus Afrika nach Europa. Afrikanische Staaten haben zudem in den internationalen

Gremien wie der Welthandelsorganisation, dem Internationalen Währungsfonds und der Weltbank immer wieder erleben müssen, dass die Industrienationen ihre eigenen Interessen rücksichtslos durchsetzen.[6]

Selbst die Diskussion um eine Lieferbindung für gewährte Kredite oder Entwicklungshilfe kann derzeit von den westlichen Staaten nicht offensiv geführt werden. Trotz der Zusicherung, dies bald zu ändern, ist die Lieferbindung in der Entwicklungshilfe außer bei Norwegen, Irland und Großbritannien immer noch üblich (Davies 2007: 67).

3.2 Was macht China wirklich?

Dennoch muss es Änderungen in der chinesischen Zusammenarbeit mit afrikanischen Staaten geben. Ein erster wichtiger Aspekt wäre die Schaffung von Transparenz bei Geschäften, Krediten und Hilfe. Es wäre zu wünschen, dass die in der Pariser Erklärung für Entwicklungshilfe vorgesehenen Kriterien von China – und auch von allen anderen Gebern – eingehalten werden. Auf der politischen Ebene muss offen gelegt werden, wie China und die Konkurrenz aus dem Westen mit Diktatoren zusammenarbeiten, an wen Waffen geliefert und ob dabei UN-Sanktionen umgangen werden.

Auf den Prüfstand gehört die Wirkung der Infrastrukturprojekte. Derzeit werden diese konkurrenzlos billig mit größtenteils aus China importierten Arbeitskräften und Baustoffen durchgeführt. Angesichts der hohen Arbeitslosigkeit in afrikanischen Staaten liegt die Forderung auf der Hand, heimische Arbeitskräfte und Baustoffe zu nutzen. Andere Stimmen argumentieren dagegen, es gebe in bürgerkriegszerstörten Staaten wie der DR Kongo, Angola und Sierra Leone gar nicht genügend ausgebildete Kräfte, um Großprojekte durchzuführen. Auch die Produktion notwendiger Baustoffe müsse erst aufgebaut werden. Die Ausbildung der Kräfte sowie der Ausbau der heimischen Zulieferindustrie erfordere viel Zeit, die nicht vorhanden sei, da die Infrastruktur dringend benötigt werde. Spätestens wenn es um die Wartung der neuen Projekte geht, werden die Fachkräfte jedoch benötigt. Daher drohen hier „weiße Elefanten", wie sie auch die westliche Entwicklungshilfe in früheren Jahrzehnten zur Genüge produziert hat.[7]

---

[6]   Siehe hierzu auch den Beitrag von Jürgen Wiemann in diesem Band.

[7]   Eine länderspezifische Diskussion der Rolle chinesischer Bauunternehmen in Angola, Sierra Leone, Tansania und Sambia findet sich in Centre for Chinese Studies (2007).

3.3 Widerstand

Innerhalb der chinesischen Regierung wie auch im akademischen Umfeld der Entwicklungspolitik werden solche Fragen offen diskutiert. Das Nichteinmischungsprinzip gerät an seine Grenzen, wenn in den afrikanischen Partnerstaaten innere Probleme die politischen und ökonomischen Beziehungen zu China massiv erschweren. Darüber hinaus kann das Verhalten der Unternehmen des Landes zu Problemen führen. Es entstanden vielschichtige Konflikte, wie folgende Beispiele zeigen:

- Sambia: Mehr als 50 Menschen starben 2005 in Minen, die von chinesischen Unternehmen betriebenen wurden, es gab Streiks gegen sehr schlechte Arbeitsbedingungen sowie die extrem niedrigen Löhne. Aus China eingewanderten Händlern wurde vorgeworfen, sie würden die Märkte erobern und zum Teil zwar sehr billige, doch minderwertige Waren verkaufen. China reagierte erst mit Protest und später mit Schuldenerlassen und Investitionszusagen auf die aufgeheizte Stimmung.
- Südafrika: Der damalige südafrikanische Staatspräsident Mbeki warnte 2007 vor kolonialen Handelsbeziehungen mit China und setzte Importbeschränkungen im Textilsektor durch.
- Sudan: Menschenrechtsorganisationen und Regierungen werfen China vor, das Land unterstütze indirekt einen Genozid in der Darfur-Region im Sudan. Mit Entsetzen wurde im April 2007 in China die Forderung der prominenten US-Schauspielerin Mia Farrow nach einem Boykott der Olympischen Spiele in Peking 2008 („Genocide Games") aufgenommen.
- Nigeria: In Nigeria wurden in den vergangenen Jahren mehrfach chinesische Arbeitskräfte und Geschäftsleute gekidnappt.
- Simbabwe: Investitionsvorhaben in Milliardenhöhe ließen sich in Simbabwe aufgrund der politischen Situation im Lande nicht umsetzen.
- Äthiopien: Im April 2007 wurden in Äthiopien 74 Ölarbeiter eines chinesischen Unternehmens, darunter 9 Chinesen, bei einem Rebellenüberfall im Grenzgebiet zu Somalia getötet und weitere entführt.

Vor diesem Hintergrund wird in China diskutiert, wie Sozial- und Umweltstandards bei Geschäften durchgesetzt werden können. Abzuwarten bleibt allerdings, ob sich dies in konkreten Änderungen der Politik niederschlägt. Chinas Regierung muss abwägen, welche Nachteile auf dem diplomatischen Parkett entstehen, wenn weiterhin verbrecherische Regime gestützt werden – und ob der Einkauf von Rohstoffen dies wert ist. Kritik an der Politik der sudanesischen Regierung in Darfur sowie das Mittragen von abgeschwächten UN-Resolutionen zur Atompolitik des Iran und Nordkoreas deuten darauf hin, dass es zu einer Abkehr von der strikten Nichteinmischungspolitik kommen könnte (Wolfe 2007a; 2007b).

3.4 Wirkung der Finanzkrise offen

Der im Herbst 2008 einsetzende, massive Rückgang des Preises vieler Rohstoffe zeigt, wie kurzfristig dieser Boom vielleicht gewesen ist. Eine Vielzahl von Presseberichten belegt, dass der Preisverfall zur Verschiebung oder sogar vollständigen Absage vieler Investitionsprojekte führt. Dies betrifft nicht nur die Erschließung neuer Minen oder Ölfelder, sondern auch den Bau großer Infrastrukturprojekte. Abzuwarten bleibt, ob die derzeitige Wirtschaftskrise zu einem Einbruch der Wachstumsraten Chinas führt und ob der Rohstoffbedarf zumindest nicht mehr mit der bisherigen Geschwindigkeit steigt.

Bei einer Reise nach Angola hat Premierminister Wen Jiabao im März 2009 angekündigt, China werde Investitionen, Kredite und Entwicklungshilfe wie zugesagt durchführen. Zugleich ist zu beobachten, dass kleinere chinesische Firmen sich aus Geschäften zurückziehen, die großen Unternehmen jedoch weiter vor Ort bleiben (Els 2009: 5). Laut Presseberichten wurden 2009 weitere Investitionen unter anderem in Angola, Liberia, Sambia, Zimbabwe und dem Sudan angekündigt. Auch an den Großinvestitionen in der DR Kongo soll festgehalten werden.

Wie sich die „alten" Industrienationen verhalten, steht auf einem anderen Blatt. Mit Beginn der Wirtschaftskrise im Herbst 2008 kündigten die USA und Staaten der EU an, man wolle die Entwicklungshilfe kürzen. Viele Investitionsvorhaben von westlichen Unternehmen wurden aufgeschoben oder abgesagt. Seit Mitte 2009 stieg der Preise vieler Rohstoffe wieder massiv. Der Konkurrenzkampf um die Bodenschätze Afrikas wird weitergehen.

4 Ausblick

Viele der Herausforderungen für die Politik Chinas sind identisch mit den Fragen, die sich auch die westliche Entwicklungszusammenarbeit sowie westliche Unternehmen stellen müssen. Um einen Austausch zu gewährleisten, von dem beide Seiten profitieren, muss an erster Stelle ein fairer Umgang miteinander stattfinden. Dies gilt sowohl für die direkten Vereinbarungen als auch für Verhandlungen auf internationaler Ebene, sei es in der Welthandelsorganisation, dem Internationalen Währungsfonds oder bei Klimakonferenzen.

Die Bekämpfung der Korruption, Transparenz in den Geschäftsbeziehungen, die Erzielung von fairen Preisen für die Produkte Afrikas oder Investitionen, die zur Minderung der Armut beitragen, sind Aufgaben, denen sich alle Beteiligten stellen müssen.

Literatur

Bavier, J, (2009). Problems remain over Congo's Chinese contract - IMF worried by Congo debt levels – Mining-driven economy crippled by global downturn, http://www.reuters.com/article/idUSLO436808 (15.2.2010)

Beltrade (2008). RDC-China, Beltrade N 15 Août – Septembre, www.beltrade-congo.be (19.10.2008).

Bodoma, A. (2009). The African Presence in Contemporary China. *The China Monitor, Januar 2009*, 4-6.

Centre for Chinese Studies. (2007). China's Engagement of Africa: Preliminary Scoping of African case studies. Angola, Ethiopia, Gabon, Uganda, South Africa, Zambia. A research undertaking prepared for the Rockefeller Foundation. http://www.ccs.org.za/wp-content/uploads/2009/04/rf_paper_final.pdf (19.10.2008).

Chinese Government. (2006). China's African Policy, Version am 12.1.2006. http://www.fmprc.gov.cn/eng/zxxx/t230615.htm (19.10.2008).

Davies, P. (2007). China and the end of poverty in Africa – towards mutual benefit? Uppsala: Diakonia. http://www.eurodad.org/uploadedFiles/Whats_ New/Reports/ Kinarapport_A4.pdf (19.10.2008).

Draper, P. (2006). Africa-China relations require reality check. *Business Report.* Online verfügbar unter: http://www.saiia.org.za/development-through-trade-opinion/africa-china-relations-require-reality-check.html (20.1.2010).

Edinger, H. (2008). China's deep pockets for the DRC. *China Business Frontier, Juni 2008*, 4-5.

Els, C. (2009). China, Africa and the Global Recession. *China Business Frontier, März 2009*, 4-5.

Holslag, J., Geeraerts, G., Gorus, J. & Smis, S. (2007). *China's resources and energy policy in Sub-Saharan Africa.* Report for the Development Committee of the European Parliament. Brussels: Vrije Universiteit Brussel. http://www.vub.ac.be/ biccs/documents/Report___2007___China_and_Africa___with_country_fact_files.p df (20.1.2010).

Hütz-Adams, F. (2003). *Handys, Gold und Diamanten – Kriegsfinanzierung im Zeitalter der Globalisierung.* SÜDWIND Dekade-Edition, Bd. 2. http://www.kongo-kinshasa.de/dokumente/ngo/suedwind_1003.pdf (20.1.2010).

Hütz-Adams, F. (2007). *China, Indien, Brasilien und Südafrika: Plädoyer für die Fortsetzung einer armutsorientierten Entwicklungszusammenarbeit.* Brot für die Welt. http://www.suedwind-institut.de/downloads/C-I-B-S_komplett.pdf (20.1.2010).

Hütz-Adams, F. (2008). *Energie- und Wasserversorgung in der Demokratischen Republik Kongo.* EED. http://www.suedwind-institut.de/downloads/2008-04-11_Kongo_ EED_d.pdf (20.1.2010).

IMF. (2007a). République Démocratique du Congo – Consultations au titre de l'Article IV des statuts du Fonds Monétaire International pour l'année 2007. Déclaration finale de la mission du FMI Kinshasa, le 7 juin 2007. http://www. ministeredubudget.cd/fmi/declaration_fmi.pdf (20.1.2010).

IMF. (2007b). Congo, Democratic Republic of: Financial Position in the Fund as of July 31, 2007, http://www.imf.org/external/np/fin/tad/exfin2.aspx?memberKey1= 197&date1key=2007-08-17. (25.8.2008).

IRC. (2008). Mortality in the Democratic Republic of Congo: An ongoing crisis. http://www.theirc.org/resources/2007/ 2006-7_congomortalitysurvey.pdf (20.1.2010).

Jopson, B. (2009): Chinese copper entrepreneurs flee DR Congo. Financial Times Online: http://ft.com (23.3.2009)

Johnson, D. (2008). *Kongo – Kriege, Korruption und die Kunst des Überlebens*. Frankfurt: Brandes und Apsel.

Kappel, R. & Schneidenbach, T. (2006). China in Afrika: Herausforderungen für den Westen. *GIGA Focus Global, 12/2006*. http://www.giga-hamburg.de/content/ publikationen/pdf/gf_global_0612.pdf (20.1.2010).

Ministry of Commerce of the People's Republic of China. (o.J.). http://english.mofcom.gov.cn/statistic/statistic.html. (19.10.2008).

Morazán, P. (2008). Entwicklung wirksam gestalten. Ein Beitrag zur Debatte über die Effektivität der Entwicklungszusammenarbeit. http://www.suedwind-institut.de/ downloads/2008-08-27_SW-EED_Entwicklung-wirksam-gestalten_de.pdf (20.1.2010).

Ramo, J. (2004). The Beijing Consensus. The Foreign Policy Centre 2005. http://fpc.org.uk/fsblob/244.pdf (20.1.2010).

RDC – Ministère des Finances. (2007). Contrat entre la SNEL et les partenaires locaux. http://www.minfinrdc.cd/contrats/snel_part_locaux.pdf (20.1.2010).

Rockefeller Foundation. (2009). China's Engagement in African Countries. A Rockefeller Foundation Exploration. http://www.rockefellerfoundation. org /uploads/files/ 61262c0b-fbde-41ad-9867-44f5e7d72f04.pdf (20.1.2010).

Thompson, D. (2005). China's Soft Power in Africa: From the „Beijing Consensus" to Health Diplomacy. Jamestown Foundation's China Brief, 13.10.2005. http://www. jamestown.org/single/?no_cache=1&tx_ttnews[tt_ news]=30973 (19.1.2010).

Transparency International. (2008). Bribe Payers Index 2008. http://www.transparency. de/uploads/media/BPI_2008_REPORT-1.pdf (20.1.2010).

Trinh, T. (2006). Chinas Rohstoffhunger – Auswirkungen auf Afrika und Lateinamerika. Deutsche Bank Research. http://www.dbresearch.com/PROD/ DBR_INTERNET_ EN-PROD/PROD0000000000200146.pdf (20.1.2010).

UNCTAD (2008). *UNCTAD Handbook of Statistics 2008*. New York, Genf: Vereinte Nationen.

Wang, J.-Y. (2007). What Drives China's Growing Role in Africa? IMF Working Paper WP/07/211, October 2007. http://www.imf.org/external/pubs/ft/wp/ 2007/wp07211. pdf (20.1.2010).

Wolfe, A. (2007a). China Claims Success on Darfur. *Power and Interest News Report Online, 24.4.2007.*

Wolfe, A. (2007b): China adjusts its Approach in Africa. *Power and Interest News Report Online, 5.2.2007.*

WTO (World Trade Organisation). (2008). International Trade Statistics 2008. http://www.wto.org/english/res_e/statis_e/its2008_e/its2008_e.pdf (20.1.2010).

Yu, G.T. (2009). China, Africa, and Globalization: The „China Alternative". http://www.isdp.eu/files/publications/ap/09/gy09chinaafrica.pdf (20.1.2010).

Sebastian Gehart

Nachhaltige Entwicklung braucht Good Financial Governance. Beispiele aus der Arbeit der GTZ[1]

1 Einleitung

Good Financial Governance (GFG) ist das wertorientierte Leitprinzip der Gesellschaft für Technische Zusammenarbeit (GTZ)[2] für Reformen im Bereich öffentlicher Finanzen in den Partnerländern der deutschen Entwicklungszusammenarbeit (EZ). GFG orientiert sich dabei am Leitbild nachhaltiger Entwicklung. Die zentralen Anliegen von GFG sind die verantwortungsvolle Erschließung und Verwendung der Finanzmittel durch den Staat, die Erhebung von staatlichen Einnahmen nach transparenten und gerechten Kriterien, dass öffentliche Ausgaben nachvollziehbar wie effizient geplant werden und dabei politische Prioritäten und die Bedürfnisse der Menschen widerspiegeln. Wichtige Voraussetzungen für die Verwirklichung dieser Anliegen sind eine leistungsfähige, nach den Prinzipien der Rechtsstaatlichkeit handelnde Verwaltung und die konsequente Bekämpfung von Korruption.

GFG enthält über technische Arbeitsbereiche hinaus – wie die Idee von guter Regierungsführung *(good governance)* insgesamt – eine explizit normative Vorstellung davon, wie der Staat (und die bilaterale EZ) zu nachhaltiger Entwicklung beitragen kann. Der Staat als Akteur wird dabei eng verknüpft mit dem „globalen Streben" nach einer nachhaltigeren Entwicklung, welches im Jahr 1987 durch die Mahnung für ein nachhaltigeres Entwicklungsmodell im Bericht der Brundtland-Kommission angestoßen wurde. Die EZ wiederum wird bei GFG bewusst als gesellschaftspolitisches Instrument in den Partnerländern verstanden, mit entsprechender Verantwortung und Rechenschaftspflicht für ihr Handeln.

Dieses normativ erweiterte Verständnis um die Bedeutung guter Regierungsführung ist für die EZ von hoher Aktualität. Erstens, im Kontext der aktuel-

---

[1] Die Meinungen in diesem Artikel entsprechen den Auffassungen des Verfassers und nicht notwendiger Weise der offiziellen Position der GTZ/GIZ oder des Bundesministeriums für wirtschaftliche Zusammenarbeit und Entwicklung (BMZ).

[2] Die GTZ verschmolz am 1. Januar 2011 mit der Internationalen Weiterbildung und Entwicklung GmbH (Inwent) und dem Deutschen Entwicklungsdienst (DED) zur Deutschen Gesellschaft für Internationale Zusammenarbeit (GIZ).

len internationalen Bemühungen für mehr Wirksamkeit in der Entwicklungszusammenarbeit. Hier ist der Dialog von Geberländern und EZ-Organisationen mit den Entwicklungsländern im Zuge der Erklärung von Paris über die Wirksamkeit der Entwicklungszusammenarbeit[3] von 2005 (kurz: Paris-Erklärung) zunehmend politischer geworden, da die Definition von entwicklungspolitischen Zielen und Inhalten sowie die Verwendung von Hilfsgeldern stärker den Entwicklungsländern übertragen werden soll. Das Leitbild guter Regierungsführung – verstanden als die Art und Weise, wie sich Staaten Ziele setzen und diese umsetzen – gewinnt dabei maßgeblich an Bedeutung. Speziell GFG wird dabei zu einem wesentlichen Qualitätsmerkmal für die Formulierung und Umsetzung von Entwicklungspolitik durch die Partnerländer und soll dazu beitragen, die Wirksamkeit und Nachhaltigkeit von Entwicklungspolitik insgesamt zu verbessern. Damit wird GFG im politischen Dialog zwischen Geber- und Nehmerländern zu einem zentralen Entscheidungskriterium für bi- und multilaterale Vereinbarungen der EZ.

Zweitens wird ein stärker kontextbezogenes, politisches und holistisches Verständnis davon gefördert, wie und mit welchen Maßnahmen die EZ zu nachhaltiger Entwicklung in den Partnerländern beitragen kann. An diesem Punkt will dieser Beitrag die wachsende Bedeutung der öffentlichen Finanzen in Entwicklungsländern für eine nachhaltige Entwicklung aufzeigen. Betont wird dabei, wie die normativen Elemente von GFG als qualitativer Orientierungsrahmen verwandt werden für Reformen öffentlicher Finanzen und den Umgang mit öffentlichen Ressourcen – jenseits technischer oder juristischer Fragestellungen. Die Erfahrungen der GTZ verweisen dabei auf aktuelle Herausforderungen für EZ-Organisationen, um dem Ideal von nachhaltiger Entwicklung durch eine kontextbezogene, politischere und holistischere Herangehensweise in Zukunft besser gerecht zu werden.

Drei Beispiele von Vorhaben der GTZ zur Förderung von Good Financial Governance in den Partnerländern der deutschen EZ illustrieren konkrete Maßnahmen und Tätigkeiten, mit denen die GTZ ihre Partner beim Aufbau und bei der Stärkung von Strukturen, Institutionen und transparenten Prozessen unterstützt.

2 Nachhaltige Entwicklung bedarf einer guten Regierungsführung

Spätestens seit der Konferenz der Vereinten Nationen über Umwelt und Entwicklung 1992 in Rio de Janeiro ist Nachhaltigkeit ein Leitbild für Organisatio-

---

[3] Die vollständige Erklärung von Paris über die Wirksamkeit der Entwicklungszusammenarbeit kann eingesehen werden unter OECD (2005).

nen im Bereich der internationalen Entwicklung geworden. In Rio einigten sich 178 Länder auf ein gemeinsames Verständnis für „nachhaltige Entwicklung". Dieses Verständnis ist seither zur zentralen Handlungsgrundlage der internationalen Zusammenarbeit geworden, auch für die GTZ.

Die Grundlage für die Ausgestaltung des Konzepts in Rio de Janeiro und darüber hinaus war der Bericht, den die Brundtland-Kommission der Weltkommission für Umwelt 1987 vorlegte. In diesem Bericht findet sich die folgende viel zitierte Definition:

> Dauerhafte (nachhaltige) Entwicklung ist Entwicklung, die die Bedürfnisse der Gegenwart befriedigt, ohne zu riskieren, dass zukünftige Generationen ihre eigenen Bedürfnisse nicht befriedigen können. Zwei Schlüsselbegriffe sind wichtig: Der Begriff „Bedürfnisse", insbesondere der Grundbedürfnisse der Ärmsten der Welt, die überwiegend Priorität haben sollten; der Gedanke von „Beschränkungen", die der Stand der Technologie und sozialen Organisation auf die Fähigkeit der Umwelt ausübt, gegenwärtige und zukünftige Bedürfnisse zu befriedigen (World Commission on Environment and Development 1987: 24).

Gerade die beiden präzisierten Schlüsselbegriffe, die in der häufig verkürzten Zitierung dieser Definition von nachhaltiger Entwicklung ausgelassen werden, sollen hier genauer betrachtet werden. Beide Präzisierungen verweisen auf eine Schlüsselfunktion für staatliches Handeln. Eine Schlüsselfunktion, die in den aktuellen Diskursen über Nachhaltigkeit aus der Perspektive individuellen Konsumverhaltens und unternehmerischer Verantwortung oft übersehen wird.

Erstens verlangt die Maxime, die Bedürfnisse und Grundbedürfnisse, insbesondere der Ärmsten der Welt zu befriedigen, einen holistischen Zugang zu Nachhaltigkeit, der auch und gerade dort greift, wo individuelle Konsumpräferenzen, Unternehmertum und Marktmechanismen keine hinreichenden Resultate liefern. Diese Maxime gilt besonders in den Staaten und Regionen, in denen die Ärmsten der Welt leben und sie gilt zunehmend für die Problemstellungen, bei denen nur koordiniertes, grenz- und sektorübergreifendes Handeln die erwünschten Wirkungen erzielen kann. Governance beschreibt hier die angewandten Regeln (*„rules-in-use"*, Ostrom 1999) für kollektive Entscheidungsprozesse in pluralistischen Systemen von staatlichen und privaten, nationalen und internationalen Akteuren und Institutionen (Chhotray & Stoker 2008).

Eine Patentlösung dafür, wie man wirtschaftliche Entwicklung vorantreibt, soziale Gerechtigkeit schafft und zugleich die verfügbaren Ressourcen schonend nutzt, gibt es nicht. Eine selektive Betrachtung nachhaltiger Entwicklung, etwa exklusiv aus der Perspektive unternehmerischer Handlungsmöglichkeiten, wird den komplexen Herausforderungen nicht gerecht. Ausschlaggebend ist das System der Entscheidungsfindung einer Gesellschaft, innerhalb dessen ein Ausgleich von Interessen und Zielen wie wirtschaftlicher Entwicklung, sozialer Gerechtigkeit und dem Schutz der Ökosysteme ausgehandelt wird.

Der Ort dieser Entscheidungsfindung ist der öffentliche und politische Raum. Nur hier kann, wenn Grundsätze demokratischer Verfahren und der Partizipation eingehalten werden, ein gesellschaftlich verbindlicher Konsens mit Rücksicht auf die Interessen aller gesellschaftlichen Akteure erarbeitet werden. Dem Staat und dem öffentlichen Handeln kommt daher eine Schlüsselrolle bei der Aufgabe zu, nachhaltige Entwicklung in diesem ganzheitlichen Sinn zu gestalten. Dies gilt besonders mit Blick auf die Bedürfnisse marginalisierter Gruppen, die oft nur unzureichend artikuliert werden. Zum anderen ist zielgerichtetes staatliches Handeln essenziell, um dem Problem des Marktversagens zu begegnen, welches insbesondere in den Ländern des globalen Südens für negative Externalitäten sozialer und ökologischer Natur verantwortlich ist. Good Governance soll die Entscheidungs- und Aushandlungsprozesse einer Gesellschaft über Prioritäten und Ziele und auf der Grundlage legitimer Verfahren ermöglichen. Ein zweifellos hoher Anspruch, dem ein Staat nur gerecht werden kann, wenn die Prinzipien der Partizipation der Zivilgesellschaft an der Politik, der Transparenz öffentlicher Entscheidungen und Budgetprozesse, sowie klare Rechenschaftspflichten von Regierungen gegenüber demokratisch gewählten Institutionen und den Bürgern auch täglich gelebt werden.

Der zweite Schlüsselbegriff aus der Definition nachhaltiger Entwicklung verlangt nach einer auf den Kontext bezogenen Betrachtung, welche den „Beschränkungen" hinsichtlich gegebener Technologien und sozialer Organisation in den Ländern gerecht wird. Diese Präzisierung verweist darauf, die Fähigkeiten und die Kapazitäten zu berücksichtigen, die einer Gesellschaft zur Verfügung stehen, um Entwicklung in eigener Verantwortung zu verwirklichen. Die Brundtland-Kommission verweist damit bereits auf die Einsicht, dass eine Gesellschaft die Befriedigung von Bedürfnissen ohne Kredit auf die Entwicklungsfähigkeit nachfolgender Generationen sowie aus eigenem Antrieb und den eigenen Möglichkeiten heraus ermöglichen muss. Eine Entwicklung die nachhaltig ist, kann von außen durch Geber, Stiftungen, Entwicklungsbanken oder internationale Organisationen letztlich nicht induziert werden.

Dieser Einsicht versucht die internationale Gemeinschaft – mit unterschiedlichem Erfolg – mit dem Prinzip der Eigenverantwortung *(ownership)* der Partnerländer bei der Gestaltung entwicklungspolitischer Ziele und Maßnahmen gerecht zu werden. Gute Regierungsführung als Ausweis eigener Entwicklungsorientierung und hinreichender Kapazitäten in den Partnerländern der EZ wird hier zum Kriterium für die Ausgestaltung internationaler Vereinbarungen. Die zentrale Bedeutung, die den öffentlichen Finanzen bei der Gestaltung von guter Regierungsführung zukommt, soll im Folgenden ausführlich betrachtet werden.

3 Die Rolle der öffentlichen Finanzen für eine nachhaltige Entwicklung

Der Qualität des Systems der öffentlichen Finanzen in Entwicklungsländern wird in der internationalen Zusammenarbeit gleich zweifach eine wachsende Bedeutung zugemessen. Zum einen erarbeiteten Forschung und Praxis der EZ in den letzten Jahren ein geschärftes Verständnis für die systemische Bedeutung der öffentlichen Finanzen für die Entwicklungskapazitäten eines Staates. Zum anderen rückte im Kontext neuer Formen der EZ, speziell mit Blick auf programmorientierte Ansätze und Budgetfinanzierung in der Folge der Paris-Erklärung, die Bedeutung öffentlicher Finanzen stärker in den Fokus der Arbeits- und Rechenschaftsbeziehung von Geber- und Entwicklungsländern.

Auf der nationalen Ebene bietet die Qualität des Systems der öffentlichen Finanzen einen exzellenten Indikator für die Fähigkeit einer Gesellschaft, mit legitimen politischen Prozessen wirtschaftliche und soziale Entwicklungsziele zu formulieren und umzusetzen (Müller & Witt 2006: 6). Defizite im System der öffentlichen Finanzen behindern umgekehrt die Überführung von gesellschaftlichen und politischen Prioritäten in konkrete und wirksame Entwicklungsmaßnahmen. Massive Haushaltsdefizite und Staatsverschuldung limitieren die Handlungsmöglichkeiten für Sozial-, Wirtschafts- oder Umweltpolitik. Eine hohe Steuerlast schreckt Investitionen ab und behindert Unternehmertum. Fehlerhafte Fiskalpolitik erzeugt makroökonomische Instabilität, erschwert die Planbarkeit wirtschaftlichen Handelns und fördert ökonomische Unsicherheit. Gute Regierungsführung in den öffentlichen Finanzen, als ein System leistungsfähiger, legitimer und entwicklungsorientierter Institutionen, spielt daher für eine nachhaltige Entwicklung eine zentrale Rolle. Sie ist gleichermaßen eine notwendige Voraussetzung und ein wirkungsvoller Katalysator für diese.

Auch der Internationale Währungsfonds (IWF) und die Weltbank haben aus diesen Gründen Reformen im Bereich des öffentlichen Finanzmanagements dringend angeraten (IMF & World Bank 2005: 9). Eine Reihe von Diagnoseinstrumenten wurde vor diesem Hintergrund neu- oder fortentwickelt – etwa das Performance Measurement Framework für die öffentlichen Finanzen der internationalen Public Expenditure and Financial Accountability-Kooperation – welche die Qualität und die Leistungsfähigkeit des Systems der öffentlichen Finanzen als Indikator für die Entwicklungsfähigkeit eines Staats sehr konkret zu operationalisieren versucht. Die Leistungsfähigkeit der öffentlichen Finanzen als Indikator für die Entwicklungsfähigkeit eines Landes erhielt dabei auch im Rahmen der so genannten externen Rechenschaftspflicht *(external accountability)* als Konsequenz der im März 2005 verabschiedeten Paris-Erklärung eine neue, „politischere" Dimension.

Mit den Vereinbarungen der Paris-Erklärung wird eine neue Qualität für die Beziehungen zwischen Geber- und Nehmerländern angestrebt. Zum ersten Mal einigten sich die OECD-Staaten mit inzwischen über 75 Partnerländern auf einen Kanon von zwölf Fortschrittsindikatoren und 21 zum Teil sehr konkreten Zielvorgaben. Es wurde so ein Instrumentarium geschaffen, das die Erreichung von mehr Wirksamkeit in der EZ zeitlich und operativ überprüfbar machen soll (Six 2008: 25). Die Paris-Erklärung rückte so die Qualität und Leistungsfähigkeit der öffentlichen Finanzen in den Partnerländern jenseits ihrer Bedeutung für die nationale Entwicklungsfähigkeit in den Mittelpunkt der internationalen Zusammenarbeit mit Geberländern und den bi- und multilateralen Organisationen.

Mit dem Prinzip der Partnerausrichtung *(alignment)* etwa, dem acht der zwölf Fortschrittsindikatoren untergegliedert sind, wird angestrebt, die Systeme der Partnerländer stärker als bisher für EZ-Maßnahmen zu nutzen. Parallele Strukturen sollen vermieden werden. Die Leistungen der Official Development Assistance (ODA) sollen berechenbarer werden. Hierfür gilt es vor allem Kapazitäten innerhalb der Institutionen der Partnerländer aufzubauen und zu stärken, da die Leistungsfähigkeit des Systems der öffentlichen Finanzen zum Nadelöhr wird für die Realisierbarkeit der ambitionierten Zielsetzung des *alignment,* in dessen Rahmen nun verstärkt auch die Gelder und Leistungen im Einklang mit den politischen Zielen des Partnerlandes abgewickelt werden sollen. Öffentliche Ausgabensysteme und die Haushaltsplanung stehen damit heute zunehmend im Zentrum von Geberinterventionen. Weiter geht auch die wachsende Eigenverantwortung *(ownership)* der Partnerländer für die operative Zielsetzung im Entwicklungsprozess – ebenfalls ein zentrales Prinzip der Paris-Erklärung – mit der Übertragung der Verantwortung für die Gebergelder einher. Diese Verantwortung kann auf Regierungen von Partnerländern aber nur dann übertragen werden, wenn das öffentliche Finanzwesen einen akzeptablen Umgang mit den Finanzmitteln gewährleistet (Eckhardt 2006: 19). Besonders Empfänger von Budgethilfe müssen Voraussetzungen erfüllen beziehungsweise schaffen, damit Programmziele erreicht und die treuhänderischen Risiken der Geber reduziert werden. Die Geberländer sind naturgemäß sehr daran interessiert, dass die Transfers ordnungsgemäß verwendet werden, um dies auch den eigenen Kontrollinstanzen – Rechnungshöfen und Parlamenten – und der Öffentlichkeit zu berichten, die ihre oft verfassungsrechtlich verankerten Einfluss- und Kontrollmöglichkeiten mit dem Transfer an Entwicklungsländer preisgeben (Hoff 2008: 470).

In Accra, Ghana, zog das so genannte High Level Forum im September 2008 Bilanz über die bisherige Erfahrung mit der Paris-Erklärung. Die hier verabschiedete Accra Agenda for Action bestätigte im Kern die Richtigkeit der Prinzipien der Paris-Erklärung, weshalb das Augenmerk der Geber in der EZ auch in Zukunft auf den Systemen der öffentlichen Finanzen verbleiben soll.

Eine größere Wirksamkeit der EZ kann jedoch nicht durch die Verbesserung einzelner Aspekte der öffentlichen Finanzen erreicht werden, sondern allein durch eine umfassende Ausrichtung des gesamten Systems der öffentlichen Finanzen an den Grundsätzen guter Regierungsführung.

4 Good Financial Governance – Beispiele aus der Arbeit der GTZ

Der Ansatz von Good Financial Governance (GFG) spezifiziert für den Bereich der öffentlichen Finanzen die Prinzipien für gute Regierungsführung, die sich in der Entwicklungszusammenarbeit durchgesetzt haben, seit die Weltbank das Konzept von Good Governance im Jahr 1992 explizit in ihre entwicklungspolitische Strategie aufgenommen hat (Bösl 2007). Für die zentralen Bereiche – hier besonders staatliche Einnahmen, Ausgaben und die Kontrolle über die Verwendung öffentlicher Mittel – sollen Reformen mit den Zielvorgaben von GFG an bewährten Normen und guten Erfahrungen ausgerichtet werden. Damit sind solche Normen und Erfahrungen gemeint, die sich weltweit als hilfreich und zielführend dabei erwiesen haben, den Staat als strukturschaffenden Akteur auf ein entwicklungsförderliches Klima zu verpflichten und als oft prominentesten Akteur in den Entwicklungsländern stärker bei der Umsetzung von Aktivitäten für eine nachhaltige Entwicklung einzubinden.

Beispiele aus der Arbeit in Vorhaben der GTZ in Tansania, Vietnam und Montenegro illustrieren, wie die Orientierung an Normen und guten Erfahrungen die Arbeit in den öffentlichen Finanzen am Leitbild einer nachhaltiger Entwicklung ausrichtet und ergänzt. In Tansania konnte mit der Reform der Steuererhebung und der systemischen Stärkung der Tanzania Revenue Authority (TRA) als Steuerbehörde ein Beitrag geleistet werden staatliche Steuereinnahmen auf eine breitere, stabilere und so auch gerechtere Basis zu stellen. Die daraus resultierenden größeren Eigenmittel ermöglichen die Finanzierung wachsender staatlicher Ausgaben und die Reduzierung der Abhängigkeit von Hilfsgeldern. Mit der Ausrichtung der Reformen der Haushaltsführung und Haushaltsgesetzgebung in Vietnam an den in Deutschland gültigen Haushaltsgrundsätzen gelang es die öffentlichen Ausgaben in dem zentralistisch geführten Staat effizienter und transparenter zu gestalten. In Montenegro begleitete die GTZ die Einrichtung und den Aufbau einer unabhängigen obersten Rechnungskontrollbehörde. Der montenegrinische Rechnungshof kontrolliert heute gemäß internationaler Standards die gesetzeskonforme und effiziente Verwendung von staatlichen Mitteln, womit dem jungen Staat in Südosteuropa ein weiterer wichtiger Schritt auf dem Weg zu einem möglichen EU Beitritt im Jahr 2020 gelang.

Good Financial Governance ist in diesen Partnerländern der deutschen EZ gestärkt worden. Somit werden politische Entscheidungsprozesse über staatliche

Mittel transparenter und unter wachsender Beteiligung der Bevölkerung gestaltet. Staatliche Einnahmen werden fairer erhoben. Und nicht zuletzt werden Entscheidungen über Ausgaben am Ziel der nachhaltigen Entwicklung orientiert und können von einer unabhängigen Kontrolle nachvollzogen werden.

4.1 Herausforderungen auf der Einnahmeseite am Beispiel Tansania

Für einen funktionsfähigen Staat müssen auf der Einnahmeseite vorhersehbare und ausreichende öffentliche Mittel zur Deckung aller geplanten Ausgaben bereit stehen. In einer großen Zahl von Entwicklungsländern, besonders in vielen Staaten Afrikas, stehen enorme Schuldendienste und die Abhängigkeit von Entwicklungsgeldern im Widerspruch zu der Idee einer nachhaltigen Staatsfinanzierung. Good Financial Governance auf der Einnahmeseite bedeutet aber auch, dass Einnahmen aus Steuern unter Berücksichtigung der Leistungsfähigkeit der Steuerpflichtigen erhoben werden, und dass Steuerverwaltungen nach rechtsstaatlichen Grundsätzen arbeiten und gegenüber der Öffentlichkeit rechenschaftspflichtig sowie zur Ausführung ihres Auftrags fähig sind (Eckhardt 2006: 15).

Gleich ein ganzes Bündel von Herausforderungen im Bereich der staatlichen Einnahmen adressierte das GTZ-Vorhaben zur Beratung der TRA. Fairness und Legitimität von Steuern litten in Tansania unter einer unklaren Rechtsgrundlage sowie unter der hieraus resultierenden Konkurrenz und endemischen Korruption der verschiedenen Steuerverwaltungen ohne klar definierte Zuständigkeiten und Aufgaben. Die staatlichen Einnahmen in Tansania sind gering, basieren auf einer schmalen und volatilen Steuerbasis und auf hohen Zöllen, die sich bremsend auf den internationalen Handel und die wirtschaftliche Entwicklung auswirkten. Die Steuermoral in Tansania gilt als niedrig. Darüber hinaus wurden Ausgaben für öffentliche Dienstleistungen, besonders in den Bereichen Bildung, Gesundheit und Verkehrsinfrastruktur seit dem Jahr 2000 erheblich ausgeweitet. Für etwa 40 Prozent der öffentlichen Ausgaben ist Tansania auf Hilfsgelder angewiesen. Mehr als 50 Prozent dieser Hilfe erhält Tansania in Form von direkter Budgethilfe und dem Erlass von Schulden und Schuldendiensten im Rahmen der Heavily Indepted Poor Country Initiative (HIPC-Initiative) (Krause & Wilhelm 2007: 134). Die Reform der Steuerverwaltung in Tansania verfolgte somit in erster Linie ein fiskalisches Ziel, d.h. mehr Eigenfinanzierung für wachsende Staatsausgaben bei einer gleichzeitigen Minderung der Schulden und der Abhängigkeit von Hilfsgeldern.

Eine wichtige Leitidee für die Gestaltung einer Steuerreform in Tansania gemäß den GFG-Prinzipien bildet der Anspruch die staatlichen Einnahmen auf eine stabilere und nachhaltigere Basis zu stellen, ohne den Bürgern dabei zusätzliche Steuerlasten zuzumuten. Die GTZ unterstützte die TRA bei diesen Reform-

vorhaben im Zeitraum von 1998 bis 2007. Ein wesentliches Element der Zu-
sammenarbeit der GTZ mit der TRA war die Überarbeitung der Steuergesetz-
gebung: Im Jahr 2004 wurde der mit deutscher Unterstützung entwickelte Tax
Administration Act verabschiedet. Weitere Ziele waren eine Optimierung der
Steuererhebung, insbesondere die Ausweitung der Einkommenssteuerbasis zur
Steigerung staatlicher Einnahmen ohne eine Erhöhung der Steuerlast für die
Bürger, sowie die Etablierung der TRA als effiziente, effektive und transparente
Steuerverwaltungsbehörde. Dies gelang vor allem mit der Entwicklung und Einführung eines integrierten Systems zur elektronischen Steuerverwaltung namens
iTAX. Durch die Einführung einer individuellen Taxpayer Identification Number
(TIN), nicht unähnlich den neuen individuellen Steuernummern in Deutschland,
konnte die Bearbeitung von Steuererklärungen erheblich beschleunigt und verbessert werden. Gleichzeitig wurden die Bürgerinformation und der Kundenser-
vice ausgebaut. Durch die Verbesserung der Transparenz und des Informations-
austausches zwischen den einzelnen Steuerbehörden durch ein integriertes, mo-
dulares IT-System konnten Einfallstore für Korruption minimiert und die Verfahren zur Steuererhebung weiter vereinheitlicht werden.

Die fiskalischen Wirkungen der erfolgreichen Reform waren in den vergangen Jahren zunehmend sichtbar. So wurden in der Region von Dar es Salaam, in
der iTAX zuerst eingeführt wurde, die Anzahl jährlicher Steuererklärungen von
40.749 im Jahr 2003 auf 68.600 im Jahr 2006 erhöht. Die Steuereinnahmen in
der Region wurden im gleichen Zeitraum von 310,8 Mrd. auf 929 Mrd. Tansa-
nia-Schilling beinahe verdreifacht (von Frankenhorst & Kaiser 2008).

Als wichtiger Grund für das überproportionale Einkommenswachstum gilt
zudem eine Verbesserung der Steuermoral in Tansania durch diese Reformen. So
wurden auf der einen Seite durch die Vereinfachung der Steuergesetzgebung und
die Verbesserungen in der Informationstechnologie die Möglichkeiten zur Steu-
erhinterziehung und Steuerflucht minimiert. Auf der anderen Seite konnte sich
die TRA in Tansania gegenüber den Steuerzahlern und in der öffentlichen Wahrnehmung auch verstärkt als eine integere und fähige Verwaltungsbehörde etab-
lieren, in der Steuergelder nicht im zuvor gekannten Maß durch Korruption und
Misswirtschaft versickern, sondern der Finanzierung öffentlicher Ausgaben,
etwa in den Bereichen Bildung oder Gesundheit, tatsächlich zugeführt werden.

Mit diesem Erfolg, besonders von iTAX, wurden auch über die Steigerung
der Steuereinnahmen hinaus positive Effekte auf der politischen Ebene erzielt.
Mit iTAX wurde eine Marke geschaffen, mit der Tansania in der Region und
darüber hinaus Sichtbarkeit schaffen konnte und auf rege Nachfrage traf. So
wurde im Herbst 2008 auf den Philippinen, auf der Grundlage dieser Erfahrungen und mit Hilfe von Experten aus Tansania, eine weiterentwickelte Version

von iTAX als System der elektronischen Steuerverwaltung für regionale Regierungen auf den Philippinen erfolgreich eingeführt (GTZ 2008).

4.2 Herausforderungen auf der Ausgabenseite am Beispiel Vietnam

Bei der Verwendung staatlicher Mittel verlangt Good Financial Governance die regelgeleitete, effektive und effiziente Planung und Durchführung aller öffentlichen Ausgaben. Neben der Wahrung technischer Standards und rechtlicher Normen gilt es sicher zu stellen, dass öffentliche Ausgaben entsprechend politischer Prioritäten und Vorgaben getätigt werden, die wiederum die Präferenzen und Bedürfnisse der Bevölkerung widerspiegeln. Insgesamt sollen Reformen dazu beigetragen, dass öffentliche Gelder zielgerichtet, effizient und wirksam für eine nachhaltige Entwicklung eingesetzt werden.

Die Unterstützung der GTZ bei der Entwicklung eines angemessenen Haushaltssystems im Kontext von GFG ist an diesen Zielen ausgerichtet. Im Mittelpunkt der Arbeit stehen der Aufbau einer validen Haushaltsordnung und Rechtsgrundlage und die Verbesserung der Abläufe im Haushaltsprozess. Von besonderer Relevanz ist zudem der Aufbau geeigneter Kompetenzen in Finanz- und Fachministerien und die Koordinierung zwischen diesen Stellen bei der Haushaltsplanung. Die umfassende Beratung der vietnamesischen Regierung bei der Modernisierung des Staatshaushaltes durch die GTZ ist beispielhaft für diesen Ansatz.

Im Jahr 1990 initiierte die vietnamesische Regierung eine Serie ambitionierter Reformen im Bereich der öffentlichen Finanzen. Ziel war es, die öffentlichen Finanzen Vietnams besser auf die Anforderungen einer Marktwirtschaft auszurichten und einen geeigneten staatlichen Rahmen für privates Unternehmertum und Wirtschaftswachstum zu schaffen. Von 1993 bis 2005 unterstützte die GTZ die Regierung von Vietnam und speziell das Finanzministerium in insgesamt vier Projektphasen bei der Reform und Modernisierung des öffentlichen Haushalts und der Haushaltsgesetzgebung (Krause 2006).

Die Reformen orientierten sich in Vietnam dabei an wichtigen Haushaltsprinzipien Deutschlands wie dem Jährlichkeitsprinzip (die festgelegten Einnahmen und Ausgaben gelten immer nur für ein Jahr), dem Gesamtheitsprinzip (die Haushaltspläne müssen alle Einnahmen und alle Ausgaben in vollem Umfang anführen), dem Prinzip der Vorherigkeit (der Haushaltsplan muss vor dem Beginn der Haushaltsperiode in Kraft treten), dem Öffentlichkeitsprinzip (1997 wurde der Staatshaushalt in Vietnam erstmals öffentlich gemacht), und der Universalität (alle Einnahmen dienen zur Deckung aller Ausgaben).

Die so gestalteten Haushaltsgesetze der Jahre 1996 und 2002 trugen wesentlich zur Verbesserung der Qualität der Haushaltsführung in Vietnam bei. Erstens konnten Effizienz und Effektivität der Haushaltsführung sichtlich verbessert werden. Durch die Übertragung und die Definition von Verantwortlichkeiten für Einnahmen und Ausgaben für Vietnams vier administrative Ebenen (National-, Provinz-, Distrikt- und Gemeindeebene), in Verbindung mit einem neuen System für Buchhaltung und Liquiditätsmanagement, konnte eine wachsende Zahl der Provinzen (15 von 64 im Jahr 2005) ausgeglichene Haushalte vorlegen oder gar Überschüsse erwirtschaften (Krause 2006). Zweitens ermöglichte die größere Verantwortung der Regionen und Distrikte für ihre öffentlichen Ausgaben, besonders in den Bereichen Gesundheit, Bildung und Soziales, einen besseren Zuschnitt staatlichen Handelns auf lokale Kontexte und Probleme und somit bessere Resultate im öffentlichen Handeln bei gleichzeitigen Einsparungen (World Bank 2000: 13). Mit neuen Rechten für Städte und Gemeinden, besonders der Möglichkeit über eigene Gebühren finanzierte öffentliche Leistungen anzubieten, konnten die Responsivität lokaler Verwaltungen für die Anliegen der Menschen verbessert werden (World Bank 2000: 19). Drittens wurde die Rolle der Nationalversammlung, dem Parlament Vietnams, im Rahmen der Haushaltsreformen ausgebaut und die Rechenschaft der Regierung gegenüber den gewählten Vertretern des Volkes gestärkt. Es ist heute das Vorrecht der Nationalversammlung, den Haushalt zu diskutieren und zu verabschieden. Der Stab der Parlamentsverwaltung wurde gezielt für diese Aufgaben ausgebaut, aus- und fortgebildet.

Der Beitrag der GTZ zur Förderung von GFG in Vietnam ging dabei über eine Verbesserung der Haushaltsinstrumente und Verfahren hinaus. Im Fokus stand neben der Beratung zur Anpassung des Rechtsrahmens bewusst die Koordination der unterschiedlichen staatlichen Institutionen. Dies geschah zum einen horizontal zwischen den Staatsorganen im Sinne einer Stärkung der demokratischen Gewaltenteilung, die im traditionell von der Kommunistischen Partei zentralistisch geführten Vietnam auch heute nicht voll entwickelt ist (Frehner & Winklbauer 2003). Zum anderen vertikal zwischen den vier administrativen Ebenen, womit auch eine größere Einbeziehung der Bevölkerung und Zivilgesellschaft in die politischen Prozesse und eine größere Responsivität der Verwaltung für die Bedürfnisse der Menschen angestrebt wurde.

Auch wenn in der Gestaltung des Haushalts in Vietnam weiter Reformbedarf besteht, etwa zur Stärkung der Transparenz von Haushaltsplänen der Provinz- und Distriktregierungen, so konnte die erfolgreiche Haushaltsrechtsberatung, orientiert an den deutschen Haushaltsprinzipien, aber mit Rücksicht auf den spezifischen vietnamesischen Kontext, ein wertorientiertes aber technisch flexibles Fundament schaffen. Diese Erfolge leisten in Vietnam gute Dienste und dienen als Grundlage für weiterführende Reformen der öffentlichen Finanzen und für die Arbeit anderer Geber und EZ-Organisationen.

4.3 Herausforderungen bei der externen Finanzkontrolle am Beispiel Montenegro

Ein Kernelement von Good Financial Governance ist die Kontrolle des öffentlichen Handelns durch eine unabhängige Institution und die Rechenschaftspflicht von Regierungen gegenüber den demokratisch gewählten Vertretern, der Öffentlichkeit und der Zivilgesellschaft. Unabhängige Rechnungskontrollbehörden, deren Rechte und Pflichten in der Verfassung und den einschlägigen Gesetzen festgelegt sind und die ihre Aufgaben in Übereinstimmung mit internationalen Standards erfüllen, sind dabei ein wesentlicher Teil eines angemessen funktionierenden Kontrollsystems und elementar für die Rechenschaftspflicht des Staates gegenüber seinen Bürgern.

In der aktuellen politischen Diskussion, etwa im Februar 2009 auf einem von den Vereinten Nationen und der International Organisation of Supreme Audit Institutions (INTOSAI) gemeinsam ausgerichteten Symposium, wird Korruptionsbekämpfung als wichtiges Aufgabenfeld genannt. Finanzkontrolle reicht aber weit über Korruptionsbekämpfung hinaus. Schon 1977 publizierte INTOSAI mit der Deklaration von Lima Richtlinien für die externe Finanzkontrolle:

> Die Institution der Kontrolle ist der öffentlichen Finanzwirtschaft als einer treuhändigen Wirtschaft immanent. Kontrolle ist nicht Selbstzweck, sondern ein unerlässlicher Bestandteil eines Regelsystems, der Abweichungen von der Norm und Verletzungen der Grundsätze der Gesetzmäßigkeit, der Wirtschaftlichkeit, der Zweckmäßigkeit und Sparsamkeit der Gebarung so rechtzeitig aufzeigen soll, dass korrektive Maßnahmen im Einzelnen Fall ergriffen, die verantwortlichen Organe haftend gemacht, Schadenersatz erlangt oder Maßnahmen ergriffen werden können, die eine Wiederholung derartiger Verstöße in der Zukunft verhindern oder zumindest erschweren (INTOSAI 1977).

Zur Stärkung der Rechenschaftspflicht berät die GTZ im Kontext von GFG in mehreren Partnerländern externe Rechnungskontrollbehörden und baut dabei auch auf eine langjährige und produktive Partnerschaft mit dem Deutschen Bundesrechnungshof. In Montenegro unterstützte die GTZ von 2002 bis 2007 den Aufbau einer von der Regierung unabhängigen obersten Rechnungskontrollbehörde. Noch 2001 existierte keine solche Institution in Montenegro und damit auch keine unabhängige externe Kontrolle der Haushalts- und Wirtschaftsführung oder des Jahresabschlusses der Regierung. Eine ineffiziente und häufig nicht gesetzeskonforme Verwendung öffentlicher Mittel wurde dabei zunehmend zu einem Problem für die fiskalische Stabilität und für das Verhältnis zwischen Bürger und Staat. Um diesem Problem zu begegnen, setzte sich die Regierung von Montenegro im Jahre 2001 das Ziel, eine Institution für die externe Finanz-kontrolle zu gründen, um die Transparenz und Kontrolle der Haushaltsführung zu stärken (von Frankenhorst & Brétéché 2006).

Das Vorhaben der GTZ zum Aufbau einer obersten Rechnungskontrollbe-hörde in Montenegro arbeitete mit drei methodischen Elementen: Erstens der Entwicklung notwendiger Rechtsgrundlagen, zweitens der Beratung zu Aufbau- und Ablauforganisation der neu geschaffenen Behörde und drittens der Verfah-rensentwicklung für die eigentliche Prüfungstätigkeit und die Zusammenarbeit mit dem Parlament und anderen Staatsorganen.

Die Rechtsberatung der GTZ konzentrierte sich auf die Verankerung der ex-ternen Finanzkontrolle und ihrer Unabhängigkeit in der Verfassung von Monte-negro. So verabschiedete das montenegrinische Parlament im April 2004 mit dem „Gesetz über die staatliche Rechnungsprüfungsinstitution" die gesetzliche Grundlage für eine externe Finanzkontrolle im Einklang mit den international anerkannten Vereinbarungen von INTOSAI. Die Organisationsberatung erarbei-tete und vervollständigte die notwendigen internen Regelungen und beriet die Behörde bei der Personalgewinnung und Personalentwicklung. Ergänzend wurde der für die Finanzkontrolle zuständige Ausschuss des Parlaments von Monteneg-ro beraten (von Frankenhorst & Brétéché 2006). Zur Verbesserung von Prüfun-gen, Verwaltungsabläufen und der parlamentarischen Haushaltskontrolle leistete das Vorhaben methodische und fachliche sowie finanzielle Unterstützung. Mit der Beratung durch die GTZ wurden dabei jüngst auch komplexe Methoden der Wirtschaftlichkeitsprüfung in der staatlichen Rechnungsprüfungsinstitution der Republik Montenegro (DRI)[4] etabliert und eingearbeitet. Durch den erfolgrei-chen Aufbau einer obersten Rechnungskontrollbehörde konnte in dem jungen Staat Montenegro ein wesentlicher Beitrag für eine EU-Annäherung und eine Harmonisierung mit den rechtsstaatlichen Prinzipien der EU-Staaten geleistet werden. Für ein Land in Südosteuropa mit der Perspektive auf einen möglichen Beitritt zur Europäischen Union im Jahr 2020 ist dies auch politisch ein wichti-ger Schritt.

Durch die Arbeit einer funktionsfähigen unabhängigen Finanzkontrolle können Defizite und Strukturprobleme in den öffentlichen Finanzen Monteneg-ros besser identifiziert und gezielt reformiert werden, was die Effektivität staatli-chen Handelns erhöht. Mögliche Reformen zielen auf die Verbesserung ord-nungsgemäßer, sparsamer und ergebnisorientierter Verwendung öffentlicher Haushaltsmittel, die Steigerung der Transparenz, die Überprüfbarkeit des Regie-rungshandelns sowie die Bekämpfung von Korruption. Die Erfahrungen aus dem

---

4   Die Onlinepräsenz der Staatlichen Rechnungsprüfungsinstitution von Montenegro ist zu finden
     unter http://www.dri.cg.yu (10.8.2009).

Aufbau der unabhängigen Finanzkontrolle sind heute die Basis für weitere Reformen zur Stärkung von Good Financial Governance in Montenegro.

5 Fazit

Das Streben nach mehr Wirksamkeit und mehr Nachhaltigkeit in der Entwicklungszusammenarbeit bedarf eines stärker kontextbezogenen, politischen und holistischen Verständnisses von der Förderung nachhaltiger Entwicklung. Eine Patentlösung dafür, wie man wirtschaftliche Entwicklung vorantreibt, soziale Gerechtigkeit schafft und zugleich die verfügbaren Ressourcen schonend nutzt, gibt es nicht. Jeder Ansatz zur Förderung von nachhaltiger Entwicklung durch die EZ bedarf daher einer umfassenden Betrachtung von Governance im Sinne der Legitimität, der Qualität und der Effektivität von Entscheidungs- und Steuerungsprozessen einer Gesellschaft im politischen und öffentlichen Raum.

Die Gestaltung der öffentlichen Finanzen im Staat ist dabei ein wesentlicher Aspekt, dem als Indikator für die Entwicklungsfähigkeit eines Staates hohe Bedeutung zugemessen wird und damit in Folge der Erklärung von Paris über die Wirksamkeit in der EZ eine wachsende politische Bedeutung in den Beziehungen zwischen Geber- und Entwicklungsländern einnimmt. Good Financial Governance spezifiziert die Prinzipien von Good Governance für den Bereich der öffentlichen Finanzen. Als wertorientiertes Leitprinzip bietet GFG einen Orientierungsrahmen, mit dessen Hilfe konkrete Reformen der öffentlichen Finanzen – über technische und organisatorische Verbesserungen und die Anpassungen von Rechtsnormen hinaus – am Ideal einer nachhaltigen Entwicklung ausgerichtet werden.

Die drei Beispiele aus der Zusammenarbeit der GTZ mit den Regierungen von Tansania, Vietnam und Montenegro in den Bereichen staatlicher Einnahmen, öffentlicher Ausgaben und unabhängiger Finanzkontrolle bieten einen Schattenriss der wichtigsten Ansätze bei der Förderung von GFG. Sie unterstreichen darüber hinaus aber auch die Bedeutung kontextbezogener, politischer und holistischer Ansätze in der EZ als Beitrag für eine nachhaltige Entwicklung.

Kontextbezogene EZ, eine traditionelle Stärke der dezentral organisierten GTZ, muss besonders mit Blick auf die Nutzung von GFG als qualitativen Indikator für die Entwicklungsfähigkeit und Entwicklungsorientierung von Partnerländern gestärkt werden. Neben den Idealen guter (und effektiver) Regierungsführung, denen die explizit wertorientierte deutsche EZ besonders verpflichtet ist, gilt es individuelle Entwicklungspfade eines Landes bei der Gestaltung von Reformmaßnahmen besser zu berücksichtigen und mit Reformen an vorhandene Dynamiken anzuknüpfen. Hierfür muss EZ kontextspezifische Ansätze systematischer herausstellen und nutzen, sowie mit opponierenden Anforderungen für

Governance-Leitbilder – etwa für längere Zeiträume und länderübergreifend vergleichbare Informationen zu liefern – unter einen Hut bringen. Das Ziel muss es sein, *ownership* als vielleicht wesentlichsten Baustein für nachhaltige Entwicklung besser als bisher in der internen Logik der EZ zu verankern.

Eine politischere EZ richtet die Förderung von GFG bewusst „vorwärts" (Meyer 2009) als Beitrag zu nationalen Reformen, Lernprozessen und der öffentlichen Meinungsbildung in den Partnerländern aus. Hierfür müssen Geber und EZ-Organisationen ihre politische Rolle bewusster reflektieren und Rechenschaft über ihr Handeln ablegen, auch gegenüber der Öffentlichkeit in Entwicklungsländern. Das Bemühen um Harmonisierung von Geberaktivitäten im Zuge der Paris-Erklärung, wie die Rechenschaftspflicht von EZ-Organisationen gegenüber der Öffentlichkeit und den Kontrollinstitutionen in den Geberländern, birgt das Risiko, dass GFG in hohem Maße von Staatsbediensteten, Diplomaten und EZ-Experten in fachlich-technischen Dimensionen und auf den bürokratischen Ebenen der zwischenstaatlichen Beziehungen vermessen wird. Wenn EZ einen Beitrag leisten soll, damit Reformen – etwa in den öffentlichen Finanzen – öffentliches Handeln so gestalten, dass aktuelle wie zukünftige Bedürfnisse der Menschen besser in gesellschaftliche Entscheidungs- und Steuerungsprozese einfließen, dann muss auch die EZ ihre Rolle im öffentlichen, politischen Diskurs in den Partnerländern bewusst und verantwortungsvoll wahrnehmen.

Eine holistische EZ für mehr nachhaltige Entwicklung bedarf der umfassenderen Betrachtung der Qualität und der Effektivität gesellschaftspolitischer Entscheidungs- und Steuerungsprozesse einer Gesellschaft. Legitimität und Responsivität von öffentlichem Handeln sind notwendige Voraussetzungen dafür, dass der Staat seinen Beitrag für eine ganzheitlich verstandene nachhaltige Entwicklung einer Gesellschaft leisten kann. Umgekehrt ist ohne Rücksicht auf die staatliche und politische Perspektive eine nachhaltige Entwicklung nicht realisierbar. Die Art und Weise, in der Entscheidungs- und Steuerungsprozesse in einer Gesellschaft arbeiten, gilt es bei der EZ in allen Arbeitsbereichen zu berücksichtigen. Eine nachhaltige Stärkung von Good Financial Governance muss über den Regierungsapparat hinausblicken. Die Förderung von nachhaltiger Entwicklung in anderen Bereichen muss der zentralen Bedeutung des Öffentlichen und des Politischen Rechenschaft tragen. Diesen Interdependenzen werden die zu oft noch nach Sektoren gegliederten Maßnahmen und Länderprogrammierungen in der EZ nur selten gerecht.

Good Financial Governance trägt als Leitbild für die EZ dazu bei, Reformen in den öffentlichen Finanzen so zu gestalten, dass öffentliches Handeln den Menschen gegenüber an Legitimität gewinnt und deren aktuelle wie zukünftige Bedürfnisse und Ansprüche in der gesellschaftlichen Entscheidungsfindung besser aufzunehmen und umzusetzen vermag. Wichtiger aber noch: mit der Umsetzung der Prinzipien der GFG in ihren Partnerländern strebt die EZ nach einer Stärkung der Legitimität und der Responsivität gesellschaftspolitischer Entscheidungsfindung, die notwendig ist, damit der Staat seinen Beitrag für eine ganzheitlich verstandene nachhaltige Entwicklung leisten kann.

Literatur

Bösl, A. (2007). Good Governance als Paradigma moderner Entwicklungspolitik. Bad Governance und schwierige Partnerschaften. Herausforderungen des 21. Jahrhunderts. *KAS-Auslandsinformationen* 2/07: Konrad Adenauer Stiftung.

Chhotray, V. & Stoker, G. (2008): *Governance Theory and Practice: A Cross-Disciplinary Approach*. Houndmills, Basingstoke, Hampshire: Macmillan.

Eckhardt, U. (2006). *Good Financial Governance. Wege zu transparenten, nachvollziehbaren und entwicklungsorientierten Systemen der Staatsfinanzen*. Fiscal Studies 3. Eschborn: GTZ.

Frehner, W. & Winklbauer, M. (2003). *Vietnam auf dem Weg zu einem rechtsstaatlichen Aufbau*. Konrad Adenauer Stiftung. (Länderbereichte). http://www.kas.de/wf/de/33.3663/ (21.3.2009).

Giwer-Marschall, S. (2009). Der lange Weg zum Erfolg. Die GTZ ist dem Leitbild der Nachhaltigkeit verpflichtet. *Akzente 2009*, 42-44. http://www2.gtz.de/dokumente/akz/gtz2009de-akzente-1-europa-leitbild-nachhaltigkeit.pdf (23.2.2009).

GTZ. (2008). iTAX. A Milestone for Local Government Finance. http://decentralization.org.ph/images/publication/itax%20basics.pdf (22.3.2009).

Hoff, B.-I. (2008). Nötige Doppelstrategie. *E+Z, 49(12),* 470-472.

Hyden, G. (2008). After the Paris Declaration: Taking on the Issue of Power. *Development Policy Review, 26(3),* 259-274.

IMF & World Bank. (2005). *Update on the Assessments and Implementation of Action Plans to Strengthen Capacity of HIPCs to Track Poverty-Reduction Public Spending*. Washington: IMF's Fiscal Affairs Department and the World Bank's Poverty Reduction and Economic Management Network.

INTOSAI. (1977). Deklaration von Lima. http://www.intosai.org/blueline /upload/ limadeklarde.pdf (10.8.2009).

Krause, P. (2006). *Towards Good Financial Governance in Vietnam. A short Assessment of the Vietnamese-German Cooperation on Budget Reform*. Eschborn: GTZ.

Krause, P. & Wilhelm, V. (2007). *Minding the Gaps. Integrating Poverty Reduction Strategies and Budgets for Domestic Accountability*. Washington.

Meyer, S. (2009). *Governance Assessments and Domestic Accountability. Feeding Domestic Debate and Changing Aid Practices*. Working Paper 86. Madrid: Fundación para las Relaciones Internacionales y el Diálogo Exterior. http://www.fride.org/download/WP86_Governance_accountability_ENG_jul09.pdf (16.8.2009).

Moreno-Dodson, B. (2008). *Public finance for poverty reduction. Concepts and case studies from Africa and Latin America*. Washington: World Bank.

218 Sebastian Gehart

Müller, I. & Witt, M. (2006). *Implementing the Paris Declaration in Public Finance. Challenges by Capacity Development.* Fiscal Studies 4. Eschborn: GTZ.

OECD. (2005). Paris Declaration on Aid Effectiveness. http://www.oecd. org/dataoecd/11/41/34428351.pdf (10.8.2009).

Ostrom, E. (1999). Institutional rational choice: An assessment of the institutional analysis and development framework. In: P. Sabatier (Hrsg.), *Theories of the policy process* (S. 35-71). Boulder: Westview Press.

Six, C. (2008). Die Pariser Erklärung und ihre Umsetzung. *Die Volkswirtschaft, 2008(5),* 24-27.

Strange, T. & Bayley, A. (2008). *Sustainable development. Linking economy, society, environment.* Paris: OECD.

von Frankenhorst, R. & Brétéché, B. (2006). *Aufbau und Einrichtung einer Obersten Rechnungskontrollbehörde - Montenegro.* Eschborn: GTZ.

von Frankenhorst, R. & Kaiser, D. (2008). *Reorganisation of tax administration. The Tanzania Revenue Authority (TRA).* Eschborn: GTZ.

World Bank. (2000). *Vietnam. Managing Public Resources Better.* Public Expenditure Review 2000. Washington.

World Commission on Environment and Development. (1987). Report of the World Commission on Environment and Development: Our Common Future. A/42/427 English. United Nations.

Eva Terberger

Evaluierung in der Entwicklungszusammenarbeit. Das Beispiel der Finanziellen Zusammenarbeit[1]

1   Einleitung: Evaluierung – Warum?

Im Jahr 2009 wurde die Entwicklungspolitik 60 Jahre alt, wenn man die Zeitrechnung mit der Rede zum Amtsantritt des US-amerikanischen Präsidenten Truman am 20. Januar 1949 beginnt, der die Entstehung der Entwicklungspolitik zugeschrieben wird. In seinem 4-Punkte-Programm, das er in dieser Rede darlegte, argumentiert Truman in Punkt 4:

> Fourth, we must embark on a bold new program for making the benefits of our scientific advances and industrial progress available for the improvement and growth of underdeveloped areas.
> More than half the people of the world are living in conditions approaching misery. Their food is inadequate. They are victims of disease. Their economic life is primitive and stagnant. Their poverty is a handicap and a threat both to them and to more prosperous areas.
> For the first time in history, humanity possesses the knowledge and the skill to relieve the suffering of these people (Truman 1949).

Mit der Entwicklungspolitik entstand ein Politikfeld in Industriestaaten, das bis heute an erster Stelle auf das Wohl anderer, weniger entwickelter Nationen ausgerichtet ist. Dieses altruistische Element ist vielleicht der Grund dafür, dass die Entwicklungspolitik noch mehr als andere Politikfelder auf dem Prüfstand zu stehen scheint. Veröffentlichungen, die der Entwicklungspolitik vorwerfen, komplett versagt zu haben, sind keine Seltenheit. Stellvertretend sei hier das jüngste Buch von William Easterly (2006) genannt. Sein Titel *The White Man's Burden: Why the West's Efforts to Aid the Rest Have Done So Much Ill and So Little Good* spricht eine beredte Sprache. Nach Easterlys Buchtitel zu urteilen, scheint für den „Rest" das Gegenteil von dem, was Truman damals für Europa beabsichtigte, erreicht worden zu sein.

---

[1]   Die Inhalte dieses Artikels geben die persönliche Meinung der Autorin wieder und sind in keiner Weise als offizielle Äußerungen der KfW Entwicklungsbank zu verstehen.

Doch auch wenn man weniger harsch als Easterly mit der Entwicklungspolitik ins Gericht geht – und selbst in seinem Buch finden sich auch einzelne Positiv-Beispiele –, macht sein provokanter Titel unzweifelhaft klar: Die Entwicklungspolitik erhält ihren Sinn nicht allein dadurch, dass reiche westliche Nationen Gutes tun wollen. Sie bedarf der Rechtfertigung durch den Nachweis von Entwicklungserfolgen, die durch den Einsatz der Mittel für Entwicklungszusammenarbeit (EZ) – wie die Entwicklungshilfe offiziell in Betonung der aktiven Rolle von Partnerländern und Gebern genannt wird – erzielt wurden. Dies gilt sowohl gegenüber den Bürgern und Steuerzahlern sowie den Parlamentariern, die diese Mittel zur Verfügung stellen, als auch gegenüber den Partnern der Zusammenarbeit, den Bürgern in Entwicklungsländern, deren Lebensbedingungen durch die Unterstützung auch tatsächlich verbessert, und nicht etwa trotz guter Absichten beeinträchtigt werden sollen.

Einen Einblick in die Evaluierungspraxis der deutschen EZ zu geben, mit Beispielen aus der Finanziellen Zusammenarbeit, bei der Finanzierungen für Entwicklungsmaßnahmen bereitgestellt werden, dazu dienen die folgenden Abschnitte. Doch nicht nur die Ziele, das Vorgehen, die angelegten Kriterien und Erfolgsmaßstäbe sollen geschildert werden, sondern auch die Wissenslücken, die trotz aller Bemühung um eine systematische Beurteilung der Wirkung von EZ-Maßnahmen verbleiben.

2 Evaluierung: Zentrale Fragen und Grenzen der Antworten

Jede Maßnahme im Rahmen der EZ, sei es eine Maßnahme der Beratung, wie typisch für die so genannte Technische Zusammenarbeit (TZ), oder aber eine Bereitstellung von finanziellen Mitteln für Entwicklungsmaßnahmen in den Partnerländern, die im Zentrum der so genannten Finanziellen Zusammenarbeit (FZ) steht, ist eine Investition. Im Unterschied zu einer Investition, die rein finanziellen Zielen dient, werden die Mittel in der EZ jedoch mit dem Ziel investiert, Erträge in Form von Entwicklungswirkungen in den Partnerländern „abzuwerfen".

Vor diesem Hintergrund lassen sich die Aufgaben der Evaluierung unschwer umreißen. Die Evaluierung ist dazu da, die Investitionen der EZ zu beurteilen, entweder *ex ante*, bevor eine Investition begonnen wird, oder während ihrer Laufzeit, um eventuelle Korrekturen vorzunehmen, oder aber *ex post*, nachdem die Entwicklungsmaßnahme abgeschlossen wurde. Jeweils geht es um eine Kosten-Nutzen-Analyse, bei der die zentrale Frage lautet: Mit welchen Entwicklungsmaßnahmen werden die größten Wirkungen pro eingesetzter Geldeinheit, seien es Euro, Dollar oder Yen, erzielt?

So einfach die Formulierung dieser übergeordneten Evaluierungsfrage auch anmutet, so schwierig ist es, eine Antwort zu finden. Dies wird klar, wenn man sich vor Augen hält, welchen Zielen die EZ dient und in welchen Dimensionen folgerichtig die Ebene der Erträge oder auch Wirkungen „gemessen" werden muss. Es geht bei der EZ, wie schon Truman formulierte, um die Verbesserung der Lebensbedingungen der Bevölkerung in den Entwicklungs-, Schwellen- und Transformationsländern, um die Bekämpfung der Armut. „Halbierung der Armut bis zum Jahr 2015" – so lautet das zentrale Millennium-Entwicklungsziel, auf das sich die Gemeinschaft der Vereinten Nationen zur Jahrtausendwende geeinigt hat (United Nations 2000).

Armut jedoch hat viele Gesichter, wie der Nobelpreisträger Amartya Sen bereits in den 1970er Jahren eindrucksvoll darlegte (Sen 1973). Nicht allein das Einkommen der ärmeren Bevölkerungsschichten macht ihre Armut aus, sondern ihre eingeschränkten Möglichkeiten *(opportunities)* und Fähigkeiten *(capabilities)*, sich selbst aus der Armut zu befreien. Diese Erkenntnis widerspiegelnd, fächert die Formulierung der Millennium-Entwicklungsziele das zentrale Ziel der Halbierung der Armut in viele Facetten auf: Nicht nur die Einkommensarmut und der Hunger sollen bekämpft werden, sondern auch die Mütter- und Säuglingssterblichkeit sowie Krankheiten wie Malaria und HIV/AIDS. Die Gleichstellung der Geschlechter soll gefördert werden, nicht zuletzt durch gleiche Bildungschancen für Mädchen und Jungen, aber auch die nachhaltige Nutzung von natürlichen Ressourcen und Umwelt, deren übermäßige Ausbeutung die Entwicklungsmöglichkeiten auch zukünftiger Generationen beschneidet.

Angesichts dieser Komplexität und Mehrdimensionalität von Armut ist leicht einsichtig, vor welchen Schwierigkeiten die Erfassung der Wirkungen steht. Bereits bei der Frage, wie Einkommensarmut zu definieren und zu messen ist, stehen konkurrierende Konzepte zur Diskussion (Atkinson 1987). Wenn die verschiedenen Dimensionen der Armut erfasst werden sollen, mehren sich die Probleme (Ravallion 1996). Wie können Erfolge, die in Bezug auf unterschiedliche Erscheinungsformen der Armut erzielt werden können, gegeneinander abgewogen werden? Ein eindeutiger Weg, um Verbesserungen im Einkommen und eine Verminderung der Sterblichkeitsraten von Müttern und Kindern zu addieren, oder gar die eine Dimension gegen die andere „aufzurechnen", ist kaum denkbar.

Als zentrales Problem der Evaluierung wird häufig die mangelnde Verfügbarkeit von Daten in den Partnerländern angeführt. Dies trifft zwar häufig immer noch zu, doch es ist ein Problem, das sich im Laufe der Zeit durch bessere und regulärere statistische Erhebungen vermindern lässt. Die Verfügbarkeit von Daten in Entwicklungs- und Schwellenländern verbessert sich kontinuierlich, und es existieren inzwischen sogar recht lange Datenreihen von Indizes, welche die verschiedenen Armutsdimensionen zu integrieren versuchen. Der Human Development Index (HDI) (Anand & Sen 1994), der aufbauend auf den bahnbrechenden Arbeiten von Sen entwickelt wurde, ist ein solches Beispiel. Angesichts der oben aufgeworfenen Frage nach dem „richtigen" Weg, verschiedene Dimensionen der Armut miteinander vergleichbar zu machen, kann es allerdings kaum verwundern, dass dieser Index bezüglich seiner Aussagekraft nicht unumstritten ist und verschiedene Verbesserungs- und Alternativvorschläge unterbreitet wurden (Kelley 1991, McGillivray 1991, Bagolin & Comim 2008). Insofern ist festzuhalten: Bei allen Fortschritten im Hinblick auf Datenverfügbarkeit bleibt die Mehrdimensionalität der Wirkungen als konzeptionelles Problem der Wirkungserfassung und damit als Grundproblem der Evaluierung bestehen. Es ist unmöglich, die Wohlfahrt eines Landes oder von Teilen seiner Bevölkerung eindeutig und zweifelsfrei zu erfassen.

Bedenkt man die Dynamik und Komplexität des Entwicklungsprozesses, kommen zahlreiche Probleme hinzu, mit denen die Evaluierung ebenfalls konfrontiert ist. Veränderungen, die nach Durchführung einer Entwicklungsmaßnahme bei entsprechender Datenverfügbarkeit erkennbar sind, bedeuten nicht, dass diese tatsächlich auf die Entwicklungsmaßnahme, und nicht auf andere Einflussfaktoren, zurückzuführen sind. Verschiedene Einflussfaktoren, und ebenso verschiedene Entwicklungs- und sonstige Politikmaßnahmen wirken zusammen. Und dies müsste bei der Evaluierung berücksichtigt, die einzelnen Einflussfaktoren isoliert werden.

Nicht zuletzt entstehen weitere Fragezeichen dadurch, dass es sich bei einer Investition in Entwicklung, wie bei jeder anderen Investition, um eine Investition unter Risiko handelt. Ex ante, wenn die Investition getätigt wird, sind verschiedene Wirkungen denkbar, die bei der Abwägung von Kosten und entwicklungspolitischem Nutzen als Spektrum möglicher Ergebnisse berücksichtigt werden müssten. Beobachten wir bei der Ex Post-Evaluierung das eingetretene Ergebnis, so werden wir zurückgeworfen auf die bereits oben gestellte Frage: Welche Ursachen, welche Einflussfaktoren, haben dieses Ergebnis bewirkt? War ein Scheitern der Entwicklungsmaßnahme ein unglücklicher Zufall, oder ist das mangelhafte Ergebnis auf Fehler im Design zurückzuführen? Ist eine Veränderung zum Positiven durch das finanzierte Entwicklungsprojekt bewirkt oder allein auf die eigenen Anstrengungen der Bevölkerung oder den günstigen Einfluss der Weltwirtschaft zurückzuführen?

Mit dieser – sicherlich unvollständigen – Liste von Schwierigkeiten und teils unbeantwortbaren Fragen, mit denen sich eine Evaluierung konfrontiert sieht, soll verdeutlicht werden, warum die Evaluierung in der Praxis nicht ohne Pragmatismus auskommt. Die Frage nach den entwicklungspolitischen Wirkungen einer Maßnahme kann nur nach bestem Wissen beantwortet werden. Wie detailliert und zuverlässig die Antworten sein können, hängt auch von den Ressourcen in Form von Zeit und Geld ab, die für eine Evaluierung zur Verfügung stehen. Doch selbst bei hohem Ressourceneinsatz kann die Frage danach, wo die höchsten entwicklungspolitischen Wirkungen mit den eingesetzten Mitteln erzielbar sind, nur unvollständig beantwortet werden.

Ein Ausflug an die Grenzen der Evaluierung wurde als Einstieg in die Darstellung der Evaluierungspraxis gewählt. Dies soll dafür sensibilisieren, dass angesichts der Größe der Fragen immer ein gehöriges Maß an Bescheidenheit angebracht ist. Dies gilt für die Evaluierer selbst, wenn sie Entwicklungsmaßnahmen beurteilen, aber auch für die Erwartungen der Nutzer von Evaluierungen, denn: Evaluierungen liefern einen wichtigen Baustein, um Zusammenhänge besser zu verstehen, aber sicherlich nicht den einzigen.

3 Evaluierung in der Praxis: Definition, Ziele und Beurteilungskriterien

3.1 Harmonisierung der Vielfalt – auch in der Evaluierung

Dem hohen Rechtfertigungsdruck von Entwicklungspolitik gemäß, hat die Evaluierung in der EZ eine vergleichsweise lange Tradition. In der deutschen FZ etwa, die im Auftrag der Bundesregierung über die Kreditanstalt für Wiederaufbau (KfW) als staatlicher Förderbank unter dem Markennamen KfW Entwicklungsbank abgewickelt wird, wurde eine Erfolgskontrolle aller geförderten Entwicklungsmaßnahmen bereits im Jahr 1966 vereinbart – dem Jahr, in dem der KfW die Abwicklung der FZ vom 1961 gegründeten Bundesministerium für wirtschaftliche Zusammenarbeit und Entwicklung (BMZ) übertragen wurde (KfW Entwicklungsbank 2009: 5).

Die Vielfalt von Entwicklungsinstitutionen, die von den multilateralen Institutionen wie der Weltbank oder den regionalen Entwicklungsbanken über die Institutionen der bilateralen Zusammenarbeit bis hin zu zahlreichen privaten Hilfsorganisationen reicht, spiegelt sich jedoch auch in der Evaluierungspraxis wider. Dies gilt auch innerhalb der deutschen EZ mit dem BMZ, verantwortlich für die politische Steuerung der EZ, den staatlichen Durchführungsinstitutionen, unter ihnen die Gesellschaft für Technische Zusammenarbeit (GTZ), die KfW Entwicklungsbank, InWent (Weiterbildung) und Deutscher Entwicklungsdienst (DED) sowie einer Vielzahl von privaten Institutionen, wie den Kirchen und privaten und politischen Stiftungen.

Die zunehmende Bedeutung, die der Übernahme von Verantwortung für Entwicklung durch die Partnerländer selbst zukommt, aber auch die Bedeutung von Geberkoordination und Harmonisierung manifestieren sich in der Pariser Erklärung der internationalen Gebergemeinschaft (OECD 2005) und der Accra

Agenda for Action (OECD 2008), die auch in der Evaluierung Veränderungen bewirken.

Eine zentrale Rolle bei der internationalen Harmonisierung der Evaluierung nimmt das Development Assistance Directorate der OECD (Organisation for Economic Co-operation and Development), insbesondere das hier angesiedelte Development Assistance Committee (DAC) ein, dessen Empfehlungen von den Evaluierungseinheiten der internationalen Gebergemeinschaft als Standard setzend anerkannt sind.

3.2 Definition und Ziele von Evaluierung gemäß DAC

Laut DAC-Glossar, das inzwischen in viele Sprachen übersetzt ist, wird Evaluation bzw. Evaluierung – Begriffe, die synonym verwendet werden –, wie folgt definiert:

> The systematic and objective assessment of an on-going or completed project, programme or policy, its design, implementation and results. The aim is to determine the relevance and fulfilment of objectives, development efficiency, effectiveness, impact and sustainability (OECD 2006).

Unter dem Stichwort „Kontext" wird hinzugefügt:

> An evaluation should provide information that is credible and useful, enabling the incorporation of lessons learned into the decision–making process of both recipients and donors. Evaluation also refers to the process of determining the worth or significance of an activity, policy or program. An assessment, as systematic and objective as possible, of a planned, on-going, or completed development intervention.
> Note: Evaluation in some instances involves the definition of appropriate standards, the examination of performance against those standards, an assessment of actual and expected results and the identification of relevant lessons (OECD 2006).

Mit diesen Zeilen sind nicht nur die Definition, sondern auch die Ziele umrissen, denen sich die Praxis der Evaluierung in der Regel, so auch in allen Institutionen der deutschen EZ, verpflichtet sieht: Rechenschaftslegung über die Wirksamkeit und die Lieferung von Informationen zum Lernen darüber, wie die Maßnahmen der EZ noch besser gestaltet werden können (individuelles und institutionelles Lernen).

Im Ton der DAC-Definition, insbesondere in den Bemerkungen zum Kontext von Evaluierungen, klingt aber auch die Bescheidenheit an, die bei Evaluierungen geboten scheint. Es ist von einer *möglichst* systematischen und objektiven Beurteilung die Rede, von *glaubwürdigen* und *nützlichen* Informationen, nicht aber von einer eindeutigen Antwort auf die übergreifende Frage nach dem höchsten Entwicklungsertrag pro eingesetzte Mitteleinheit.

Wohl weil man sich einer Antwort auf diese Frage nur annähern kann, wird in der DAC-Definition eine Reihe von Kriterien aufgezählt, anhand derer eine Entwicklungsmaßnahme beurteilt werden sollte. Diese Kriterien, die gemeinhin als DAC-Kriterien bezeichnet werden, beleuchten unterschiedliche Aspekte, die der Strukturierung einer Evaluierung dienen und Teilantworten auf die übergeordnete Frage liefern sollen, wie der folgende Abschnitt näher erläutert.

3.3 Die fünf Evaluierungskriterien nach dem DAC

Die Kriterien, anhand derer Entwicklungsmaßnahmen laut DAC beurteilt werden sollen, bilden die Leitlinie für die große Mehrheit aller EZ-Evaluierungen, sowohl innerhalb der staatlichen deutschen EZ (BMZ 2006) als auch der Mehrheit in der internationalen Gemeinschaft. Die fünf Kriterien lauten:

(1) *Relevanz (relevance)*: Die Beurteilung der Relevanz einer Entwicklungsmaßnahme zielt auf die Beantwortung der Frage, ob Ansatz und Konzeption der Maßnahme angemessen gewählt sind. Zielt die Maßnahme auf die Beseitigung eines wesentlichen Entwicklungsengpasses im Partnerland ab? Lässt die unterstellte Wirkungskette – von den Inputs der Maßnahme zu ihren Outputs, den sich daraus ergebenden kurz- bis mittelfristigen Wirkungen *(outcomes)* und übergeordneten längerfristigen Wirkungen *(impacts)* auf die Bevölkerung – plausibel vermuten, dass das Design des Vorhabens geeignet ist, zur Beseitigung des Entwicklungsengpasses beizutragen? Und schließlich: Passt sich die Maßnahme in die Entwicklungsstrategie des Partnerlandes und der Geberinstitution ein und ist sie angemessen mit den Maßnahmen anderer Geber koordiniert?

(2) *Effektivität (development effectiveness)*: Hier steht die Frage nach der Zielerreichung im Vordergrund. Wurde das unmittelbare Ziel der Maßnahme im Hinblick auf die kurzfristigen Entwicklungswirkungen erreicht? In diesem Zusammenhang kommt die der DAC-Evaluierungsdefinition angefügte, oben zitierte Notiz (Note) zum Tragen: Bei vielen Entwicklungsmaßnahmen, insbesondere bei einzelnen Projekten, werden ex ante Soll-Standards als Projektziel auf der *outcome*-Ebene festgelegt. In einem Vorhaben der Trinkwasserversorgung könnte das Projektziel lauten, die Versorgung der Bevölkerung in einer bestimmten Stadt oder Region mit sauberem Trinkwasser zu verbessern, um die Gesundheitsgefährdung durch wasserinduzierte Krankheiten einzudämmen. Als Soll-Indikator für Erfolg könnte hier der Prozentsatz der Bevölkerung dienen, der den Zugang zu der neuen Wasserversorgung nachhaltig nutzt. Die entscheidende Frage allerdings, was ein ange-

messener Soll-Standard ist, also etwa, wie viele Menschen für eine bestimmte Summe von Mitteln mit sauberem Trinkwasser versorgt werden sollen,
um Effektivität zu gewährleisten, wird durch die Empfehlungen des DAC
nicht beantwortet. Hier ist der seit Jahrzehnten aufgebaute Erfahrungsschatz
aus ähnlich gelagerten Maßnahmen und deren Evaluierung unersetzlich.

(3) *Effizienz (development efficiency)*: Die Beurteilung der Effizienz einer Maßnahme umfasst zwei Aspekte. Zum einen ist damit die Kosten- bzw. Produk-
tionseffizienz gemeint, also das Verhältnis von Outputs zu Inputs: Wurde die
Entwicklungsmaßnahme wirtschaftlich, unter Vermeidung von Verschwendung knapper Ressourcen, durchgeführt? Wurden die erforderlichen Ausrüs-
tungsgegenstände oder Beratungsleistungen kostengünstig beschafft? Die
Frage nach der Effizienz beinhaltet zum zweiten aber auch die Beurteilung
der vorgenommenen Allokation der knappen Entwicklungsressourcen. Wurde die Maßnahme so durchgeführt, dass für die eingesetzten Ressourcen die
größten Wirkungen im Land erzielt wurden? Hier taucht die übergeordnete
Frage nach der optimalen Allokation als Teilaspekt eines Teil-
Evaluierungskriteriums auf. Bereits hieran lässt sich ablesen, dass zum einen
die Kriterien nicht überschneidungsfrei formuliert sind, und sich zum anderen die Frage nach der Allokationseffizienz wohl kaum befriedigend beantworten lässt. Dies mag der zentrale Grund sein, warum das Effizienzkriteri-
um in der Evaluierungspraxis allgemein als das schwierigste und in vielen
Evaluierungen als besonders unbefriedigend beantwortet gilt. Eine Ausnahme bilden hier solche Entwicklungsmaßnahmen, bei denen Kosten-Nutzen-
Analysen unter Berechnung einer volkswirtschaftlichen Verzinsung der eingesetzten Mittel angestellt werden können, wie etwa bei Infrastrukturmaß-
nahmen im Energiesektor üblich. Allerdings verbleiben auch hier viele Un-
sicherheiten.

(4) *Übergeordnete langfristige Wirkungen (impact)*: Über die unmittelbaren
Wirkungen einer Entwicklungsmaßnahme hinaus, die unter dem Kriterium
der Effektivität beurteilt werden sollen, werden längerfristig übergeordnete
Wirkungen bzw. Ziele angestrebt. Im Beispiel eines Vorhabens der Trinkwasserversorgung wären dies die Wirkungen auf die Gesundheit der Bevölkerung durch die Verminderung wasserinduzierter Krankheiten, wie etwa
Amöbenruhr, Typhus, Cholera und vielen anderen, die sich u.a. im Symptom
der Diarrhöe äußern, die eine wesentliche Ursache von Säuglings- und Kindersterblichkeit in Entwicklungsländern ist. Es liegt auf der Hand, dass es
häufig sehr schwierig ist zu beurteilen, ob und wie viel ein einzelnes Projekt
auf der Ebene der längerfristigen, übergeordneten Wirkungen beigetragen
hat, denn viele andere, außerhalb des Projekts liegende Einflüsse wirken auf
diese Ebene ein, wie etwa das Hygieneverhalten der Bevölkerung.

(5) *Nachhaltigkeit (sustainability)*: Die Nachhaltigkeit hat sich seit den 1990er Jahren zu einem Schlüsselbegriff der EZ entwickelt, und dies trifft auch auf die Evaluierung zu. Bei Maßnahmen der Entwicklungszusammenarbeit geht es nicht darum, das Leben der ärmeren Bevölkerungsschichten kurzfristig, durch Hilfsmaßnahmen, erträglicher zu gestalten, indem die größte Not gelindert wird. Dies wäre eher die Aufgabe der Not- und Katastrophenhilfe. Vielmehr strebt die EZ an, Strukturen dauerhaft zu verändern, so dass die entsprechende Entwicklungsmaßnahme auch auf Dauer, d.h. nachhaltig, Wirkungen entfaltet. Unter dem Kriterium der Nachhaltigkeit wird bei Evaluierungen demnach beurteilt, ob es gelungen ist, die Voraussetzungen für eine solche dauerhafte Wirksamkeit zu schaffen, etwa dadurch, dass Strukturen so verändert wurden, dass Wartung und Ersatzbeschaffungen, die in der Trinkwasserversorgung spätestens am Ende der technischen Nutzungsdauer fällig werden, aus eigener Kraft finanziert werden können.[2] Beim Kriterium der Nachhaltigkeit wird wiederum die Problematik des Soll-Standards deutlich: Kann man, wenn etwa eine Aufklärungskampagne für Jugendliche über den Schutz vor HIV/AIDS finanziert wurde, erwarten, dass die nächste Kampagne, für die nächste Generation von Jugendlichen, vom Partnerland aus eigener Kraft finanziert wird? Dieser Nachhaltigkeitsanspruch wäre offensichtlich sehr weitreichend. Doch auch bei technischen Anlagen, die finanziert wurden, tritt die Frage auf, ob der Nachhaltigkeit durch angemessene Wartung Genüge getan ist oder ob, z.B. durch Wassertarifeinnahmen, auch Reserven für Ersatzbeschaffungen gebildet werden müssen.

Die Fragen, die sich bei dem Versuch der Beantwortung aller Teilkriterien auftun, machen deutlich, dass die Evaluierungskriterien zwar eine einheitliche Struktur für Evaluierungen liefern können, jedoch keine eindeutigen Antworten auf die Frage, ob mit einer Entwicklungsmaßnahme tatsächlich „das Wichtigste" getan wurde. Dennoch geben diese Kriterien eine große Hilfe und Leitlinie, die – zumindest bei einer Ex Post-Evaluierung – in ein Urteil darüber mündet, ob die evaluierte Maßnahme als erfolgreich klassifiziert werden kann oder nicht. Bei allen Zweifeln, die bei einer als *rapid appraisal* durchgeführten Evaluierung mit einem Aufenthalt zwischen einer und drei Wochen vor Ort im Detail verbleiben, erscheint dies zumindest bei eindeutig abgrenzbaren Vorhaben wie dem Bau von Brunnen, Gesundheitsstationen oder einer Aufklärungskampagne gerechtfertigt, denn bei einer solchen Evaluierung kann in aller Regel zumindest eindeutig festgestellt werden, wenn etwas nicht funktioniert hat. Wasserleitungen, die

---

[2]   Im Sinne holistischer Nachhaltigkeitskonzepte können weitere Dimensionen einbezogen werden, also in diesem Beispiel neben der finanziellen bzw. ökonomischen Nachhaltigkeit die ökologischen Auswirkungen der Maßnahme und die soziale Reichweite.

aufgrund der Wasserarmut in der Region nur wenige Stunden in der Woche Wasser führen, Hygieneempfehlungen, gegen die laufend verstoßen wird, oder Klassenräume, die als Lagerräume genutzt werden, wären hierfür selbsterklärende Beispiele. Im Folgenden soll anhand eines Beispiels aus der Finanziellen Zusammenarbeit die Evaluierungspraxis vorgestellt werden.

4   Evaluierung in der Finanziellen Zusammenarbeit

4.1 Ex Post-Evaluierung in der KfW Entwicklungsbank

Die FZ der Bundesregierung wird über die KfW Entwicklungsbank abgewickelt. Hervorzuheben ist, dass die Entwicklungsbank, anders als die GTZ in der TZ, Maßnahmen in der Regel nicht selbst durchführt. Die Entwicklungsbank ist ausschließlich beratend, als Gutachterin, für die Bundesregierung bzw. das BMZ tätig und stellt bei Vorhaben, die vom Ministerium beauftragt werden, den Partnern die Finanzierung aus Mitteln des deutschen Staatshaushalts und ergänzend aus KfW-eigenen Mitteln zur Verfügung. Das eigentliche Projekt oder Programm wird immer in erster Verantwortung von einer Institution im Partnerland durchgeführt; die KfW Entwicklungsbank unterstützt.

FZ-Projekte und Programme reichen von Vorhaben der sozialen Infrastruktur (Trinkwasserversorgung, Abwasser- und Abfallentsorgung, Gesundheit und Bildung) über Vorhaben der wirtschaftlichen Infrastruktur (Transport, Kommunikation, Industrieförderung, Landwirtschaftsförderung und Natur- und Ressourcenschutz sowie Förderungen für klein(st)e und mittlere Unternehmen) bis hin zur Förderung der Entwicklung des Finanzsektors, etwa im Bereich der Mikrofi-

Abb. 1: Projektzyklus

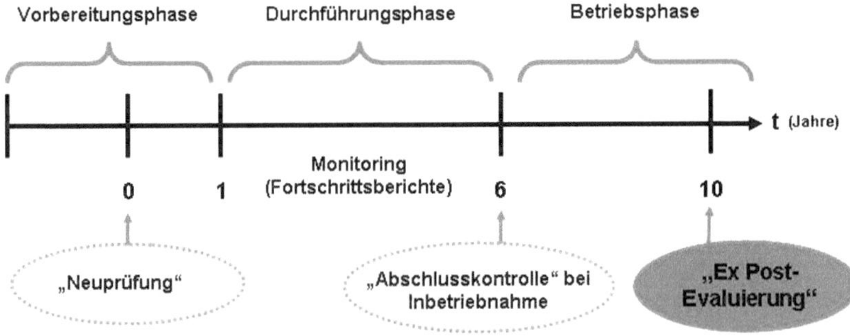

Quelle: KfW Entwicklungsbank (2009).

nanzierung, und letztlich der Budgethilfe, einer neuen Form der Entwicklungszusammenarbeit, bei der die Fördermittel direkt in das Budget des Partnerlandes fließen, über das – unter Einbindung der Geber mittels Politikdialog – in eigener Regie des Partnerlandes nach den eigenen Systemen entschieden und Rechnung gelegt wird.

Dieses gesamte Spektrum von Entwicklungsmaßnahmen muss, so bestimmen es die Vereinbarungen zwischen der Bundesregierung und der KfW, einer Erfolgskontrolle unterzogen werden. Während zu Beginn der Finanziellen Zusammenarbeit diese Aufgabe durch die operativen Abteilungen der Entwicklungsbank im Rahmen einer sogenannten Schlussprüfung wahrgenommen wurde, wurde die Ex Post-Beurteilung Anfang der 1990er Jahre der Stabsabteilung Evaluierung übertragen, die seit 2000 als unabhängige Stabsabteilung aus der Linie ausgegliedert ist und die Prüfung vor Ort in eigener Verantwortung im Sinne einer echten Ex Post-Evaluierung durchführt. Als Evaluierer/innen werden dabei externe Gutachter/innen, aber auch Mitarbeiter/innen der Evaluierungsabteilung sowie sogenannte interne Abordnungen eingesetzt, d.h. Mitarbeiter/innen anderer Abteilungen der KfW Entwicklungsbank, die für eine Zeit von ca. sechs Wochen an die Stabsstelle Evaluierung abgeordnet werden. Gemeinsames Merkmal aller Evaluierer/innen: Sie müssen unabhängig sein. Weder sie selbst noch die Abteilung, für die sie arbeiten, dürfen je für die zu evaluierende Maßnahme operativ tätig oder gar verantwortlich gewesen sein. Je nach Komplexität der zu evaluierenden Maßnahme wird die Evaluierung durch lokale Gutachter, die z.B. Datenerhebungen durchführen, und/oder technische Sachverständige unterstützt, die ebenfalls dem Kriterium der Unabhängigkeit genügen müssen.

Die Ex Post-Evaluierung findet ca. drei bis fünf Jahre, nachdem die zu evaluierende Infrastrukturmaßnahme technisch fertig gestellt und in Betrieb genommen wurde, statt, weil sich erst zu diesem Zeitpunkt Wirkungen beobachten lassen und die Nachhaltigkeit beurteilt werden kann.

Die im Zuge der Evaluierung durch Akten- und Literaturstudium, Fragebogen an den Projektträger, lokale Datensammlung, semi-strukturierte Interviews etc. erhobenen Informationen münden in eine Bewertung der Vorhaben, sowohl für jedes der fünf DAC-Kriterien wie auch zusammenfassend für die gesamte Maßnahme. Die Notenskala reicht bei der KfW Entwicklungsbank von der Note 1, die für Struktur bildende Vorhaben mit Vorbildcharakter vergeben wird, bis hin zur Note 6, die für völlige Fehlschläge vergeben wird. Als erfolgreich gilt jedes Vorhaben, das eine Note von 1 bis 3 erhält.

Während bis Ende 2006 alle ex post-evaluierungsreifen Vorhaben einer Evaluierung unterzogen wurden, wurde nach einer entsprechenden Änderung des Regelwerkes für die deutsche FZ und TZ (TZ/FZ-Leitlinien) auf die Evaluierung einer aussagekräftigen Stichprobe übergegangen. Diese zieht die Evaluierungs-

abteilung unter Aufsicht jährlich aus der Grundgesamtheit aller ex post- evaluierungsreifen Vorhaben als Zufallsstichprobe, die nach den einzelnen (Sub-
)Sektoren der sozialen und wirtschaftlichen Infrastruktur geschichtet ist. Die
Zufallsstichprobe wurde gewählt, um Verzerrungen bei der Auswahl der evaluierten Vorhaben auszuschließen. Die Schichtung nach Sektoren wird vorgenommen, um die Schätzgenauigkeit bei gegebenem Stichprobenumfang zu erhöhen
(KfW Entwicklungsbank 2009: 21).

Über das Ergebnis jeder Ex Post-Evaluierung wird die Bundesregierung in
einem ausführlichen Bericht sowie die Öffentlichkeit durch Publikation einer
Kurzfassung informiert. Seit zwanzig Jahren ist es ebenfalls Tradition, die Ergebnisse aller Ex Post-Evaluierungen in einem Evaluierungsbericht zu veröffentlichen, der gleichermaßen transparent über Erfolge und Misserfolge informiert.

Beispiel: Ex Post-Evaluierung – Städtische Wasserversorgung im Jemen

Textbeitrag von Gunhild Berg

*Die im Jahr 2008 evaluierte FZ-Maßnahme umfasste die Erneuerung und
Erweiterung bestehender Trinkwasserversorgungssysteme in acht Provinzstädten sowie Maßnahmen zur zentralen Abwassersammlung und -
behandlung in drei Städten der Republik Jemen. Die Investitionen wurden in
den ersten sechs Orten zwischen 1996 und 1999 und für zwei weitere Orte
zwischen 2000 und 2004 durchgeführt. Die Gesamtkosten beliefen sich auf
rund 65 Millionen Euro. Programmziele waren die Deckung des regionalen
Grundbedarfs an hygienisch unbedenklichem Trinkwasser in den Pro-
grammorten sowie die Verbesserung des Betriebs der Wasserversorgungs-
systeme und der sanitären Verhältnisse in den Städten, in denen auch die
Abwasserentsorgung Bestandteil des Programms war. Das Oberziel der
Vorhaben war, einen Beitrag zur Verbesserung der gesundheitlichen Lage
der in den Programmstädten lebenden Bevölkerung zu leisten.*

*Relevanz: Die Relevanz einer gesicherten Wasserversorgung in den acht
Provinzstädten wurde auch zum Zeitpunkt der Ex Post-Evaluierung als sehr
hoch eingestuft. In der Evaluierung hervorgehoben wurde, dass die technisch unzureichenden, rudimentären Systeme, die vor Projektbeginn in den
Städten verfügbar waren, dem starken Bevölkerungswachstum und der
schwieriger werdenden Ressourcensituation nicht mehr gewachsen waren.
Die dem Vorhaben zu Grunde liegende Wirkungskette wurde somit als sach-
logisch korrekt bewertet. Bemängelt wurde allerdings, dass bestehende Konflikte zwischen Landwirtschaft und Trinkwassernutzung (sowie industrieller
Nutzung) nicht genügend adressiert wurden. Insgesamt wurde für die Relevanz die Teilnote 2 vergeben.*

Effektivität: *Im Rahmen der Effektivität des Vorhabens wurde bewertet, inwieweit die Projektziele tatsächlich erreicht wurden. Hierbei wurde festgestellt, dass die Zielerreichung im Bereich der Wasserversorgung in den Küstenstädten groß war und in den Hochlandstädten mittel bis groß. In einer Stadt jedoch, die aufgrund ihrer hydro-geologischen Bedingungen unter Wasserarmut leidet, wurde das Ergebnis als unbefriedigend eingestuft, da eine Wasserversorgung nur stundenweise gewährleistet werden konnte. Indikatoren, die für diese Einstufungen herangezogen wurden, waren unter anderem die Anschlussgrade der Bevölkerung an das Trinkwassernetz, Pro-Kopf-Wasserverbräuche sowie die Wasserqualität. Im Bereich der Abwasserentsorgung wurde der Zielerreichungsgrad als gering eingestuft, da wichtige Indikatoren wie Anschlussgrade an das Abwassernetz oder die Reinigungsleistung der Kläranlagen nicht den Erwartungen entsprachen. Insgesamt wurde der Beitrag des Vorhabens zur Verbesserung der Versorgung der Bevölkerung als zufrieden stellend und zur Entsorgung als mäßig eingestuft. Gewichtet mit den Volumina der einzelnen Teilkomponenten konnte die Effektivität noch knapp als positiv bewertet werden* (Teilnote 3).

Abb. 2: Städtisches Wohnhaus im Jemen

Foto: Gunhild Berg

Effizienz: *Im Rahmen der Effizienz wurde angemerkt, dass mit dem Vorhaben die technisch-wirtschaftlich angemessene Lösung gewählt wurde. Auch die Kombination mit Abwasserentsorgung wurde aus siedlungshygienischen Gründen als sinnvoll erachtet. Um die Wirtschaftlichkeit des Vorhabens zu messen, wurden die spezifischen Investitionskosten für die Wasserversor-*

*gung und die Abwasserentsorgung berechnet, d.h. die Kosten pro ange-
schlossener Person, die im Rahmen der Verbesserung der Wasserver- bzw.
Abwasserentsorgung mit 140 Euro bzw. 550 Euro pro angeschlossenem Nutzer angefallen sind. Unter Berücksichtigung der teilweise schwierigen topo-
grafischen Gegebenheiten wurden diese Kosten als angemessen bewertet.
Zusätzlich positiv bewertet wurde, dass die für die Einkommenssituation der
Bevölkerung recht hohen Belastungen aus den Wasser- bzw. Abwasserge-
bühren zu Wasser sparenden Verbräuchen beigetragen haben. Auch die He-
beeffizienz (collection efficiency) – eine Größe, die angibt, welcher Teil der
ausgestellten Rechnungsbeträge tatsächlich bezahlt wird – wurde positiv
bewertet. Ähnliches galt für die Deckung der sich für Wasser auf rund 0,80
Euro/m³ und bei Abwasser auf rund 1,30 Euro/m³ belaufenden Betriebskos-
ten. Als negativ für die Effizienz wurden jedoch die relativ langen Durchfüh-
rungszeiträume von drei für die Hauptmaßnahmen bzw. mehr als vier Jahren (für die Zusatzmaßnahmen) bewertet, die durch politische Entwicklungen und Programmausweitungen verursacht worden waren. Insgesamt wurde der Aufwand für das Vorhaben gemessen an den erzielten Wirkungen jedoch als gerechtfertigt eingeschätzt, sodass die* Teilnote 3 *vergeben wurde.*

Übergeordnete entwicklungspolitische Wirkungen: *Bei der Bewertung der
übergeordneten entwicklungspolitischen Wirkungen wurde beurteilt, inwieweit das Vorhaben tatsächlich die Risiken für die Gesundheitssituation der
städtischen Bevölkerung reduziert hat. Zwar wurde angemerkt, dass die
Gesundheitsstatistiken kaum schlüssige Aussagen zulassen, grundsätzlich
waren aber positive Trends erkennbar. Zusätzlich zu den Statistiken wurden
Aussagen der lokalen Gesundheitsdienste für die Bewertung dieses Kriteriums herangezogen. Die befragten Zuständigen hoben hierbei hervor, dass
sich die Gesundheitssituation bezüglich wasserbezogener Krankheiten durch
das Programm deutlich verbessert hätte, insbesondere durch die Verbesserung der sanitären Verhältnisse in den Städten, in denen auch die Abwasserentsorgung Teil des Vorhabens war. Zwar war aus Sicht der Ex Post-
Evaluierung klar, dass mit diesen Hinweisen noch kein kausaler Zusammenhang zwischen der Verbesserung der gesundheitlichen Situation und dem
Programm nachgewiesen werden konnte, jedoch lag ein ursächlicher Zusammenhang zumindest nahe. Weiterhin wurde bemerkt, dass man das
Oberziel hätte weiter fassen können und auch die allgemeinen siedlungshygienischen sowie die regionalpolitischen Wirkungen hätte berücksichtigen
sollen, die durch die Maßnahmen positiv beeinflusst wurden. Die Verbesserung der Wasserver- und Abwasserentsorgung lieferte zweifelsfrei einen
wichtigen Beitrag, dass die betroffenen Städte ihrer Funktion als lokale,
wachsende Zentren nachkommen können. Kritisch wurde vermerkt, dass der*

Einfluss auf die Wasserressourcen hätte stärker berücksichtigt werden müssen. Dennoch hat das Programm durch die Reduzierung der technischen Netzverluste von rund 50 auf knapp 20 Prozent und die Setzung von Anreizen zum sparsamen Wasserverbrauch einen, wenn auch geringen, Beitrag zur Wasserressourcenschonung geleistet. Insgesamt wurde daher die Teilnote 2 vergeben.

Nachhaltigkeit: Bezüglich des Kriteriums der Nachhaltigkeit war zum Zeitpunkt der Ex Post-Evaluierung davon auszugehen, dass die jemenitische Regierung – notfalls auch durch Subventionen – eine Aufrechterhaltung des laufenden Betriebs der lokalen Wasserversorger sicherstellen würde. Weiterhin war zu erwarten, dass die Wasserver- und Abwasserentsorgungssysteme aufgrund der guten baulichen Qualität noch über mehrere Jahre hinweg wirksam bleiben würden. Die Nachhaltigkeit des Betriebs der verbesserten Wasserver- und Abwasserentsorgungssysteme wurde deshalb als wahrscheinlich eingeschätzt. Allerdings war auch klar, dass der Jemen für die Finanzierung des Sektorbedarfs auf absehbare Zeit auf externe Hilfe angewiesen bleiben würde, und es wurde bemerkt, dass angesichts der schwachen Reformfähigkeit Jemens externe Unterstützung bei der Steigerung der institutionellen Leistungsfähigkeit und bei Sektorreformen unverzichtbar sei. Insgesamt wurde für die Nachhaltigkeit die Teilnote 3 vergeben.

Unter Abwägung der Einzelvoten wurde das Programm in der Gesamtbewertung als zufrieden stellend (Stufe 3) eingestuft. Ausschlaggebend dafür waren die eher positiven Wirkungen bezüglich Relevanz und übergeordneten entwicklungspolitischen Wirkungen, bei nur knapp positiver Effektivität und Nachhaltigkeit.

4.2 Erfolgsquoten – Möglichkeiten und Grenzen ihrer Aussagekraft

Die Vielzahl der nach demselben Muster durchgeführten Ex Post-Evaluierungen bei der KfW Entwicklungsbank erlauben ihr den Ausweis von Erfolgsquoten, die regelmäßig in dem in zweijährigem Rhythmus erstellten Evaluierungsbericht auch der Öffentlichkeit vorgestellt werden. Nach dem Übergang auf das Stichprobenverfahren bleibt die Vergleichbarkeit mit den Vorjahren insofern erhalten, als die Erfolgsquote der Zufallsstichprobe einen zuverlässigen Schätzer für die zugrunde liegende Grundgesamtheit aller evaluierungsreifen Vorhaben abgibt. Bei Zusammenfassung von drei Stichproben-Jahrgängen ließe sich der Schätzfehler bei dem derzeitigen Stichprobenumfang von ca. 50 Prozent aller Vorhaben auf etwa 5 Prozent reduzieren.

Erfolgsquoten sind jedoch mit Vorsicht zu interpretieren. Dies gilt zum einen, wenn man die Erfolgsquoten unterschiedlicher Institutionen vergleicht, denn Erfolgsquoten sind immer auch das Produkt der Evaluierungen und Evaluierungsverfahren, die dahinter stehen. Zum anderen sind aber auch Vergleiche von Erfolgsquoten, die innerhalb des Evaluierungssystems der KfW Entwicklungsbank, etwa zwischen Regionen oder Sektoren, vorgenommen werden, in ihrer Aussagekraft begrenzt.

Die Evaluierungsabteilung der Entwicklungsbank versucht zwar, im Rahmen ihrer Verantwortung für alle Evaluierungen einheitliche Maßstäbe für vergleichbare Vorhaben innerhalb eines Sektors sicher zu stellen. Einheitliche Messlatten zwischen Sektoren sind aber kaum zu garantieren, denn in jedem Sektor finden sich unterschiedliche, vom Projekttyp abhängige Wirkungsketten und Soll-Standards für die Zielerreichung. Ein Vorhaben aus dem Bildungssektor, bei dem Klassenräume gebaut werden, um die Lernbedingungen der Kinder

Abb. 3: Erfolgsquoten evaluierter Vorhaben

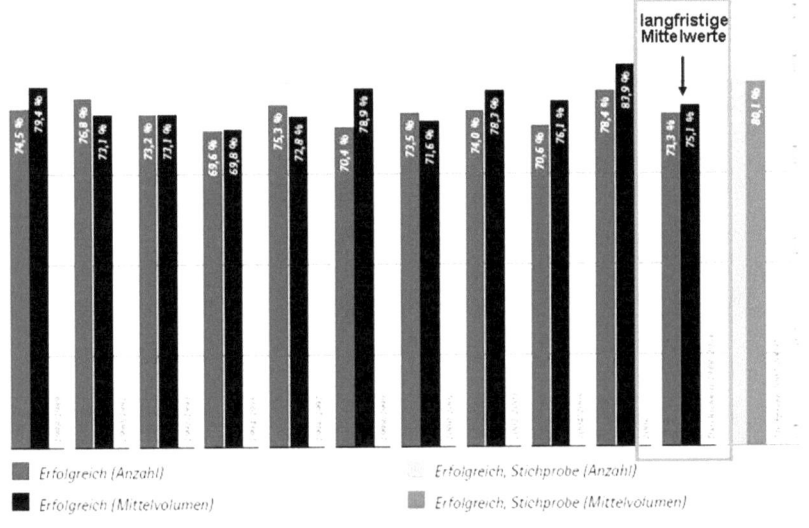

Quelle: KfW Entwicklungsbank (2009: 18).

und damit ihre Ausbildung zu verbessern, lässt sich nur bedingt mit einer Maßnahme vergleichen, die den Ausbau eines Hafens unterstützt, um die Wirtschaft der Region und des ganzen Partnerlandes anzuregen und auf diesem Weg die Armut zu bekämpfen.

Unterschiedliche regionale Erfolgsquoten wiederum können durch eine unterschiedliche sektorale Zusammensetzung des Portfolios bedingt sein. In Subsahara-Afrika ergeben andere Entwicklungsmaßnahmen Sinn als etwa in Osteuropa. Schließlich kann der Erfolg eines Projektes auch durch die Rahmenbedingungen im Partnerland bedingt sein. Wie jüngst eine Untersuchung des Ex Post-Evaluierungsportfolios bestätigte (KfW Entwicklungsbank 2009: 30-33), ist dies sogar ein wichtiger Einflussfaktor: Evaluierungsmaßnahmen in entwickelteren Ländern werden im Durchschnitt – jeweils an den projekttypischen Soll-Standards gemessen – häufiger als erfolgreich klassifiziert als Maßnahmen in weniger entwickelten Ländern. Hieraus die Schlussfolgerung zu ziehen, Vorhaben vor allem in diesen Ländern mit besseren Rahmenbedingungen durchzuführen, würde dem entwicklungspolitischen Auftrag offensichtlich zuwiderlaufen. Insofern können wir folgern: Es kann nicht das Ziel sein, zumindest nicht bei der herrschenden Evaluierungspraxis, Erfolgsquoten von 100 Prozent anzustreben.

Um Erfolgsquoten richtig zu interpretieren und aus den Evaluierungsergebnissen angemessene Schlüsse darüber zu ziehen, wie das Design von Maßnahmen verbessert werden kann, werden wir zurückgeworfen auf die Fragen: Worin liegen die Scheiter- und Erfolgsfaktoren? Wie lässt sich der Beitrag der Entwicklungsmaßnahme von anderen Einflussfaktoren isolieren? Und wie kann das Risiko, mit dem jede Investition, auch in Entwicklung, verbunden ist, in ein angemessenes Verhältnis zu den angestrebten Wirkungen gesetzt werden?

4.3 Vertiefende Analysen: Querschnittsauswertungen und rigorose Wirkungsanalysen

Die Vielzahl von Ex Post-Evaluierungen in der FZ bringt den Vorteil mit sich, dass es vergleichsweise viele Evaluierungen von ähnlichen Projekttypen gibt. Hierdurch werden Querschnittsauswertungen oder auch Meta-Evaluierungen möglich, die auf den Informationen und Ergebnissen der Ex Post-Evaluierungen der einzelnen Maßnahmen beruhen. Solche Auswertungen könnten sich etwa der Frage widmen, worin die häufigsten Ursachen für das Scheitern für einen bestimmten Projekttyp, etwa Abwasservorhaben, liegen. Etwa ob in der Bewässerungslandwirtschaft große Bewässerungsperimeter, die von Nutzergruppen bewirtschaftet werden, weniger häufig erfolgreich sind als kleine Perimeter, für die jeweils nur ein Haushalt verantwortlich ist, oder ob der ländliche Wegebau größere Instandhaltungsprobleme hat als der Bau von Fernstraßen. Bei einer hinreichend großen Fallzahl – das Gesamtportfolio ex post-evaluierter FZ-Vorhaben umfasst mehr als 1800 einzelne Maßnahmen – kommen nicht nur deskriptiv-statistische Verfahren, sondern auch ökonometrische Verfahren zum Einsatz, wie etwa bei der oben erwähnten Untersuchung des Einflusses des Entwicklungsstands eines Landes auf den Projekterfolg. Die Grenzen des Einsatzes solcher Methoden liegen allerdings dort, wo entweder die Fallzahlen nicht ausreichen oder Informationen aus den Evaluierungsberichten nicht standardisiert erfasst sind.

In ausgewählten Fällen wird in der Evaluierung zunehmend versucht, mehr über Wirkungen sowie Erfolgs- und Scheiterursachen zu erfahren, indem ein einzelnes Projekt oder Programm vertieft untersucht wird, im Zuge einer so genannten „rigorous impact analysis" (Caspari & Barbu 2008; McKenzie 2009). Solche Wirkungsanalysen gehen mit Hilfe ökonometrischer Methoden der Frage nach, welche Wirkungen bei der Zielgruppe einer Maßnahme, d.h. also der Bevölkerung im Partnerland, tatsächlich auf die EZ-Intervention und welche durch andere Einflussfaktoren bewirkt sind. Diese Frage lässt sich eigentlich nur durch einen sogenannten kontrafaktischen Vergleich beantworten, also einen Vergleich, der in der Realität nicht möglich ist: Das ist der sogenannte Mit-Ohne-Vergleich. Dieselben Personen müssten beobachtbar sein, einmal in ihrer Entwicklung mit EZ-Maßnahme, und einmal in ihrer Entwicklung ohne EZ-Maßnahme. Da dies offensichtlich nicht durchführbar ist, nähert man sich dem Mit-Ohne-Vergleich an durch Datensammlung bei der Zielgruppe, bei der die EZ-Maßnahme durchgeführt wurde, und bei einer Kontrollgruppe, die der Interventionsgruppe möglichst ähnlich sein sollte, aber eben nicht dem Einfluss der EZ-Gruppe ausgesetzt sein darf. Da derartige Analysen sehr aufwendig sind und bestimmte methodische Kenntnisse verlangen, werden sie häufig in Kooperation mit anderen Evaluierungseinheiten und in Kooperation mit wissenschaftlichen Einrichtungen durchgeführt.

Die Evaluierungsabteilung der KfW ist derzeit in zwei solcher „rigorous impact analysis" involviert: eine Analyse der Wirkungen von städtischer Wasservorhaben im Jemen (Berg et al. 2009) und eine Analyse eines Programms der ländlichen Wasserversorgung im Benin (Günther 2009).

Die Grenzen des Einsatzes solcher Analysen liegen zum einen in dem entstehenden Aufwand. Sie sind teilweise sehr teuer, da aufwendige Datensammlungen Voraussetzung sind. Doch dieses Problem ist nicht das entscheidende, denn es vermindert sich in dem Maße, wie die Datenverfügbarkeit, z.B. durch Haushaltsumfragen, auch in Entwicklungsländern steigt und bereits bei Beginn von Projekten an die Notwendigkeit einer Kontrollgruppe für spätere Ex Post-Evaluierungen gedacht wird. Viel wichtiger ist die Tatsache, dass rigorose Wirkungsanalysen zur Isolierung der „Netto-Projektwirkung" nicht bei jeder EZ-Maßnahme anwendbar sind, z.B. weil die Maßnahme auf einer Ebene ansetzt, bei der die gesamte Bevölkerung im Partnerland zur Zielgruppe gehört. Bei allen Maßnahmen der Politikberatung etwa oder bei der Unterstützung von Reformen, die den ganzen Sektor betreffen, lässt sich keine Kontrollgruppe definieren.

Dennoch bleibt die Methodologie, dass Netto-Wirkungen eigentlich nur durch den kontrafaktischen Mit-Ohne-Vergleich messbar wären, als Strukturierungshilfe nützlich.

5   Ausblick

EZ-Maßnahmen, die darauf abzielen, entwicklungsfördernde Strukturveränderungen im Partnerland zu unterstützen, werden häufig zu derjenigen Gruppe von Maßnahmen gehören, die sich einer genauen Messung von Nettowirkungen entziehen. Gleichzeitig sind es vielleicht aber genau diejenigen Maßnahmen, die dem größten „Rätsel" der Entwicklungszusammenarbeit entgegenwirken: Dem so genannten Mikro-Makro-Paradoxon (Mosley 1986), das sich mit der folgenden Frage umreißen lässt: Warum gibt es so viele einzelne EZ-Maßnahmen, die in Evaluierungen nach bestem Wissen und Gewissen und so objektiv und systematisch wie möglich als erfolgreich klassifiziert werden, und dennoch schlagen sich diese Einzelerfolge nicht systematisch in einer entsprechend positiven Entwicklung des gesamten Partnerlandes nieder?

Dieses Phänomen, mit dem häufig eine generelle Kritik an der EZ untermauert wird, könnte darauf zurückzuführen sein, dass es auf der Makroebene indirekte Wirkungen von EZ-Projekten gibt, die auf der Mikroebene ansetzen. Stellen etwa Geber Mittel für soziale Infrastruktur bereit, dann mildert sich der Druck auf den eigenen Haushalt des Partnerlandes, hier zu investieren. Genau an diesem Punkt setzen neue Formen der Entwicklungszusammenarbeit wie die Budgethilfe an, bei der EZ-Mittel direkt in den Haushalt des Partnerlandes fließen, wenn bestimmte Voraussetzungen der Rechenschaftslegung erfüllt sind und auf den Prozess der Budgetallokation durch einen Politikdialog mit dem Partnerland eingewirkt wird. Wirkungen solcher Maßnahmen, die das Mikro-Makro-Paradoxon vielleicht auflösen könnten, genau zu messen, wird bei allen Fortschritten in der Evaluierungsmethodik vermutlich auch zukünftig unmöglich bleiben. Doch gute Evaluierung besteht nicht immer und erst recht nicht ausschließlich aus einer korrekten Messung von Wirkungen, sondern auch daraus, die richtigen Fragen zu stellen und voreilige Schlüsse auf der Basis unvollständigen Evaluierungswissens zu vermeiden.

Literatur

Anand, S. & Sen, A. (1994). *Human Development Index: Methodology and Measurement.* UNDP.

Atkinson, A. (1987). On the Measurement of Poverty. *Econometrica, 55,* 749-764.

Bagolin, I. & Comim, F. (2008). Human Development Index (HDI) and its family of Indexes – an evolving critical review. *Revista de Economia, 34(2),* 7-28.

Berg, G., Lechtenfeld, T. & Rieckmann, J. (2009). *Far From Perfect? Impact Evaluations of Non-experimental Donor Programs in Water Supply and Sanitation. Working Paper.* Göttingen, Frankfurt/M.

BMZ (2006). Evaluierungskriterien für die deutsche bilaterale Zusammenarbeit. http://www.bmz.de/de/zentrales_downloadarchiv/erfolg_und_kontrolle/evaluierungs kriterien.pdf (20.1.2010).

Caspari, A. & Barbu, R. (2008). Wirkungsevaluierungen: Zum Stand der internationalen Diskussion und dessen Relevanz für Evaluierungen der deutschen Entwicklungszu-sammenarbeit. http://www.bmz.de/de/zentrales_ downloadarchiv/erfolg_und_kontrolle/Evaluation_Working_Papers/BMZ_ WP_Wirkungsevaluierung_2009.pdf (20.1.2010).

Easterly, W. (2006). *The White Man's Burden: Why the West's Efforts to Aid the Rest Have Done So Much Ill and So Little Good.* New York: Penguin Press.

Günther, I. (2009). Was bringt eine Wasserpumpe in Benin? Quantitative Methoden für Wirkungsstudien in der Entwicklungszusammenarbeit. In: KfW Entwicklungsbank (Hrsg), *Entwicklung evaluieren – Evaluierung entwickeln, 10. Bericht über die Eva-luierung der Projekte und Programme in Entwicklungsländern 2006-2008* (S. 34-37). Frankfurt/M: KfW Entwicklungsbank.

Kelley, A. (1991). Human Development Index: „Handle With Care". *Population and Development Review, 17(2),* 315-324.

KfW Entwicklungsbank. (Hrsg.) (2009). *Entwicklung evaluieren – Evaluierung entwi-ckeln. 10. Bericht über die Evaluierung der Projekte und Programme in Entwick-lungsländern 2006-2008.* Frankfurt/M: KfW Entwicklungsbank.

McGillivray, M. (1991). The human development index: yet another redundant composite development indicator? *World Development, 19,* 1451-1460.

McKenzie, D. (2009). *Impact Assessment in Finance and Private Sector Development – What have We Learned and What should We Learn.* Policy Research Working Paper 4944. Washington: World Bank.

Mosley, P. (1986). *Aid-effectiveness: The Micro-Macro Paradox.* IDS-Bulletin, 17, 22-27.

OECD. (2005). Paris Declaration on Aid Effectiveness. http://www.oecd.org/dataoecd/ 11/41/34428351.pdf (20.1.2010).

OECD. (2008). Accra Agenda for Action. http://www.oecd.org/dataoecd/58/ 16/41202012.pdf (20.1.2010).

OECD DAC. (2006). Glossary, http://stats.oecd.org/glossary/detail.asp? ID=7097 (20.1.2010).

United Nations. (2000). Millenniums-Erklärung der Vereinten Nationen. http:// www.unric.org/html/german/mdg/millenniumerklaerung.pdf (20.1.2010).

Ravallion, M. (1996). Issues in Measuring and Modelling Poverty. *The Economic Jour-nal, 106,* 1328-1343.

Sen, A. (1973). *On Economic Inequality.* Oxford: Clarendon Press.

Truman, H. (1949). Inaugural Address, 20.1.1949. http://avalon.law.yale.edu/ 20th_century/truman.asp (20.1.2010).

Autorinnen und Autoren

John Emeka Akude, ehemals Lehrbeauftragter und wissenschaftlicher Mitarbeiter am Lehrstuhl für Internationale Politik der Universität zu Köln, studierte Politikwissenschaft und Internationale Beziehungen in Nigeria, ehe er in Köln promovierte. Seine Forschungsschwerpunkte sind Governance, Staatszerfall, Neue Kriege und Sicherheit in Westafrika sowie Entwicklungspolitik und Internationale Politische Ökonomie.

Steffen Bauer ist wissenschaftlicher Mitarbeiter in der Abteilung Umweltpolitik und Management natürlicher Ressourcen am Deutschen Institut für Entwicklungspolitik (DIE) in Bonn und Referent des Wissenschaftlichen Beirats der Bundesregierung für Globale Umweltveränderungen (WBGU). Er ist Deutschlands *Science and Technology Correspondent* für die Konvention der Vereinten Nationen zur Bekämpfung der Wüstenbildung (UNCCD) und forscht u.a. zur Anpassung an den Klimawandel in Entwicklungsländern und zur Rolle internationaler Organisationen in der globalen Umweltpolitik.

Jan Per Bethge studiert Sozialwissenschaften auf Diplom an der Universität zu Köln. Neben dem Studium arbeitet er beim UNEP/Wuppertal Institute Collaborating Centre on Sustainable Consumption and Production (CSCP) in Wuppertal. Während seines Studiums war er außerdem für mehrere Organisationen der Entwicklungszusammenarbeit in verschiedenen afrikanischen Ländern tätig. Sein Interessenfokus liegt auf der Verbindung von Nachhaltigkeit mit sozio-ökonomischen Entwicklungsprozessen in Entwicklungs- und Schwellenländern.

Sebastian Gehart war von 2007 bis 2009 bei der Gesellschaft für Technische Zusammenarbeit (GTZ) als Berater zu den Themen öffentliche Finanzen, Verwaltungsreform und Antikorruption tätig. Derzeit lehrt und promoviert er am Institut für Politik und Internationale Studien der University of Warwick in Großbritannien. Gehart ist Alumni von oikos St. Gallen und war im Jahr 2008 Mitglied des Executive Board von oikos International.

Friedel Hütz-Adams ist seit 1993 wissenschaftlicher Mitarbeiter des SÜD-WIND e.V., Institut für Ökonomie und Ökumene. Zuvor studierte er in Köln Geschichte, Philosophie und Volkswirtschaftslehre. Bei SÜDWIND beschäftigte er sich mit dem deutschen Altkleidermarkt sowie den Auswirkungen von Altkleiderexporten auf afrikanische Länder, engagierte sich für die Kampagne „Erlassjahr 2000 – Entwicklung braucht Entschuldung" und forschte in jüngster Zeit zum globalen Diamantenhandel und verschiedenen Entwicklungen in der Demokratischen Republik Kongo.

Julian König studiert Sozialwissenschaften (Politikwissenschaften und Volkswirtschaftslehre) an der Universität zu Köln; Teile seines Studiums absolvierte er an der Universidad de Buenos Aires. Er ist am Lehrstuhl für Internationale Politik und Außenpolitik der Uni Köln in der Redaktion der Zeitschrift für Außen- und Sicherheitspolitik (ZfAS) tätig. Themen wie ökologische Nachhaltigkeit, Erneuerbare Energien und Energiepolitik sowie die Regionalentwicklung in Südamerika bilden seine Forschungsschwerpunkte.

Kunibert Raffer, außerordentlicher Professor am Institut für Volkswirtschaftslehre der Universität Wien und Senior Associate der New Economics Foundation, war Konsulent der UNIDO, des UNDP, der G24, und des OPEC Fund for International Development, Gastprofessor in Innsbruck, Klagenfurt und an der Complutense, Madrid, Visiting Fellow am Institute of Development Studies (eingeladen von Sir Hans Singer), Honorary Research Fellow der Universität Birmingham (England), Lehrbeauftragter am UNITAR. Forschungsschwerpunkte: Verschuldung der Entwicklungsländer, Handel, Entwicklungshilfe.

Nora Steurer absolviert ein Doppelstudium in Internationale Entwicklung und Volkswirtschaftslehre an den Universitäten in Wien und Bonn. Neben dem Studium arbeitet sie am UNEP/Wuppertal Insitute Collaborating Centre on Sustainable Consumption and Prodution (CSCP). Sie war bereits bei den Vereinten Nationen in Wien tätig sowie in verschiedenen Projekten der nichtstaatlichen EZ im Ausland. Ihre Forschungsschwerpunkte gelten der Glücksforschung, der nachhaltigen Entwicklung im Zusammenhang mit sich verändernden Entwicklungsdiskursen sowie nachhaltigen Konsummustern.

Eva Terberger ist Professorin für Betriebswirtschaftslehre an der Universität Mannheim und leitet seit 2006 die unabhängige Evaluierungsabteilung Finanzielle Zusammenarbeit bei der KfW Entwicklungsbank. Ihre Forschungsinteressen richten sich auf Neue Institutionenökonomie, Theorie und Praxis der Kreditvergabe, Bankenaufsicht, Kreditgenossenschaften und Development Finance.

Johannes Thema war Mitarbeiter am Lehrstuhl für Internationale Politik an der Universität Köln und Redaktionsassistent der Zeitschrift für Außen- und Sicherheitspolitik (ZfAS). 2008-2009 mitinitiierte er die Ringvorlesung „Entwicklungszusammenarbeit – Nachhaltigkeit im Fokus". Er arbeitet am Wuppertal Institut für Klima, Umwelt, Energie in EU-Energieeffizienzprojekten.

Marcus Tscherner studiert Politik und Verwaltungswissenschaft an der Fern-Universität Hagen, zuvor studierte er Volkswirtschaftslehre an der Universität zu Köln. Vor dem Studium absolvierte er eine Ausbildung bei der KfW Bankengruppe. Er war in verschieden Projekten der deutschen EZ und bei deren Evaluation in Afrika tätig. Derzeit arbeitet er bei ICON Public Sector GmbH im Bereich Good Governance, Verwaltungsreformen und Zivilgesellschaft. Seine Forschungsinteressen liegen auf der Reform der öffentlich Verwaltung, der Einbindung von Zivilgesellschaft und kooperativer Demokratie auf lokaler Ebene.

Jürgen Wiemann war bis Ende 2008 stellvertretender Geschäftsführer des Deutschen Instituts für Entwicklungspolitik (DIE); seit Juli 2009 leitet er das Forschungsprogramm „Welthandelsordnung und Entwicklungszusammenarbeit" der Deutschen Gesellschaft für Technische Zusammenarbeit (GTZ). Zu seinen Arbeitsgebieten zählen Handels- und Entwicklungspolitik, das GATT, der Beitritt von Entwicklungsländern zur WTO sowie die Entwicklungspolitik der deutschen Bundesländer, der Städte und Gemeinden.

Neu im Programm
Politikwissenschaft

If you have any concerns about our products,
you can contact us on
ProductSafety@springernature.com

In case Publisher is established outside the EU,
the EU authorized representative is:
**Springer Nature Customer Service Center GmbH
Europaplatz 3, 69115 Heidelberg, Germany**

Printed by Libri Plureos GmbH
in Hamburg, Germany